Kindertagesbetreuung in Nordrhein-Westfalen

KiBiz und andere wichtige Vorschriften

Herausgegeben von

Karl Janssen, Beigeordneter für Jugend, Bildung und Kultur der Stadt Duisburg a. D.,
Heinz Dreier, Referatsleiter im Landesjugendamt Westfalen-Lippe a. D., und
Matthias Selle, Dezernent für Bildung, Jugend, Kultur und Soziales des Landkreises Osnabrück

6. Auflage 2014

Jetzt neu: KiBiz, AG-KJHG und DVO KiBiz auf dem Stand zweite Stufe KiBiz-Revision (August 2014)

Carl Link

Bibliographische Information der Deutschen Nationalbibliothek
Die Deutsche Nationalbibliothek verzeichnet diese Publikation in der Deutschen Nationalbibliographie; detaillierte bibliographische Daten sind im Internet über http://dnb.d-nb.de abrufbar.

ISBN 978-3-556-06721-5
Art.-Nr. 06721000

6. Auflage

Carl Link Verlag – Programmbereich Kitamanagement
Güterstraße 8, 96317 Kronach
info@carllink.de

www.wolterskluwer.de
www.carllink.de

Satz: MainTypo, Frankfurt am Main
Druck: Williams Lea & Tag GmbH, München

Inhaltsübersicht

Einführung

Die Regelungen des KiBiz bedeuten einen Paradigmenwechsel in der Finanzierung der Angebote der Kindertageseinrichtungen, denn von einer Spitzkostenabrechnung wird auf Kindpauschalen umgestellt. Die Rolle der Jugendämter mit ihrer originären Aufgabe der Jugendhilfeplanung wird betont und als Planungsinstrument für die Bedarfs- und Finanzplanung fundiert. Daneben präzisiert das KiBiz gegenüber dem GTK den Bildungsauftrag der Kindertageseinrichtungen und der Kindertagespflege. In vielen Paragrafen ergänzt und vertieft das KiBiz bundesrechtliche Regelungen nach dem SGB VIII. So wird die Kindertagespflege neu in das Landesgesetz aufgenommen und die Sprachförderung von Vorschulkindern gesetzlich verankert. Familienzentren als Kindertageseinrichtungen mit besonderen zusätzlichen Aufgaben und Profilen sind ebenfalls Bestandteil der gesetzlichen Regelungen geworden.

Mit dem ersten KiBiz-Änderungsgesetz zum 1. August 2011 wurden Korrekturen zur Verbesserung der Rahmenbedingungen herbeigeführt. Genannt seien hier:
- Eine neu eingeführte Pauschale für unterdreijährige Kinder soll für diesen Bereich einen besseren Personalschlüssel ermöglichen.
- Die Beteiligungs- und Mitwirkungsrechte der Eltern wurden erweitert.
- Die Interessen der Kinder mit Behinderungen wurden stärker berücksichtigt und dieFinanzierung wurde verbessert.
- Für das letzte Kindergartenjahr vor der Einschulung wurde die Elternbeitragsfreiheiteingeführt.

Die Herausgeber des Praxiskommentars „Kindertagesbetreuung in Nordrhein-Westfalen„ legen nun mit diesem Buch, inzwischen in 6. Auflage, eine Zusammenfassung der für die Kindertagesbetreuung in Nordrhein-Westfalen wesentlichen Vorschriften (KiBiz, Personalvereinbarung, DVO KiBiz, SGB VIII und AG-KJHG) vor.

Mit der 6. Auflage dieser Broschüre wurden das KiBiz und das AG-KJHG auf den Stand des Änderungsgesetzes vom 17. Juni 2014 (GV. NRW S. 335) und die DVO KiBiz auf den Stand der Verordnung vom 13. August 2014 (GV. NRW S. 421) gebracht.

Inzwischen finden Sie in unserer Loseblattsammlung Praxiskommentar „Kindertagesbetreuung in Nordrhein-Westfalen„ eine vollständige ausführliche Kommentierung zum KiBiz – teils von den Herausgebern und teils von namhaften Praktikern der freien Träger, der Kommunen und der Landschaftsverbände.

Für Anregungen und Wünsche zur künftigen Kommentierung sind wir Ihnen dankbar. Bitte schicken Sie uns eine E-Mail an *KiBiz_Kommentar_NRW@wolterskluwer.de*

Wir wünschen Ihnen viel Erfolg bei der Umsetzung des KiBiz, hoffen dass unsere Praxissammlung Ihnen dabei gute Dienste leistet und wünschen dem Gesetz – trotz aller Kritik, die im Vorfeld geäußert wurde – ein gutes Gelingen im Sinne der Kinder, die künftig unsere Kindertageseinrichtungen und Kindertagespflegestellen in Nordrhein-Westfalen besuchen.

Karl Janssen
Heinz Dreier
Matthias Selle

Gesetz zur frühen Bildung und Förderung von Kindern (Kinderbildungsgesetz – KiBiz) – Viertes Gesetz zur Ausführung des Kinder- und Jugendhilfegesetzes – SGB VIII –

vom 30. Oktober 2007 (GV. NRW. S. 462)(Fn. 1),
geändert durch Gesetz vom 17. Juni 2014 (GV.NRW. S. 335)(Fn. 2)

Inhaltsübersicht

---

1 Anmerkung der Redaktion: § 14 Abs. 3 des Gesetzes zur frühen Bildung und Förderung von Kindern tritt am 1. Januar 2008 in Kraft, im Übrigen tritt das Gesetz am 1. August 2008 in Kraft.

2 Anmerkung der Redaktion: § 21e des Gesetzes zur frühen Bildung und Förderung von Kindern tritt am 1. August 2015 in Kraft, im Übrigen tritt das Gesetz am 1. August 2014 in Kraft.

ERSTES KAPITEL
Allgemeine Bestimmungen

§ 1 Geltungsbereich und Begriffsbestimmung

(1) Das Gesetz gilt für die Bildung, Erziehung und Betreuung von Kindern in Kindertageseinrichtungen und in der Kindertagespflege. Es findet keine Anwendung auf heilpädagogische Einrichtungen.

(2) Das Gesetz gilt für Kinder, die einen Platz in einer Kindertageseinrichtung oder in der Kindertagespflege in Nordrhein-Westfalen in Anspruch nehmen.

(3) Für die Inanspruchnahme von Kindertageseinrichtungen und Kindertagespflege sowie für die Planungsverantwortung gelten die Vorschriften des Achten Buches Sozialgesetzbuch – Kinder- und Jugendhilfe – in der Fassung der Bekanntmachung vom 11. September 2012 (BGBl. I S. 2022) in der jeweils geltenden Fassung (SGB VIII) unmittelbar.

(4) Eltern im Sinne des Gesetzes sind die jeweiligen Erziehungsberechtigten; §§ 5 und 23 bleiben unberührt.

§ 2 Allgemeiner Grundsatz

Jedes Kind hat einen Anspruch auf Bildung und auf Förderung seiner Persönlichkeit. Seine Erziehung liegt in der vorrangigen Verantwortung seiner Eltern. Die Familie ist der erste und bleibt ein wichtiger Lern- und Bildungsort des Kindes. Die Bildungs- und Erziehungsarbeit in den Tageseinrichtungen und in der Kindertagespflege ergänzt die Förderung des Kindes in der Familie und steht damit in der Kontinuität des kindlichen Bildungsprozesses. Sie orientiert sich am Wohl des Kindes. Ziel ist es, jedes Kind individuell zu fördern.

§ 3 Aufgaben und Ziele

(1) Kindertageseinrichtungen und Kindertagespflege haben einen eigenständigen Bildungs-, Erziehungs- und Betreuungsauftrag.

(2) Die Förderung des Kindes in der Entwicklung seiner Persönlichkeit und die Beratung und Information der Eltern insbesondere in Fragen der Bildung und Erziehung sind Kernaufgaben der Kindertageseinrichtungen und der Kindertagespflege. Das pädagogische Personal in den Kindertageseinrichtungen und die Tagespflegepersonen haben den Bildungs- und Erziehungsauftrag im regelmäßigen Dialog mit den Eltern durchzuführen und deren erzieherische Entscheidungen zu achten.

§ 3a Wunsch- und Wahlrecht

(1) Eltern haben das Recht, für die Betreuung ihrer Kinder zwischen den im Rahmen der örtlichen Jugendhilfeplanungen zur Verfügung stehenden Tagesbetreuungsangeboten zu wählen.

(2) Der Wahl nach Absatz 1 soll am Ort des gewöhnlichen Aufenthaltes und auch an einem anderen Ort entsprochen werden, sofern dies nicht mit unverhältnismäßigen Mehrkosten verbunden ist. Dabei sind die Bedürfnisse von Kindern mit oder mit drohender Behinderung an einer wohnortnahen Betreuung in einer Kindertageseinrichtung oder in Kindertagespflege zu berücksichtigen. Bei der Feststellung der Verhältnismäßigkeit der Mehrkosten sind alle für die Wahl maßgeblichen Gründe angemessen zu berücksichtigen.

(3) Der zeitliche Umfang des Betreuungsanspruchs richtet sich nach dem individuellen Bedarf. Die Eltern haben das Recht, die Betreuungszeit für ihre Kinder entsprechend ihrem Bedarf und im Rahmen dieses Gesetzes zu wählen. Die Träger der Tageseinrichtungen und die Träger der öffentlichen Jugendhilfe (Jugendämter) sollen das Angebot an den Bedarfen der Familien ausrichten und den Wünschen für den Betreuungsumfang in Tageseinrichtungen und in Kindertagespflege entsprechen.

§ 3b Bedarfsanzeige und Anmeldung

(1) Die Inanspruchnahme eines Betreuungsplatzes setzt grundsätzlich voraus, dass Eltern dem Jugendamt spätestens sechs Monate vor Inanspruchnahme den für ihr Kind gewünschten Betreuungsbedarf, den gewünschten Betreuungsumfang und die Betreuungsart schriftlich angezeigt haben. Die Anzeige kann auch über elektronische Systeme, über die Tageseinrichtungen oder über die örtlichen Fachvermittlungsstellen für Kindertagespflege erfolgen.

(2) Eltern, bei denen kurzfristig Bedarf für einen Betreuungsplatz entsteht, haben diesen gegenüber dem Jugendamt unverzüglich anzuzeigen. Die Jugendämter sollen im Rahmen ihrer Planung auch für Fälle Vorkehrungen treffen, in denen die Eltern aus besonderen Gründen ausnahmsweise schneller als in der Sechsmonatsfrist nach Absatz 1 einen Betreuungsplatz benötigen.

(3) Die Jugendämter müssen den Eltern den Eingang der Bedarfsanzeige spätestens nach einem Monat bestätigen und sie gleichzeitig über die örtlichen Kostenbeiträge nach § 90 SGB VIII informieren. Wenn nicht bereits ein Betreuungsvertrag abgeschlossen wurde, erhalten in den Fällen des Absatzes 1 die Eltern vom Jugendamt in der Regel bis acht Wochen, spätestens aber sechs Wochen vor dem Zeitpunkt, für den der Bedarf angemeldet wurde, eine Benachrichtigung über die Zuweisung des Betreuungsplatzes.

(4) Wenn und soweit die vor Ort eingesetzten Bedarfsanzeigeverfahren auch vorsehen, dass die Eltern den Betreuungsbedarf ihres Kindes in den Tageseinrichtungen oder bei den örtlichen Fachvermittlungsstellen für Kindertagespflege persönlich anzeigen können, sind die Träger verpflichtet, an den Bedarfsanzeigeverfahren mitzuwirken. Die Rechte der Träger in Zusammenhang mit der Gestaltung der Anmeldung in der Einrichtung und der Aufnahmeentscheidung bleiben unberührt.

(5) In Ergänzung des Bedarfsanzeigeverfahrens nach den Absätzen 1 bis 3 können die Jugendämter nach Absprache mit den betroffenen Trägern von Kindertageseinrichtungen auch Verfahren vorsehen, die eine Bedarfsanzeige in den Kindertageseinrichtungen bereits neun Monate vor Inanspruchnahme eines Tageseinrichtungsplatzes vorsehen. Die Sechsmonatsfrist des Absatzes 1 bleibt unberührt.

§ 4 Kindertagespflege

(1) Die Erlaubnis zur Kindertagespflege befugt zur Betreuung von bis zu fünf gleichzeitig anwesenden Kindern. Die Erlaubnis kann im Einzelfall zur Betreuung von maximal acht fremden Kindern erteilt werden. Sollen sechs oder mehr Kinder gleichzeitig oder insgesamt mehr als acht fremde Kinder von einer Tagespflegeperson betreut werden, so findet § 45 SGB VIII Anwendung.

(2) Wenn sich Tagespflegepersonen zu einem Verbund zusammenschließen (Großtagespflege), so können höchstens neun Kinder gleichzeitig und insgesamt durch höchstens drei Tagespflegepersonen betreut werden. Jede dieser Tagespflegepersonen bedarf einer eigenständigen Erlaubnis zur Kindertagespflege. Ist die vertragliche und pädagogische Zuordnung des einzelnen Kindes zu einer bestimmten Tagespflegeperson nicht gewährleistet oder sollen zehn oder mehr Kinder gleichzeitig oder insgesamt betreut werden, so handelt es sich um eine Tageseinrichtung und § 45 SGB VIII findet Anwendung.

(3) Die Erlaubnis ist schriftlich beim Jugendamt zu beantragen.

(4) Kindertagespflege kann auch in geeigneten Räumen geleistet werden, die weder zum Haushalt der Tagespflegeperson noch zu dem der Eltern gehören. Sie kann ebenfalls in Räumen von Kindertageseinrichtungen durchgeführt werden.

(5) Tagespflegepersonen haben den Beschäftigten sowie den Beauftragten des Jugendamtes Auskunft über die Räume und die betreuten Kinder zu erteilen. Den Beschäftigten und den Beauftragten des Jugendamtes ist der Zutritt zu den betreuten Kindern und den Räumen, die zu ihrem Aufenthalt dienen, zu gestatten. Das Grundrecht der Unverletzlichkeit der Wohnung (Artikel 13 Abs. 1 des Grundgesetzes) wird insoweit eingeschränkt.

(6) Werden Kinder in Kindertagespflege betreut, ohne dass die Tagespflegeperson über die erforderliche Erlaubnis zur Kindertagespflege verfügt oder im Sinne des § 23 Abs. 3 SGB VIII geeignet ist, so hat das Jugendamt die weitere Betreuung der Kinder zu untersagen. Die §§ 17 und 18 des Ersten Gesetzes zur Ausführung des Kinder- und Jugendhilfegesetzes – AG-KJHG – gelten entsprechend. §§ 104 f. SGB VIII bleiben unberührt.

§ 5 Angebote für Schulkinder

(1) Das Jugendamt kann die Verpflichtung nach § 24 SGB VIII, für Kinder im schulpflichtigen Alter nach Bedarf Plätze in Tageseinrichtungen vorzuhalten, auch durch entsprechende Angebote in Schulen erfüllen. Dies gilt nach Ende des Kindergartenjahres auch für Kinder, die im selben Kalenderjahr eingeschult werden. Hierbei soll es mit den Trägern der freien Jugendhilfe zusammenwirken.

(2) Der Schulträger oder das Jugendamt können für außerunterrichtliche Angebote im Rahmen offener Ganztagsschulen und für andere außerunterrichtliche Ganztags- und Betreuungsangebote in Schulen Beiträge von den Eltern oder den nach kommunalem Satzungsrecht gleichgestellten Personen erheben. Der Schulträger oder das Jugendamt sollen eine soziale Staffelung der Beiträge vorsehen. Beiträge für Geschwisterkinder können ermäßigt werden. Dies gilt auch für Kinder, deren Geschwister in einer Kindertageseinrichtung oder in Kindertagespflege betreut werden.

ZWEITES KAPITEL
Finanzielle Förderung

ERSTER ABSCHNITT
Rahmenbestimmungen

§ 6 Träger von Kindertageseinrichtungen

(1) Träger einer Kindertageseinrichtung sind die anerkannten Träger der freien Jugendhilfe, Jugendämter und die sonstigen kreisangehörigen Gemeinden sowie Gemeindeverbände.

(2) Träger einer Kindertageseinrichtung können auch andere Träger, z. B. Unternehmen, privatgewerbliche Träger und nicht anerkannte Träger der freien Jugendhilfe, sein.

§ 7 Diskriminierungsverbot

Die Aufnahme eines Kindes in eine Kindertageseinrichtung darf nicht aus Gründen seiner Rasse oder ethnischen Herkunft, seiner Nationalität, seines Geschlechtes, seiner Behinderung, seiner Religion oder seiner Weltanschauung verweigert werden. Die verfassungsmäßigen Rechte der Kirchen bleiben unberührt.

§ 8 Gemeinsame Förderung aller Kinder

Kinder mit Behinderungen und Kinder, die von einer Behinderung bedroht sind, sollen gemeinsam mit Kindern ohne Behinderung gefördert werden. Die besonderen Bedürfnisse von Kindern mit Behinderungen und von Kindern, die von einer Behinderung bedroht sind, sind bei der pädagogischen Arbeit zu berücksichtigen.

§ 9 Zusammenarbeit mit den Eltern

(1) Das Personal der Kindertageseinrichtungen und Tagespflegepersonen arbeiten mit den Eltern bei der Förderung der Kinder partnerschaftlich und vertrauensvoll zusammen. Die Eltern haben einen Anspruch auf eine regelmäßige Information über den Stand des Bildungs- und Entwicklungsprozesses ihres Kindes. Dazu ist den Eltern mindestens einmal im Kindergartenjahr ein Gespräch über die Entwicklung ihres Kindes, seine besonderen Interessen und Fähigkeiten sowie geplante Maßnahmen zur gezielten Förderung des Kindes anzubieten.

(2) Das pädagogische Personal berät und unterstützt die Eltern und Familien im Rahmen seiner Kompetenzen zu wichtigen Fragen der Bildung, Erziehung und Betreuung des Kindes.

§ 9a Elternmitwirkung in der Kindertageseinrichtung

(1) In jeder Kindertageseinrichtung werden zur Förderung der Zusammenarbeit von Eltern, Personal und Trägern die Elternversammlung, der Elternbeirat und der Rat der Kindertageseinrichtung gebildet. Das Verfahren über die Zusammensetzung der Gremien in der Tageseinrichtung und die Geschäftsordnung werden vom Träger im Einvernehmen mit den Eltern festgelegt, soweit in diesem Gesetz nicht etwas anderes bestimmt ist. Bei Wahlen und Abstimmungen haben Eltern eine Stimme je Kind. Die Mitwirkungsgremien sollen die Zusammenarbeit zwischen den Eltern, dem Träger und dem pädagogischen Personal sowie das Interesse der Eltern für die Arbeit der Einrichtung fördern.

(2) Die Eltern der die Einrichtung besuchenden Kinder bilden die Elternversammlung. Diese wird mindestens einmal im Kindergartenjahr von dem Träger der Kindertageseinrichtung bis spätestens 10. Oktober einberufen. Eine Einberufung hat außerdem zu erfolgen, wenn mindestens ein Drittel der Eltern dies verlangt. In der Elternversammlung informiert der Träger über personelle Veränderungen sowie pädagogische und konzeptionelle Angelegenheiten sowie die angebotenen Öffnungs- und Betreuungszeiten. Zu den Aufgaben der Elternversammlung gehört die Wahl der Mitglieder des Elternbeirates. Die Elternversammlung soll auch für Angebote zur Stärkung der Bildungs- und Erziehungskompetenz der Eltern genutzt werden.

(3) Der Elternbeirat vertritt die Interessen der Elternschaft gegenüber dem Träger und der Leitung der Einrichtung. Dabei hat er auch die besonderen Interessen von Kindern mit Behinderungen in der Einrichtung und deren Eltern angemessen zu berücksichtigen. Das Mandat des Elternbeirates gilt über das Ende eines Kindergartenjahres hinaus und endet mit der Wahl eines neuen Elternbeirates, wenn in den Verfahrensregeln und Geschäftsordnungen nach Absatz 1 Satz 2 keine andere Regelung getroffen wurde.

(4) Der Elternbeirat ist vom Träger und der Leitung der Einrichtung rechtzeitig und umfassend über wesentliche Entscheidungen in Bezug auf die Einrichtung zu informieren und insbesondere vor Entscheidungen über die pädagogische Konzeption der Einrichtung, über die personelle Besetzung, die räumliche und sachliche Ausstattung, die Hausordnung, die Öffnungszeiten, einen Trägerwechsel sowie die Aufnahmekriterien anzuhören. Gestaltungshinweise hat der Träger angemessen zu berücksichtigen.

(5) Entscheidungen, die die Eltern in finanzieller Hinsicht berühren, bedürfen grundsätzlich der Zustimmung durch den Elternbeirat. Hierzu zählen vor allem die Planung und Gestaltung von Veranstaltungen für Kinder und Eltern sowie die Verpflegung in der Einrichtung, soweit es sich dabei zum Beispiel nicht nur um geringfügige Preissteigerungen im Rahmen allgemeinüblicher Teuerungsraten handelt.

(6) Der Rat der Kindertageseinrichtung besteht aus Vertreterinnen und Vertretern des Trägers, des Personals und des Elternbeirates. Aufgaben sind insbesondere die Beratung der Grundsätze der Erziehungs- und Bildungsarbeit, die räumliche, sachliche und personelle Ausstattung sowie die Vereinbarung von Kriterien für die Aufnahme von Kindern in die Einrichtung. Der Rat der Kindertageseinrichtung tagt mindestens einmal jährlich.

§ 9b Elternmitwirkung auf Jugendamtsbezirks- und Landesebene

(1) Die Elternbeiräte der Tageseinrichtungen für Kinder können sich auf örtlicher Ebene zu der Versammlung von Elternbeiräten zusammenschließen und ihre Interessen gegenüber den Trägern der Jugendhilfe vertreten. § 9a Absatz 3 Satz 2 gilt entsprechend. Sie werden dabei von den örtlichen und überörtlichen öffentlichen Trägern der Jugendhilfe unterstützt. Die Versammlung der Elternbeiräte wählt in der Zeit zwischen dem 11. Oktober und dem 10. November einen Jugendamtselternbeirat. Die Gültigkeit der Wahl des Jugendamtselternbeirates setzt voraus, dass sich 15 Prozent aller Elternbeiräte im Jugendamtsbezirk an der Wahl beteiligt haben. Das Mandat der Mitglieder des Jugendamtselternbeirates gilt über das Ende eines

Kindergartenjahres hinaus und endet mit der Wahl eines neuen Jugendamtselternbeirates, wenn in den Verfahrensregeln und Geschäftsordnungen nach Absatz 3 keine andere Regelung getroffen wurde. Dem Jugendamtselternbeirat ist vom Jugendamt bei wesentlichen die Kindertageseinrichtungen betreffenden Fragen die Möglichkeit der Mitwirkung zu geben.

(2) Die Jugendamtselternbeiräte können sich auf Landesebene in der Versammlung der Jugendamtselternbeiräte zusammenschließen. Die Jugendamtselternbeiräte wählen bis zum 30. November eines jeden Jahres aus ihrer Mitte den Landeselternbeirat. Die Gültigkeit der Wahl des Landeselternbeirates setzt voraus, dass sich Jugendamtselternbeiräte aus 15 Prozent aller Jugendamtsbezirke an der Wahl beteiligt haben. Dem Landeselternbeirat ist von der Obersten Landesjugendbehörde bei wesentlichen die Kindertageseinrichtungen betreffenden Fragen die Möglichkeit der Mitwirkung zu geben.

(3) Näheres zum Verfahren und über die Zusammensetzung der Gremien auf Jugendamts- und Landesebene regeln die Versammlungen der Elternbeiräte und der Jugendamtselternbeiräte in einer Geschäftsordnung. Der Landeselternbeirat erhält für die mit der Wahrnehmung der Aufgaben verbundenen Ausgaben bis zu 15 000 Euro jährlich. Die Auszahlung des Betrages für die Wahlperiode des Landeselternbeirats (1. Dezember bis 30. November des Folgejahres) erfolgt ab Januar nach der Wahl. Die Ausgaben einer Wahlperiode sind dem überörtlichen Träger der Jugendhilfe (Landesjugendamt) beim Landschaftsverband Rheinland jährlich spätestens bis zum 31. Januar des Folgejahres nachzuweisen. Abschlagszahlungen sind zu verrechnen.

§ 10 Gesundheitsvorsorge

(1) Bei der Aufnahme in die Tageseinrichtung ist der Nachweis über eine altersentsprechend durchgeführte Gesundheitsvorsorgeuntersuchung des Kindes durch Vorlage des Vorsorgeuntersuchungsheftes für Kinder oder einer entsprechenden ärztlichen Bescheinigung zu erbringen.

(2) In den Kindertageseinrichtungen und in der Kindertagespflege ist die gesundheitliche Entwicklung der Kinder zu fördern. Bei Vorliegen gewichtiger Anhaltspunkte für eine Beeinträchtigung sind die Eltern frühzeitig zu informieren und geeignete Hilfen zu vermitteln; bei fortbestehender Gefährdung ist das Jugendamt entsprechend § 8 a SGB VIII zu informieren.

(3) Das Jugendamt arbeitet mit den für die Durchführung ärztlicher und zahnärztlicher Vorsorgeuntersuchungen zuständigen Stellen zusammen und hat für jährliche ärztliche und zahnärztliche Untersuchungen der Kinder in den Tageseinrichtungen Sorge zu tragen. Diese können nur entfallen, wenn sicher gestellt ist, dass die jährlichen Untersuchungen für jedes Kind anderweitig erfolgen.

(4) In Kindertageseinrichtungen darf nicht geraucht werden. Auch in Räumen, die für die Betreuung von Kindern in Kindertagespflege bestimmt sind, ist das Rauchen nicht gestattet.

§ 11 Fortbildung und Evaluierung

(1) Die Umsetzung des Bildungs-, Erziehungs- und Betreuungsauftrages erfordert eine ständige Fortbildung der mit dem Auftrag betrauten Personen.

(2) Zur Sicherung und Weiterentwicklung der pädagogischen Arbeit in den Kindertageseinrichtungen ist eine kontinuierliche Evaluierung erforderlich. Dafür sollen von den Trägern Qualitätskriterien entwickelt werden, die Aussagen über die Begleitung, Förderung und Herausforderung frühkindlicher Bildungsprozesse enthalten. Qualitätsentwicklungsmaßnahmen werden von den Trägern der Kindertageseinrichtungen in eigener Verantwortung durchgeführt. Zur Grundlage für die Evaluierung gehören insbesondere:

1. eine schriftliche Konzeption der Arbeit der Kindertageseinrichtung, in der Leitlinien für die Arbeit und ein eigenes Profil formuliert sind,
2. ein träger- oder einrichtungsspezifisches pädagogisches Konzept und
3. eine Darstellung über die Durchführung des Qualitätsentwicklungsprozesses in der Kindertageseinrichtung.

(3) Die oberste Landesjugendbehörde oder eine von ihr beauftragte Stelle kann mit Zustimmung des Trägers der Einrichtung eine externe Evaluierung in der Kindertageseinrichtung durchführen.

§ 12 Datenerhebung und -verarbeitung

(1) Die Eltern sind verpflichtet, dem Träger der Tageseinrichtung für Kinder zur Erfüllung von Aufgaben nach diesem Gesetz folgende Daten mitzuteilen:

1. Name und Vorname des Kindes
2. Geburtsdatum
3. Geschlecht
4. Staatsangehörigkeit
5. Familiensprache
6. Namen, Vornamen und Anschriften der Eltern.

Der Träger hat die Eltern auf diese Mitteilungspflichten hinzuweisen.

(2) Der Träger ist berechtigt und verpflichtet, die Daten nach Absatz 1 sowie die weiteren kindbezogenen Daten, die zur Erfüllung seiner Aufgaben nach diesem Gesetz erforderlich sind, zu erheben und zu speichern. Gespeicherte Daten dürfen nur denjenigen Personen zugänglich gemacht werden, die diese zur Erfüllung der Aufgaben nach diesem Gesetz benötigen.

(3) Für Zwecke der Planung und Statistik im Bereich der Tageseinrichtungen für Kinder dürfen anonymisierte Daten nach diesem Gesetz sowie nach § 47 und §§ 98ff SGB VIII an den Landesbetrieb Information und Technik Nordrhein-Westfalen, an die oberste Landesjugendbehörde und an den überörtlichen Träger der öffentlichen Jugendhilfe übermittelt sowie für Maßnahmen der Qualitätsentwicklung und Qualitätssicherung verarbeitet werden.

(4) Zur Beurteilung der Auswirkungen dieses Gesetzes und zu seiner Fortentwicklung sind jährliche Erhebungen über die Einrichtung, die Belegung und die Zuordnung des pädagogischen Personals zu Gruppenbereichen in den Tageseinrichtungen durchzuführen.

Erhebungsmerkmale sind

1. die Einrichtung, gegliedert nach Art des Trägers, Status als Familienzentrum, Status als Einrichtung gemäß § 16a oder § 16b und tatsächlicher Öffnungszeit.
2. die Belegung (Zahl der aufgenommenen Kinder) zum 1. März, gegliedert nach Geschlecht, Alter nach Monat und Jahr, Übermittagbetreuung, jeweiligem Betreuungsumfang und Anzahl der Kinder, die in der Familie vorrangig nicht deutsch sprechen,
3. die pädagogischen Gruppenbereiche, gegliedert nach Anzahl und mit Zuordnung der Fach- und Ergänzungskraftstunden sowie der Personalkraftstunden im Anerkennungsjahr, Leitungsstunden und zusätzlichen Fachkraftstunden im Bereich der Betreuung von Kindern mit Behinderungen.

ZWEITER ABSCHNITT
Förderung in Kindertageseinrichtungen

§ 13 Frühkindliche Bildung

(1) Bildung ist die aktive Auseinandersetzung des Kindes mit seiner Umgebung auf der Grundlage seiner bisherigen Lebenserfahrung. Sie ist ein konstruktiver Prozess, bei dem Selbstbildung durch unmittelbare Wahrnehmung und aktives, experimentierendes Handeln einerseits und Einfluss der Umgebung andererseits im wechselseitigen Verhältnis zueinander stehen. Bildung wirkt darauf hin, die Entwicklung des Kindes zu einer eigenständigen Persönlichkeit und den Erwerb seiner sozialen Kompetenz unter Beachtung der in Artikel 6 und 7 der Verfassung des Landes Nordrhein-Westfalen genannten Grundsätze zu fördern.

(2) Die Kindertageseinrichtungen und die Kindertagespflege gestalten ihre Bildungsangebote so, dass die individuellen Belange und die unterschiedlichen Lebenslagen der Kinder und ihrer Familien Berücksichtigung finden. Die Bildungsgelegenheiten sind so zu gestal-

ten, dass die Kinder neben Wissen und Kompetenzen auch Bereitschaften und Einstellungen (weiter-) entwickeln. Das pädagogische Personal in Kindertageseinrichtungen und in Kindertagespflege beachtet, was die Kinder in ihren Bildungs- und Entwicklungsprozess einbringen, welche Möglichkeiten sie besitzen, welche Zeit sie benötigen, welche Initiative sie zeigen und stimmt sein pädagogisches Handeln darauf ab. Es schafft eine anregungsreiche Umgebung, die jedem Kind Freiräume, Muße und Zeit gibt, um mit neuen Erfahrungen und Lerngelegenheiten auf seine Weise umzugehen. Das Personal beachtet dabei auch, dass verlässliche Bindung, Vertrauen und emotionale Sicherheit den Bildungsprozess des Kindes besonders unterstützen.

(3) Die Kindertageseinrichtungen und die Kindertagespflege bieten auf Basis der Eigenaktivität des Kindes und orientiert an seinem Alltag vielfältige Bildungsmöglichkeiten, die die motorische, sensorische, emotionale, ästhetische, kognitive, kreative, soziale und sprachliche Entwicklung des Kindes ganzheitlich fördern und die Begegnung und Auseinandersetzung mit anderen Menschen einschließen. Wesentlicher Ausgangspunkt für die Gestaltung der pädagogischen Arbeit sind die Stärken, Interessen und Bedürfnisse des Kindes.

(4) Das pädagogische Personal in der Kindertagesbetreuung verbindet gemeinsame Bildung und Erziehung aller Kinder mit individueller Förderung. Es leistet einen Beitrag zu mehr Chancengleichheit der Kinder, unabhängig von Geschlecht, sozialer oder ethnischer Herkunft und zum Ausgleich individueller und sozialer Benachteiligungen.

(5) Bildung und Erziehung sollen dazu beitragen, dass alle Kinder sich in ihren unterschiedlichen Fähigkeiten und Lebenssituationen anerkennen, positive Beziehungen aufbauen, sich gegenseitig unterstützen, zu Gemeinsinn und Toleranz befähigt und in ihrer interkulturellen Kompetenz gestärkt werden.

(6) Die Bildungs- und Erziehungsarbeit wirkt darauf hin, Kinder zur gleichberechtigten gesellschaftlichen Teilhabe zu befähigen. Daher sollen Kinder ihrem Alter, ihrem Entwicklungsstand und ihren Bedürfnissen entsprechend bei der Gestaltung des Alltags in der Kindertageseinrichtung oder in der Kindertagespflege mitwirken. Sie sind vom pädagogischen Personal bei allen sie betreffenden Angelegenheiten alters- und entwicklungsgerecht zu beteiligen. Zum Wohl der Kinder und zur Sicherung ihrer Rechte sind in Tageseinrichtungen geeignete Verfahren der Beteiligung und die Möglichkeit der Beschwerde in persönlichen Angelegenheiten vorzusehen und zu praktizieren.

§ 13a Pädagogische Konzeption

(1) Die Tageseinrichtungen führen die Bildung, Erziehung und Betreuung nach einer eigenen träger- oder einrichtungsspezifischen pädagogischen Konzeption durch. Diese Konzeption muss Ausführungen zur Eingewöhnungsphase, zur Bildungsförderung, insbesondere zur sprachlichen und motorischen Förderung, zur Sicherung der Rechte der Kinder, zu Maßnahmen der Qualitätsentwicklung und -sicherung und zur Erziehungspartnerschaft mit den Eltern enthalten. Wenn in der Kindertageseinrichtung auch unter Dreijährige betreut werden, muss die pädagogische Konzeption auch auf diesbezügliche Besonderheiten eingehen.

(2) Die pädagogische Arbeit in Kindertageseinrichtungen orientiert sich dabei an den Grundsätzen zur Bildungsförderung für Kinder.

(3) Absätze 1 und 2 sollen in der Kindertagespflege entsprechend angewendet werden.

§ 13b Beobachtung und Dokumentation

(1) Grundlage der Erfüllung des Bildungs- und Erziehungsauftrages, insbesondere der individuellen stärkenorientierten ganzheitlichen Förderung eines jeden Kindes ist eine regelmäßige alltagsintegrierte wahrnehmende Beobachtung des Kindes. Diese ist auch auf seine Möglichkeiten und auf die individuelle Vielfalt seiner Handlungen, Vorstellungen, Ideen, Werke und Problemlösungen gerichtet. Die Beobachtung und Auswertung mündet in die regelmäßige Dokumentation des Entwicklungs- und Bildungsprozesses des Kindes (Bildungsdokumentation). Nach einem umfassenden Aufnahmegespräch mit den Eltern und ei-

ner Eingewöhnungsphase, spätestens aber sechs Monate nach Aufnahme des Kindes in die Kindertageseinrichtung, erfolgt eine erste Dokumentation. Entsprechendes ist für die Förderung in Kindertagespflege anzustreben. Die Bildungsdokumentation setzt die schriftliche Zustimmung der Eltern voraus.

(2) Die Bildungsdokumentation ist auch Gegenstand von Entwicklungsgesprächen mit den Eltern. Wenn die Eltern in zeitlicher Nähe zur Informationsweitergabe schriftlich zugestimmt haben, wird sie den Grundschulen zur Einsichtnahme zur Verfügung gestellt und von den Lehrkräften des Primarbereichs in die weitere individuelle Förderung einbezogen. Die Eltern sind dabei auf ihre Widerspruchsmöglichkeit hinzuweisen. Endet die Betreuung des Kindes in der Tageseinrichtung, wird die Bildungsdokumentation den Eltern ausgehändigt.

§ 13c Sprachliche Bildung

(1) Zur Erfüllung des Bildungs- und Erziehungsauftrages gehört die kontinuierliche Förderung der sprachlichen Entwicklung. Sprachbildung ist ein alltagsintegrierter, wesentlicher Bestandteil der frühkindlichen Bildung. Sprache ist schon in den ersten Lebensjahren das wichtigste Denk- und Verständigungswerkzeug. Die Mehrsprachigkeit von Kindern ist anzuerkennen und zu fördern. Sie kann auch durch die Förderung in bilingualen Kindertageseinrichtungen oder bilingualer Kindertagespflege unterstützt werden.

(2) Die sprachliche Entwicklung ist im Rahmen dieses kontinuierlichen Prozesses regelmäßig und beginnend mit der Beobachtung nach § 13b Absatz 1 Satz 4 unter Verwendung geeigneter Verfahren zu beobachten und zu dokumentieren. Die Sprachentwicklung soll im Rahmen der bestehenden Möglichkeiten auch in anderen Muttersprachen beobachtet und gefördert werden.

(3) Die pädagogische Konzeption nach § 13a muss Ausführungen zur alltagsintegrierten kontinuierlichen Begleitung und Förderung der sprachlichen Bildung der Kinder und zur gezielten individuellen Sprachförderung enthalten.

(4) Für jedes Kind, das eine besondere Unterstützung in der deutschen Sprache benötigt, ist eine gezielte Sprachförderung nach dem individuellen Bedarf zu gewährleisten.

§ 13d Angebotsstruktur

(1) Der Träger einer Tageseinrichtung kann die pädagogische Angebotsstruktur und Gruppenbildung nach seiner Konzeption festsetzen.

(2) Auch wenn in einer Einrichtung Gruppen gebildet werden, die sich aus verschiedenen oder aus Anteilen der Gruppenformen nach der Anlage zu § 19 Absatz 1 zusammensetzen, hat der Träger die Anzahl der in einer Gruppe betreuten Kinder so festzulegen, dass jedes entsprechend seinem Alter und seiner Entwicklung gefördert werden kann. Werden in einer Einrichtung auch Kinder mit Behinderungen betreut, so ist der besondere Bedarf für die gemeinsame Förderung von Kindern mit und ohne Behinderungen bei der Personalbemessung oder der Festlegung der Gruppengröße zu berücksichtigen.

(3) Für die bestmögliche Förderung der Kinder, zur Erweiterung des Handlungsspielraums in den Einrichtungen und der Perspektiven auf das einzelne Kind kann sich das pädagogische Personal in Tageseinrichtungen für Kinder, vor allem in Familienzentren und plusKITA-Einrichtungen im Sinne des § 16a, aus multiprofessionellen Teams zusammensetzen, bei denen sich die Fähigkeiten und Kenntnisse der Teammitglieder ergänzen. Dies setzt voraus, dass die Standards an die Besetzung der Personalkraftstunden nach der Anlage zu § 19 eingehalten werden.

(4) Wird in der Tageseinrichtung Mittagessen angeboten, so ist jedenfalls jedem Kind mit einer wöchentlichen Betreuungszeit ab 35 Stunden grundsätzlich die Teilnahme zu ermöglichen.

(5) Der Träger hat das pädagogische Angebot so zu gestalten, dass grundsätzlich alle Kinder unabhängig von der wöchentlichen Betreuungszeit an besonderen Angeboten zu ausgewählten Anlässen, beispielsweise zur Förderung der Erziehungspartnerschaft zwischen

Eltern und pädagogischem Personal oder in Zusammenhang mit dem Übergang in die Grundschule, Festen und Veranstaltungen teilnehmen können.

§ 13e Öffnungszeiten und Schließtage

(1) Jede Kindertageseinrichtung soll bedarfsgerechte Öffnungs- und Betreuungszeiten unter Berücksichtigung des Kindeswohls und der Elternwünsche anbieten. Grundlage für die angebotenen Betreuungszeiten ist die örtliche Jugendhilfeplanung. In der Regel ist eine durchgehende Betreuung über Mittag anzubieten. Die Tageseinrichtung kann nach Anhörung des Elternbeirates zur Sicherung ihres Bildungs- und Erziehungsauftrages Kernzeiten festlegen. Die wöchentliche Betreuungszeit eines Kindes ergibt sich aus der Summe der regelmäßigen Betreuungszeiten je Wochentag.

(2) Kindertageseinrichtungen sind verpflichtet, ganzjährig eine regelmäßige Betreuung und Förderung aller aufgenommenen Kinder zu gewährleisten. Die Anzahl der jährlichen Schließtage (ohne Samstage, Sonn- und Feiertage) soll zwanzig und darf dreißig Öffnungstage nicht überschreiten.

(3) Kindertageseinrichtungen in Betrieben oder an Ausbildungsstätten bieten Öffnungs- und Betreuungszeiten, die sich unter besonderer Beachtung des Kindeswohls an den Arbeits- und Ausbildungszeiten der Eltern orientieren.

(4) Kindertageseinrichtungen sind verpflichtet, Eltern von Kindern, die bei Schließung der Einrichtungen an Ferientagen weder von ihren Eltern noch auf andere Weise angemessen betreut und gefördert werden können, auf § 22a Absatz 3 Satz 2 SGB VIII hinzuweisen und die Sicherstellung einer anderweitigen Betreuungsmöglichkeit soweit möglich zu unterstützen.

§ 14 Kooperationen und Übergänge

(1) Zur Erfüllung der Aufgaben nach diesem Gesetz und zur Sicherung eines beständigen Bildungs- und Erziehungsprozesses des Kindes sollen insbesondere das pädagogische Personal in den Tageseinrichtungen und die Tagespflegepersonen unter Berücksichtigung kleinräumiger Gebiets- und Sozialstrukturen miteinander, aber auch mit anderen Einrichtungen und Diensten, die ihren Aufgabenbereich berühren, zusammenarbeiten. Diese Zusammenarbeit soll zum Wohl des Kindes, in einem gleichberechtigten, partnerschaftlichen Verhältnis und unter Beachtung des Rechts auf informationelle Selbstbestimmung der Kinder und ihrer Eltern erfolgen.

(2) Zur Ausgestaltung der örtlichen Kooperation zwischen Tageseinrichtungen und Tagespflegepersonen sollen Kooperationsvereinbarungen geschlossen werden, die beispielsweise regelmäßigen Informationsaustausch sichern oder gemeinsame Fort- und Weiterbildungsmaßnahmen und Veranstaltungen im Sozialraum enthalten. Das Jugendamt fördert die Zusammenarbeit zwischen Kindertageseinrichtungen und Kindertagespflege.

§ 14a Zusammenarbeit zur Frühförderung und Komplexleistung

Zur Unterstützung der Förderung von Kindern mit Behinderung oder von Behinderung bedrohter Kinder arbeiten diejenigen Tageseinrichtungen für Kinder und Kindertagespflegestellen, die Kinder mit und ohne Behinderung gemeinsam betreuen, unter regelmäßiger Einbeziehung der Eltern mit den Sozialhilfe-, den anderen Rehabilitationsträgern und den Leistungserbringern zusammen. Die Leistungen der Frühförderung und Komplexleistung können auch in den Räumlichkeiten der Tageseinrichtungen erbracht werden, soweit hierfür Vereinbarungen getroffen wurden und die Voraussetzungen für die Leistungserbringung in der Kindertageseinrichtung gegeben sind.

§ 14b Zusammenarbeit mit der Grundschule

(1) Kindertageseinrichtungen arbeiten mit der Schule in Wahrnehmung einer gemeinsamen Verantwortung für die beständige Förderung des Kindes und seinen Übergang in die Grundschule zusammen.

(2) Zur Sicherung gelingender Zusammenarbeit und zur Gestaltung des Übergangs vom Elementar- in den Primarbereich gehören insbesondere

1. eine kontinuierliche gegenseitige Information über die Bildungsinhalte, -methoden und -konzepte,
2. die Kontinuität bei der Förderung der Entwicklung der Kinder,
3. regelmäßige gegenseitige Hospitationen,
4. die für alle Beteiligten erkennbare Benennung fester Ansprechpersonen in beiden Institutionen,
5. gemeinsame (Informations-) Veranstaltungen für die Eltern und Familien der Kinder,
6. gemeinsame Konferenzen zur Gestaltung des Übergangs in die Grundschule und
7. gemeinsame Fort- und Weiterbildungsmaßnahmen der Fach- und Lehrkräfte.

(3) Der Schulträger lädt gemeinsam mit den Leiterinnen und Leitern der Tageseinrichtungen für Kinder und der Grundschulen die Eltern, deren Kinder in zwei Jahren eingeschult werden, zu einer Informationsveranstaltung ein, in der die Eltern über Fördermöglichkeiten im Elementarbereich und Primarbereich insbesondere auch über die Bedeutung kontinuierlich aufeinander aufbauender Bildungsprozesse beraten werden.

(4) Zur Durchführung der Feststellung des Sprachstandes nach § 36 Absatz 2 des Schulgesetzes NRW vom 15. Februar 2005 (GV. NRW. S. 102), das zuletzt durch Artikel 1 des Gesetzes vom 10. April 2014 (GV. NRW. S. 268) geändert worden ist, in der jeweils geltenden Fassung erhebt der Träger der Tageseinrichtung, die nach diesem Gesetz gefördert wird oder die der Obersten Landesjugendbehörde oder einer von ihr beauftragten Stelle eine den Anforderungen des § 13c entsprechende Sprachstandsbeobachtung, -dokumentation und -förderung nachweist, bei den Eltern, deren Kinder zur Teilnahme an der Sprachstandsfeststellung verpflichtet sind, die folgenden Daten und übermittelt sie an das zuständige Schulamt:

1. Name und Vorname des Kindes;
2. Geburtsdatum;
3. Geschlecht;
4. Familiensprache;
5. Aufnahmedatum in der Kindertageseinrichtung;
6. Namen, Vornamen und Anschriften der Eltern;
7. Vorliegen der Zustimmung nach § 13b Absatz 1 Satz 6.

Soweit Kinder im Rahmen der Pflichten nach § 36 Absatz 2 des Schulgesetzes NRW in einer Kindertageseinrichtung zusätzlich sprachlich gefördert werden, ist der Träger der Einrichtung verpflichtet, Angaben über die Teilnahme der Kinder an dieser zusätzlichen Sprachförderung dem zuständigen Schulamt mitzuteilen.

§ 15

(aufgehoben)

§ 16 Familienzentren

(1) Familienzentren sind Kindertageseinrichtungen, die über die Aufgaben nach diesem Gesetz hinaus insbesondere

1. Informations- und Beratungsangebote zur Unterstützung der Eltern bei der Förderung ihrer Kinder vorhalten oder leicht zugänglich vermitteln, und Beratungs- und Hilfsangebote für Eltern und Familien bündeln und miteinander vernetzen,
2. Unterstützung bei der Vermittlung , Beratung oder Qualifizierung von Tagespflegepersonen in Absprache mit dem Jugendamt bieten,
3. die Betreuung von unter dreijährigen Kindern und Kindergartenkindern außerhalb üblicher Öffnungszeiten von Kindertageseinrichtungen gewährleisten oder vermitteln,
4. Sprachförderung für Kinder und ihre Familien anbieten, auch solche die über § 13c hinausgeht; insbesondere sind dies Sprachfördermaßnahmen für Kinder im Alter zwischen

vier Jahren und Schuleintritt mit zusätzlichem Sprachförderbedarf, die keine Kindertageseinrichtung besuchen

und als Familienzentrum in die örtliche Jugendhilfeplanung aufgenommen sind sowie ein vom Land anerkanntes Gütesiegel „Familienzentrum NRW" haben.

(2) Familienzentren können auch auf der Grundlage eines sozialräumlichen Gesamtkonzeptes als Verbund unter Einbeziehung mehrerer Kindertageseinrichtungen oder auch anderer kinder- und familienorientierter Einrichtungen tätig sein.

§ 16a plusKITA

(1) Die plusKITA ist eine Kindertageseinrichtung mit einem hohen Anteil von Kindern mit besonderem Unterstützungsbedarf des Bildungsprozesses. Sie muss als plusKITA in die örtliche Jugendhilfeplanung aufgenommen worden sein.

(2) Die plusKITA hat in besonderer Weise die Aufgabe,

1. bei der individuellen Förderung der Kinder deren Potenziale zu stärken, die alltagskulturelle Perspektive zu berücksichtigen und sich an den lebensweltlichen Motiv- und Problemlagen der Familien zu orientieren,
2. zur Stärkung der Bildungschancen auf die Lebenswelt und das Wohnumfeld der Kinder abgestimmte pädagogische Konzepte und Handlungsformen zu entwickeln,
3. zur Stärkung der Bildungschancen und zur Steigerung der Nachhaltigkeit, die Eltern durch adressatengerechte Elternarbeit und -stärkung regelmäßig in die Bildungsförderung einzubeziehen,
4. sich über die Pflichten nach § 14 hinaus in die lokalen Netzwerkstrukturen durch jeweils eine feste Ansprechperson aus der Kindertageseinrichtung einzubringen,
5. sich zur Weiterentwicklung der individuellen zusätzlichen Sprachförderung, über die Pflichten nach § 13c hinaus, zum Beispiel durch die regelmäßige Teilnahme an Fort- und Weiterbildungsmaßnahmen zu qualifizieren und die Bildungs- und Erziehungsarbeit den speziellen Anforderungen anzupassen,
6. die Ressourcen ihres pädagogischen Personals durch konkrete Maßnahmen beispielsweise regelmäßige Supervision, Schulung und Beratung, Fort- und Weiterbildung oder größere Multiprofessionalität im Team zu stärken.

§ 16b Zusätzlicher Sprachförderbedarf

Soweit die Kindertageseinrichtungen Mittel für zusätzlichen Sprachförderbedarf erhalten, haben sie im Team eine sozialpädagogische Fachkraft, die in der Regel über nachgewiesene besondere Erfahrungen und Kenntnisse in der Sprachförderung verfügt, zu beschäftigen. Der Träger stellt sicher, dass die vom Jugendamt zur Verfügung gestellten Landeszuschüsse zur Finanzierung zusätzlicher Fachkraftstunden eingesetzt werden, die über den 1. Wert der Tabelle in der Anlage zu § 19 Absatz 1 hinausgehen. Er sorgt außerdem dafür, dass diese Fachkraft durch die regelmäßige Teilnahme an Fort- und Weiterbildungsmaßnahmen die speziellen Anforderungen dieser Tageseinrichtung sichert und weiter entwickelt.

DRITTER ABSCHNITT
Förderung in Kindertagespflege

§ 17 Förderung in Kindertagespflege

(1) Für die individuelle Förderung der Kinder in der Kindertagespflege gilt § 13 entsprechend.

(2) Zur Kindertagespflege geeignete Personen sollen über vertiefte Kenntnisse zu den besonderen Anforderungen der Kindertagespflege verfügen. Sofern Tagespflegepersonen nicht sozialpädagogische Fachkräfte mit Praxiserfahrung in der Betreuung von Kindern sind, sollen sie über eine Qualifikation auf der Grundlage eines wissenschaftlich entwickelten Lehrplans verfügen, der inhaltlich und nach dem zeitlichen Umfang dem Standard des vom Deutschen

Jugendinstitut entwickelten Lehrplans zur Kindertagespflege entspricht. Diese Qualifikation soll in der Regel spätestens ab der Betreuung eines zweiten Kindes begonnen worden sein. Wegen der Besonderheiten des Tätigkeitsfeldes können die Jugendämter bestimmen, dass auch sozialpädagogische Fachkräfte mit Praxiserfahrung über eine Qualifikation zur Kindertagespflege verfügen müssen. In diesen Fällen sollten die Qualifikationsanforderungen im Stundenumfang der Hälfte des Standards des Deutschen Jugendinstituts entsprechen.

VIERTER ABSCHNITT
Finanzierung

§ 18 Allgemeine Voraussetzungen

(1) Das Land beteiligt sich an den Kosten der Kindertagesbetreuung (Kindertageseinrichtungen, Kindertagespflege) nach Maßgabe dieses Gesetzes.

(2) Die finanzielle Förderung der Kindertageseinrichtungen erfolgt pro Kindergartenjahr. Sie setzt eine Betriebserlaubnis nach § 45 SGB VIII und die Bedarfsfeststellung auf der Grundlage der örtlichen Jugendhilfeplanung voraus. Das Kindergartenjahr entspricht dem Schuljahr. Grundlage für die Berechnung der finanziellen Förderung ist der Betreuungsvertrag zwischen Träger und Eltern. Eltern können beim Abschluss des Vertrages zwischen den in der Anlage zu § 19 Absatz 1 genannten wöchentlichen Betreuungszeiten wählen, soweit diese als Ergebnis der kommunalen Jugendhilfeplanung von der Einrichtung als bedarfsgerecht angeboten werden. Die kommunale Jugendhilfeplanung stellt sicher, dass in ihrem Bezirk alle Betreuungszeiten in bedarfsgerechtem Umfang vorgehalten werden. Die Träger sollen ermöglichen, dass Eltern Betreuungsverträge für ihre Kinder abschließen können, die ihrem tatsächlichen Bedarf entsprechen.

(3) Die finanzielle Förderung der Kindertageseinrichtung setzt weiterhin voraus, dass

1. die Einrichtung die Aufgaben nach diesem Gesetz und auf der Grundlage der örtlichen Jugendhilfeplanung wahrnimmt,
2. der Träger die Regelungen dieses Gesetzes und die auf Grund dieses Gesetzes erlassenen Rechtsvorschriften beachtet,
3. die Anzahl der Schließtage dreißig Öffnungstage nicht überschreitet,
4. die Leitung der Einrichtung und die Leitung jeder Gruppe einer sozialpädagogischen Fachkraft übertragen sind
und
5. sich die Zahl der Kinder pro Gruppe und der Personaleinsatz im Übrigen an den Beschreibungen der Gruppenformen in der Anlage zu § 19 Absatz 1 orientiert und Grundlage für die Personalbemessung ist. Diese Orientierung ist in der Regel dann gegeben, wenn mindestens die vorgesehenen Personalkraftstunden des ersten Wertes der Anlage zu § 19 Absatz 1 vorgehalten werden.

(4) Eine Überschreitung der in der Anlage zu § 19 Absatz 1 genannten Zahl der Kinder pro Gruppe soll nicht mehr als zwei Kinder betragen.

§ 19 Berechnungsgrundlage für die Finanzierung der Kindertageseinrichtungen

(1) Die finanzielle Förderung der Kindertageseinrichtungen wird in Form von Pauschalen für jedes in einer Kindertageseinrichtung aufgenommene Kind (Kindpauschalen) gezahlt. Die Kindpauschalen ergeben sich aus der Anlage zu diesem Gesetz. Nimmt ein Kind den Platz in einer Einrichtung nach dem Betreuungsvertrag nicht während des gesamten Kindergartenjahres in Anspruch, erhält der Träger eine anteilige Pauschale. Hierzu erfolgt eine monatliche Erfassung durch den Träger der Einrichtung auf der Grundlage des Betreuungsvertrages bis spätestens zum Ende des übernächsten Monats.

(2) Die Kindpauschalen erhöhen sich jährlich, erstmals für das Kindergartenjahr 2015/2016, um 1,5 Prozent.

(3) Im Rahmen der Jugendhilfeplanung wird entschieden, welche der in der Anlage zu § 19 Abs. 1 genannten Gruppenformen mit welcher Betreuungszeit in den Einrichtungen angeboten werden. Soweit erforderlich, können grundsätzlich Gruppenformen und Betreuungszeiten dabei kombiniert werden. Die Jugendhilfeplanung hat sicher zu stellen, dass der Anteil der Pauschalen für über dreijährige Kinder, die in den Gruppenformen I und III nach der Anlage zu § 19 mit 45 Stunden wöchentlicher Betreuungszeit betreut werden, den Anteil, den das Jugendamt in der verbindlichen Mitteilung zum 15. März des Vorjahres angemeldet hat, nicht um mehr als vier Prozentpunkte übersteigt. Darüber hinausgehende Überschreitungen kann die Oberste Landesjugendbehörde nur in besonders begründeten Einzelfällen zulassen.

(4) Aus der Entscheidung der Jugendhilfeplanung nach Absatz 3 ergeben sich bis zum 15. März Höhe und Anzahl der auf eine Einrichtung entfallenden Kindpauschalen (Kindpauschalenbudget). Das Jugendamt ist berechtigt, bereits bewilligte Kindpauschalen zwischen dem 15. März und dem Beginn des Kindergartenjahres im Einvernehmen mit den Trägern im Bedarfsfall auf andere Einrichtungen zu übertragen, wenn dies nicht zu einer Erhöhung des Zuschusses nach § 21 Absatz 1 führt. Bis zum 31. Juli 2015 sind Abweichungen zwischen den Ergebnissen der Jugendhilfeplanung und der tatsächlichen Inanspruchnahme bei der Festsetzung der endgültigen Zahlungen nur zu berücksichtigen, wenn sie bezogen auf die Einrichtung über zehn Prozent der jeweiligen Fördersumme hinausgehen. Satz 3 gilt nicht für Überschreitungen aufgrund von Kindpauschalen für Kinder mit Behinderung oder Kinder, die von einer wesentlichen Behinderung bedroht sind, und bei denen dies von einem Träger der Eingliederungshilfe festgestellt wurde. Ab dem 1. August 2015 werden Abweichungen im Sinne von Satz 3 bei der Festsetzung der endgültigen Zahlungen berücksichtigt; dabei ist die endgültige Zahlung bei Unterschreitungen mindestens in Höhe der Planungsgarantie gemäß des am 1. August 2015 in Kraft tretenden § 21e festzusetzen. Das Jugendamt stellt für das am 31. Juli endende Kindergartenjahr die Ergebnisse nach Satz 3 und 4 fest und meldet sie dem Landesjugendamt bis zum 15. Oktober desselben Kalenderjahres. Die Pflichten aus Satz 6 gelten ab dem 1. August 2015 für die Ergebnisse nach Satz 5 entsprechend.

(5) Bei der Zuordnung der Kinder zu den Gruppenformen und der Berechnung der Pauschalen ist für das gesamte Kindergartenjahr das Alter zu Grunde zu legen, welches die Kinder bis zum 1. November des begonnenen Kindergartenjahres erreicht haben werden.

(6) Für die Betreuung von Kindern nach Schuleintritt werden Kindpauschalen nur bei Betreuung in einer bestehenden Gruppe mit ausschließlich Kindern im schulpflichtigen Alter (Horte) gezahlt. Für die Betreuung von Kindern in Horten werden nur Kindpauschalen für 25 oder 35 Stunden wöchentliche Betreuungszeit gezahlt.

§ 20 Zuschuss des Jugendamtes

(1) Das Jugendamt gewährt dem Träger der Einrichtung einen Zuschuss für die Aufgaben nach diesem Gesetz, wenn der Finanzierungsanteil des Trägers an den Kindpauschalen nach § 19 geleistet wird. Dieser Zuschuss beträgt 88 Prozent der Kindpauschalen nach § 19, wenn es sich um eine Kirche oder Religionsgemeinschaft des öffentlichen Rechts handelt (kirchliche Trägerschaft). Wenn es sich um einen anerkannten Träger der freien Jugendhilfe nach § 6 Absatz 1 handelt, der nicht zugleich in kirchlicher Trägerschaft ist (andere freie Trägerschaft), erhöht sich der Zuschuss auf 91 Prozent. Soweit es sich beim Träger um einen Verein handelt, dem Erziehungsberechtigte von mindestens 90 Prozent der die Einrichtung besuchenden Kinder angehören, die nach ihrer Zahl oder der Satzung sowohl die für die laufende Beschlussfassung als auch die für die Änderung der Satzung erforderliche Mehrheit haben (Elterninitiativen), erhöht sich der Zuschuss auf 96 Prozent. Der Zuschuss beträgt 79 Prozent, wenn es sich beim Träger der Einrichtung um den örtlichen Träger der öffentlichen Jugendhilfe, eine sonstige kreisangehörige Gemeinde oder einen sonstigen Gemeindeverband (kommunale Trägerschaft) handelt. Führt der Wechsel der Trägerschaft zu einer Erhöhung des Zuschusses, so erhält der neue Träger den bisherigen Zuschuss. Ausnahmen von Satz 6 bedürfen der Zustimmung der obersten Landesjugendbehörde.

(2) Trägern, denen nicht das Eigentum oder das Erbbaurecht am Gebäude der Einrichtung zusteht und die nicht wirtschaftlich dem Eigentümer gleichgestellt sind, soll neben dem Zuschuss nach Absatz 1 ein zusätzlicher Zuschuss auf der Grundlage der zu zahlenden Kaltmiete geleistet werden. Voraussetzung ist, dass das Mietverhältnis am 28. Februar 2007 bestand. Ein Betrag in Höhe von 2 798,13 Euro für jede Gruppe in der Tageseinrichtung und der in Absatz 1 zugrunde liegende Eigenanteil des Trägers sind im Wege des Vorabzuges zu berücksichtigen. Für den Betrag in Satz 3 gilt § 19 Abs. 2 entsprechend. Für Mietverhältnisse, die nach dem in Satz 2 genannten Zeitpunkt begründet werden, ist der Zuschuss nach Satz 1 auf der Grundlage von Pauschalen zu leisten. Abweichend davon kann, wenn nach Abschluss der Verwaltungsvereinbarung zum Investitionsprogramm „Kinderbetreuungsfinanzierung 2008 – 2013 " am 18.Oktober 2007 neue Plätze für unterdreijährige Kinder geschaffen worden sind, auch bei Einrichtungen, die im Eigentum einer juristischen Person stehen, an der der Träger mehrheitlich beteiligt ist, ein Zuschuss zur Kaltmiete gewährt werden.

(3) Bei eingruppigen Einrichtungen, die am 28. Februar 2007 in Betrieb waren, kann unter Berücksichtigung des in Absatz 1 zugrunde liegenden Eigenanteils des Trägers ein weiterer Pauschalbetrag von bis zu 15 000 Euro geleistet werden, wenn der Träger ohne diesen zusätzlichen Betrag die Einrichtung nicht ausreichend finanzieren kann. Waldkindergartengruppen können unter Berücksichtigung des in Absatz 1 zugrunde liegenden Eigenanteils des Trägers ebenfalls einen weiteren Pauschalbetrag von bis zu 15 000 Euro je Waldkindergartengruppe erhalten, wenn der Träger ohne diesen zusätzlichen Betrag die Einrichtung nicht ausreichend finanzieren kann. Soweit die Voraussetzungen vorliegen, können für eine Einrichtung Pauschalbeträge nach Satz 1 und Satz 2 auch nebeneinander geleistet werden. Über die Gewährung des Betrages entscheidet das Jugendamt im Benehmen mit dem Träger der Einrichtung.

(4) Die im Rahmen dieses Gesetzes gezahlten Mittel einschließlich des sich aus Absatz 1 ergebenden Trägeranteils sind zur Erfüllung von Aufgaben nach diesem Gesetz zu verwenden. Der Träger der Einrichtung erklärt gegenüber dem Jugendamt die entsprechende Mittelverwendung und legt diese durch einen vereinfachten Verwendungsnachweis bis zum 28. Februar des auf das Ende des Kindergartenjahres folgenden Kalenderjahres dar. Dieser umfasst

a) die Erträge einschließlich des Trägeranteils,
b) die Zuführung von anderen Einrichtungen,
c) die Zuführung aus Rücklagen,
d) die Aufwendungen, unterteilt in Personalkosten, Investitionen, Mieten, Sachkosten und sonstige Aufwendungen,
e) die Zuführung an andere Einrichtungen,
f) die Zuführung zur Rücklage,
g) die Höhe der Rücklage,
h) die Verfügungspauschale nach § 21 Absatz 3,
i) die zusätzliche U3-Pauschale nach § 21 Absatz 4,
j) den Einsatz des Landeszuschusses für plusKITA-Einrichtungen nach § 21a und
k) den Landeszuschuss für zusätzlichen Sprachförderbedarf nach § 21b in Verbindung mit § 16b.

Er weist dem Jugendamt den Einsatz des Personals nach Art der Pauschale nach. Die dem Verwendungsnachweis zugrunde liegenden Belege sind drei Jahre nach Abschluss des Kassenjahres aufzubewahren. Das Jugendamt und das Landesjugendamt sind zur stichprobenhaften und anlassbezogenen Prüfung der Nachweise im Hinblick auf die ordnungsgemäße Verwendung nach Satz 1 berechtigt.

(5) Eine nicht zweckentsprechende oder eine nicht an den Vorgaben der in der Anlage zu § 19 Absatz 1 genannten Standards (Personalausstattung und Gruppenstärken) ausgerichtete Verwendung der Mittel berechtigt das Jugendamt zur Rückforderung der Zuschüsse. Das Jugendamt stellt für das am 31. Juli endende Kindergartenjahr die Summe der nach Satz 1 zurückgeforderten Mittel fest und meldet dem Landesjugendamt das Ergebnis bis zum Ende des auf die Feststellung folgenden Monats, spätestens jedoch bis zum 30. April des Folgejah-

res. Das Jugendamt erstattet dem Land den sich aus § 21 Absatz 1 ergebenden prozentualen Anteil des zurückgeforderten Betrages.

(6) Kommt der Träger seinen Verpflichtungen aus § 19 Absatz 1 Satz 4 oder aus § 20 Absatz 4 nicht innerhalb den vorgegebenen Fristen nach, kann das Jugendamt die Zuschüsse für die folgenden Monate zurückhalten. Kommt der Träger seiner Verpflichtung nach, werden die Zuschüsse für höchstens sechs Monate nachträglich ausgezahlt.

(7) Der Landesrechnungshof prüft das Vorliegen der Voraussetzungen für die Gewährung der Landesmittel und deren ordnungsgemäße Verwendung. Zu diesem Zweck ist er berechtigt, auch örtliche Erhebungen bei dem Jugendamt und den übrigen Leistungsempfängern vorzunehmen.

§ 20a Rücklagen

(1) In einem Kindergartenjahr nicht verausgabte Mittel sind einschließlich des sich aus § 19 Absatz 1 ergebenden Trägeranteils einer Rücklage zuzuführen, wenn in der einzelnen Einrichtung mindestens die vorgesehenen Personalkraftstunden des ersten Wertes der Anlage zu § 19 Absatz 1 vorgehalten werden. Die Rücklage des Trägers ist nachweislich in den Folgejahren zur Erfüllung von Aufgaben nach diesem Gesetz zu nutzen. Sie ist angemessen zu verzinsen. Die Berechnung der zulässigen Rücklagenhöhe erfolgt einrichtungsbezogen, die Verwendung kann trägerbezogen erfolgen.

(2) Ab dem Kindergartenjahr 2015/2016 darf die Rücklage den Betrag von zehn Prozent des Kindpauschalenbudgets nach § 19 Absatz 4 je Einrichtung des Trägers nicht überschreiten. Sie darf bis zu fünfzehn Prozent des Kindpauschalenbudgets betragen, wenn in der Einrichtung Personal in vollem Umfang des zweiten Personalkraftstundenwertes nach der Tabelle der Anlage zu § 19 vorgehalten wird.

(3) Abweichend von Absatz 2 darf für die Einrichtung, die im Eigentum des Trägers steht oder bei der dem Träger das Erbbaurecht am Gebäude der Einrichtung zusteht oder bei der der Träger wirtschaftlich dem Eigentümer gleichgestellt ist, der Höchstbetrag der Rücklage um das Sechsfache des Betrages nach § 20 Absatz 2 Satz 3 überschritten werden.

(4) Der Bestand der Rücklage ist jährlich zum Stichtag 31. Juli nachzuweisen. Beträge, die den zulässigen Höchstbetrag der Rücklage übersteigen, sind dem Jugendamt in Höhe des prozentualen Anteils nach § 20 Absatz 1 zu erstatten. Das Jugendamt erstattet dem Land den sich aus § 21 Absatz 1 ergebenden prozentualen Anteil des überschießenden Betrages.

§ 21 Landeszuschuss für Kindertageseinrichtungen

(1) Das Land gewährt dem Jugendamt auf der Grundlage einer zum 15.März für das im gleichen Kalenderjahr beginnende Kindergartenjahr vorzulegenden verbindlichen Mitteilung für jedes Kind, das in einer im Bezirk des Jugendamtes nach diesem Gesetz geförderten Kindertageseinrichtung eines Trägers nach § 6 Abs. 1 betreut werden soll, einen pauschalierten Zuschuss. Der Zuschuss beträgt im Fall des

1. § 20 Absatz 1 Satz 2: 36,5 v.H.,
2. § 20 Absatz 1 Satz 3: 36,0 v.H.,
3. § 20 Absatz 1 Satz 4: 38,5 v.H.,
4. § 20 Absatz 1 Satz 5: 30,0 v.H.

der gemäß § 19 gezahlten Kindpauschale, außer in den Fällen des § 20 Absatz 1 Satz 6. Die Vom-Hundert-Sätze in Satz 2 erhöhen sich um 19,96 für nach Satz 1 zu berücksichtigende Kindpauschalen für Kinder im Alter von unter drei Jahren zum Ausgleich des aufgrund der Änderung des Sozialgesetzbuches, Achtes Buch, durch das Gesetz zur Förderung von Kindern unter drei Jahren in Tageseinrichtungen und in Kindertagespflege vom 10. Dezember 2008 (BGBl. I S. 2403) notwendigen Ausbaus der Kindertagesbetreuung.

(2) Für jedes Kind, das auf Grund des § 36 Absatz 2 des Schulgesetzes NRW eine zusätzliche Sprachförderung erhält, gewährt das Land bis zum 31. Juli 2016 dem Jugendamt bis zum

Schuleintritt des Kindes einen zusätzlichen Zuschuss in Höhe von 356 Euro pro Kindergartenjahr. Voraussetzung ist, dass das Jugendamt den Zuschuss an die Träger der Einrichtungen seines Bezirks weiterleitet. Die Feststellung der Daten zur Sprachförderung wird im Einvernehmen mit dem Ministerium für Schule und Weiterbildung vorgenommen.

(3) Das Land gewährt dem Jugendamt für jede Einrichtung einen zusätzlichen Zuschuss pro Kindergartenjahr zur Unterstützung des Personals (Verfügungspauschale), dessen Höhe sich aus der Anlage 1 zu dieser Vorschrift ergibt. Absatz 2 Satz 2 gilt entsprechend. Weitere Voraussetzung für diesen Zuschuss ist, dass die nach diesem Absatz und der Anlage 1 zu dieser Vorschrift auf eine Tageseinrichtung entfallende Verfügungspauschale vollständig zur Finanzierung zusätzlicher Personalkraftstunden oder anderer, das pädagogische Personal unterstützende Kräfte, die über den 1. Wert der Tabelle in der Anlage zu § 19 Absatz 1 hinausgehen, eingesetzt wird. Zuschüsse, die nicht zweckentsprechend verwendet werden, sind zurück zu zahlen, sie sind nicht rücklagefähig. Das Jugendamt erklärt gegenüber dem Land die zweckentsprechende Verwendung der nach diesem Absatz an die Träger geleisteten Zuschüsse und legt diese durch vereinfachten Verwendungsnachweis spätestens bis zum 30. April des auf das Ende des Kindergartenjahres folgenden Kalenderjahres dar.

(4) Das Land gewährt dem Jugendamt für jedes unterdreijährige Kind einen zusätzlichen Zuschuss pro Kindergartenjahr (zusätzliche U3-Pauschale). Die Höhe der zusätzlichen U3-Pauschale ergibt sich aus der Anlage 2 zu dieser Vorschrift. Abweichend von § 19 Absatz 5 ist bei der Alterszuordnung für das gesamte Kindergartenjahr das Alter zugrunde zu legen, welches die Kinder zum Stichtag des § 101 Absatz 2 Nummer 10 SGB VIII erreicht haben. Absatz 2 Satz 2 gilt entsprechend. Weitere Voraussetzung für diesen Zuschuss ist, dass die nach diesem Absatz und der Anlage 2 zu dieser Vorschrift auf eine Tageseinrichtung entfallenden zusätzlichen U3-Pauschalen vollständig zur Finanzierung zusätzlicher Personalkraftstunden oder anderer, das pädagogische Personal unterstützende Kräfte, die über den 1. Wert der Tabelle in der Anlage zu § 19 Absatz 1 hinausgehen, eingesetzt werden. Das zusätzliche Personal muss mindestens über eine Qualifikation im Sinne von § 2 Absatz 1 der Vereinbarung nach § 26 Absatz 3 Nummer 3 vom 26. Mai 2008 in der Fassung vom 13. März 2013 verfügen. Absatz 3 Satz 4 und Satz 5 gelten entsprechend.

(5) Für jedes Familienzentrum im Sinne des § 16 Abs.1 gewährt das Land dem Jugendamt einen zusätzlichen Zuschuss von 13.000 EUR pro Kindergartenjahr. Im Einzelfall können auch Einrichtungen von Verbünden nach § 16 Abs.2 die Förderung nach Satz 1 erhalten, auch wenn sie keine Tageseinrichtung für Kinder sind. Absatz 2 Satz 2 gilt entsprechend.

(6) Das Land gewährt dem Jugendamt für Familienzentren mit besonderem Unterstützungsbedarf einen weiteren Zuschuss in Höhe von 1 000 Euro. Absatz 2 Satz 2 gilt entsprechend.

(7) Kindertageseinrichtungen, die im Rahmen der örtlichen Jugendhilfeplanung auf Vorschlag des Jugendamtes und der jährlich durch das Haushaltsgesetz festgelegten Höchstgrenzen an dem Verfahren für das vom Land anerkannte Gütesiegel „Familienzentrum NRW" teilnehmen, erhalten einen zusätzlichen Zuschuss von 13.000 EUR pro Kindergartenjahr. Die Landesregierung legt die Verteilung der in das Verfahren aufzunehmenden Einrichtungen auf die Jugendämter fest. Die Verteilung kann sich nach der Zahl der Kinder im Jugendamtsbezirk im Verhältnis zur Gesamtzahl der Kinder in der gewählten Altersgruppe in Nordrhein-Westfalen oder nach der sozialen Belastung im Jugendamtsbezirk richten. Im Einzelfall kann der Zuschuss ein weiteres Kindergartenjahr gewährt werden. Absatz 2 Satz 2 und Absatz 6 gelten entsprechend.

(8) An den Zuschüssen nach § 20 Absatz 2 und 3 beteiligt sich das Land mit einem pauschalierten Zuschuss, dessen Höhe sich in Abhängigkeit von der Trägerschaft der Einrichtung nach den vom-Hundert-Sätzen des Absatzes 1 richtet.

(9) Die Gestaltung der Gruppenformen und die Förderung nach den in der Anlage zu § 19 Abs.1 festgelegten Betreuungszeiten orientieren sich an den Ergebnissen der örtlichen Jugendhilfeplanung unter Berücksichtigung der Grundsätze der Bedarfsgerechtigkeit und Wirtschaftlichkeit. Das Jugendamt hat zu gewährleisten, dass ein bedarfsentsprechendes Angebot auch für die Kinder zur Verfügung steht, deren Eltern von einem Elternbeitrag befreit sind.

(10) Zum Ausgleich des Einnahmeausfalls nach § 23 Absatz 3 gewährt das Land dem Jugendamt pro Kindergartenjahr einen pauschalen Zuschuss in Höhe von 5,1 Prozent der Summe der Kindpauschalen für in Tageseinrichtungen betreute Kinder im Alter von drei Jahren bis zur Einschulung, die sich auf der Basis der verbindlichen Jugendhilfeplanung nach § 19 Absatz 3 bis zum 15. März für das in dem gleichen Kalenderjahr beginnende Kindergartenjahr ergibt.

(11) Kommt das Jugendamt seinen Verpflichtungen aus § 19 Absatz 4, § 20 Absatz 5, § 21 Absatz 3 Satz 5, Absatz 4 Satz 7, § 21a Absatz 2 oder § 21b Absatz 2 nicht innerhalb der vorgegebenen Fristen nach, kann das Land die Zuschüsse für die folgenden Monate zurückhalten. Kommt das Jugendamt seiner Verpflichtung nach, werden die Zuschüsse für höchstens sechs Monate nachträglich ausgezahlt.

§ 21a Landeszuschuss für plusKITA-Einrichtungen

(1) Das Land gewährt dem Jugendamt einen Zuschuss für plusKITA–Einrichtungen im Sinne von § 16a. Das Land stellt hierfür einen Betrag von 45 Millionen Euro je Kindergartenjahr landesweit zur Verfügung. Der Anteil des Jugendamts ergibt sich aus der Anzahl der Kinder unter sieben Jahren in Familien mit Leistungsbezug zur Sicherung des Lebensunterhalts nach dem Zweiten Buch Sozialgesetzbuch – Grundsicherung für Arbeitsuchende – in der Fassung der Bekanntmachung vom 13. Mai 2011 (BGBl. I S. 850, 2094), das zuletzt durch Artikel 1 des Gesetzes vom 7. Mai 2013 (BGBl. I S. 1167) geändert worden ist (SGB II), im Jugendamtsbezirk im Verhältnis zur landesweiten Gesamtzahl der Kinder unter sieben Jahren in Familien mit SGB-II-Leistungsbezug. Der Zuschuss an das Jugendamt ist auf einen durch 25 000 Euro teilbaren Betrag festzusetzen; er beträgt mindestens 25 000 Euro.

(2) Voraussetzung für diesen Zuschuss ist, dass das Jugendamt je Einrichtung im Sinne des § 16a (plusKITA) einen Zuschuss von mindestens 25 000 Euro weiter leitet. Zuschüsse für plusKITA-Einrichtungen sind für pädagogisches Personal einzusetzen. Zuschüsse, die nicht zweckentsprechend verwendet werden, sind zurück zu zahlen, sie sind nicht rücklagefähig. Die Aufnahme in diese Förderung erfolgt in der Regel für fünf Jahre. § 21 Absatz 3 Satz 5 gilt entsprechend.

(3) Im Kindergartenjahr 2014/2015 gewährt das Land den Jugendämtern für die plusKITA-Einrichtungen, denen nach der Entscheidung der Jugendhilfeplanung zum 15. März 2014 ein Zuschuss als „Einrichtung(en) in sozialen Brennpunkten" nach § 20 Absatz 3 Satz 1 Kinderbildungsgesetz, in der durch Artikel 1 des Gesetzes vom 25. Juli 2011 (GV. NRW. S. 385) geänderten und am 1. August 2011 in Kraft getretenen und bis zum 31. Juli 2014 gültigen Fassung (§ 20 Absatz 3 Satz 1 a.F.) bewilligt wurde, den Zuschuss nach Absatz 1 Satz 3 und 4 gemindert um den Landesanteil an dem Zuschuss nach § 20 Absatz 3 Satz 1 a.F.

§ 21b Landeszuschuss für zusätzlichen Sprachförderbedarf

(1) Das Land gewährt dem Jugendamt einen Zuschuss für zusätzlichen Sprachförderbedarf. Das Land stellt hierfür einen Betrag von 25 Millionen Euro je Kindergartenjahr landesweit zur Verfügung. Der Anteil des Jugendamts ergibt sich jeweils zur Hälfte aus der Anzahl der Kinder im Jugendamtsbezirk unter sieben Jahren in Familien mit Leistungsbezug zur Sicherung des Lebensunterhalts nach dem Zweiten Buch Sozialgesetzbuch (SGB II) im Verhältnis zur landesweiten Gesamtzahl der Kinder unter sieben Jahren in Familien mit SGB-II-Leistungsbezug und der Anzahl der Kinder im Jugendamtsbezirk in Kindertageseinrichtungen, in deren Familien vorrangig nicht Deutsch gesprochen wird im Verhältnis zur landesweiten Gesamtzahl der Kinder in Kindertageseinrichtungen, in deren Familien vorrangig nicht Deutsch gesprochen wird. Der Zuschuss ist je Jugendamt auf einen durch 5 000 Euro teilbaren Betrag festzusetzen, er beträgt mindestens 5 000 Euro.

(2) Voraussetzung für diesen Zuschuss ist, dass das Jugendamt je Einrichtung im Sinne des § 16b einen Zuschuss von mindestens 5 000 Euro weiterleitet. Die Kindertageseinrichtung nach § 16b muss als solche in die Jugendhilfeplanung aufgenommen sein. Die Aufnahme in diese Förderung erfolgt in der Regel für fünf Jahre. Das Jugendamt stellt sicher, dass

mit diesen Zuschüssen auch die Kinder gefördert werden, bei denen nach § 36 Absatz 2 oder Absatz 3 Schulgesetz NRW ein zusätzlicher Sprachförderbedarf bescheinigt worden ist. § 21 Absatz 3 Satz 5 und § 21a Absatz 2 Satz 5 gelten entsprechend.

§ 21c Landeszuschuss für Qualifizierung

Das Land unterstützt die Qualifizierung des pädagogischen Personals in den Tageseinrichtungen und in der Kindertagespflege mit einem jährlichen Betrag von insgesamt fünf Millionen Euro und strebt den Abschluss einer Vereinbarung nach § 26 Absatz 3 Nummer 2 an.

§ 21d Interkommunaler Ausgleich

(1) Werden Kinder in einer Kindertageseinrichtung betreut, die nicht im Jugendamtsbezirk des Wohnsitzes des Kindes gelegen ist, so kann das Jugendamt der aufnehmenden Kommune einen Kostenausgleich von dem Jugendamt des Wohnsitzes verlangen. In diesen Fällen erfolgt die Kostenbeitragserhebung nach § 23 im Jugendamt des Wohnsitzes.

(2) Der Ausgleich nach Absatz 1 beträgt 40 Prozent der Kindpauschale, sofern die Jugendämter keine andere Vereinbarung treffen.

§ 21e Planungsgarantie[Fn. 1]

(1) Jedem Träger wird zur Finanzierung der Tageseinrichtung grundsätzlich mindestens die Summe der Kindpauschalen abzüglich des Trägeranteils gezahlt, die sich nach der Istbelegung des Vorjahres zuzüglich einer Erhöhung nach § 19 Absatz 2 ergibt (Planungsgarantie). Sinkt die Summe der Kindpauschalen, die eine Kindertageseinrichtung nach dem Anmeldestand zum 15. März für die Monate August bis Januar des im selben Kalenderjahr beginnenden Kindergartenjahres zu erwarten hat, unter den Wert der Summe der Kindpauschalen aufgrund der bis Januar erreichten Istbelegung, so gewährt das Jugendamt dem Träger der Einrichtung zunächst Abschläge auf die Zuschüsse zu den Kindpauschalen in gleicher Höhe wie im zurückliegenden Kindergartenjahr. Sobald die Summe der tatsächlichen Istbelegung des zurückliegenden Kindergartenjahres festgestellt wurde, werden die Abschlagszahlungen entsprechend der Höhe der Planungsgarantie angepasst.

(2) Wird im Laufe des Kindergartenjahres ein zusätzliches Kind in einer Einrichtung angemeldet, bei der die Planungsgarantie Anwendung findet, und ist ein dem Bedarf entsprechender Betreuungsplatz verfügbar, so ist dieses Kind unter Wahrung des Grundsatzes der Trägerautonomie grundsätzlich aufzunehmen. Steigt die Summe der Kindpauschalen aus diesem oder einem anderem Grund, so erhöht sich der Zuschuss des Jugendamtes erst wenn die Planungsgarantie überschritten wird.

(3) Die Planungsgarantie findet keine Anwendung bei Einrichtungs- oder Gruppenschließungen. Die Planungsgarantie ist auch insoweit ausgeschlossen, als der Träger der Einrichtung einzelne Gruppen oder zehn Plätze oder mehr auf eine andere Einrichtung überträgt. Dies gilt auch für Plätze, die nach einer Vereinbarung zwischen dem Träger und dem Jugendamt nur vorübergehend belegt und dann von einer Einrichtung auf andere Einrichtungen übertragen wurden. Für die Berechnung der Planungsgarantie bei der Inbetriebnahme von neuen Einrichtungen kann die Oberste Landesjugendbehörde abweichende Regelungen treffen.

(4) Bei mehrmaliger Abrechnung auf Grundlage der Planungsgarantie innerhalb von vier aufeinander folgenden Kindergartenjahren, erhält der Träger der Tageseinrichtung die Planungsgarantie nur in Höhe der niedrigsten Summe der Kindpauschalen dieser Jahre zuzüglich der Erhöhung nach § 19 Absatz 2. Auf Antrag kann die Oberste Landesjugendbehörde in begründeten Einzelfällen Ausnahmen zulassen.

§ 22 Landeszuschuss für Kinder in Kindertagespflege

(1) Das Land zahlt dem Jugendamt für jedes Kind bis zum Schuleintritt in der Kindertagespflege einen jährlichen Zuschuss in Höhe von 758 Euro, soweit nicht für dieses Kind

---

1 § 21e tritt am 1. August 2015 in Kraft.

ein Landeszuschuss nach § 21 gewährt wird. Für Kinder mit Behinderung oder Kinder, die von einer wesentlichen Behinderung bedroht sind, und bei denen dies von einem Träger der Eingliederungshilfe festgestellt wurde, erhält das Jugendamt die 3,5fache Pauschale nach Satz 1.

(2) Der Landeszuschuss nach Absatz 1 Satz 1 setzt bei Kindern, die außerhalb des Haushalts der Eltern betreut werden, eine Bestätigung des Jugendamtes voraus, dass

1. die Tagespflegeperson über eine Erlaubnis zur Kindertagespflege nach § 43 SGB VIII verfügt,
2. die Tagespflegeperson das Kind regelmäßig mindestens 15 Stunden wöchentlich und länger als drei Monate betreuen will,
3. die Tagespflegeperson eine Qualifikation im Sinne des § 17 Absatz 1 und 2 nachweisen kann,
4. für Ausfallzeiten der Tagespflegeperson eine gleichermaßen geeignete Betreuung durch transparente Regelung des Jugendamtes sichergestellt wird,
5. die laufende Geldleistung nach § 23 Absatz 2 und Absatz 2a SGB VIII erfolgt.

Der Landeszuschuss nach Absatz 1 Satz 1 setzt bei Kindern, die im Haushalt der Eltern betreut werden, eine Bestätigung des Jugendamtes zu Absatz 2 Nummer 2 bis 5 voraus.

(3) Der Landeszuschuss nach Absatz 1 Satz 2 setzt darüber hinaus voraus, dass die Tagespflegeperson über eine zusätzliche Qualifikation zur Betreuung von Kindern mit Behinderung oder drohender Behinderung verfügt oder mit einer solchen im Zeitpunkt der Übernahme der Betreuung begonnen hat.

(4) § 19 Absatz 4 Satz 1 und § 21 Absatz 10 gelten entsprechend.

§ 23 Elternbeiträge und Elternbeitragsfreiheit

(1) Für die Inanspruchnahme von Angeboten in Kindertageseinrichtungen oder Kindertagespflege können Teilnahme- oder Kostenbeiträge (Elternbeiträge) nach § 90 Abs. 1 SGB VIII vom Jugendamt festgesetzt werden. In den Fällen des § 21d können die Elternbeiträge nur durch das Jugendamt des Wohnsitzes erhoben werden. Soweit die Förderung in Kindertagespflege gemäß § 23 SGB VIII erfolgt, sind weitere Kostenbeiträge der Eltern an die Tagespflegeperson ausgeschlossen. Das Jugendamt kann die Zahlung eines angemessenen Entgelts für Mahlzeiten an die Tagespflegepersonen zulassen.

(2) Zu diesem Zweck teilt der Träger der Kindertageseinrichtung oder der Träger, der die Kindertagespflege vermittelt hat, dem Jugendamt die Namen, Anschriften, Geburtsdaten, bei Kindertageseinrichtungen die Betreuungszeiten sowie die Aufnahme- und Abmeldedaten der Kinder sowie die entsprechenden Angaben der Eltern oder der nach kommunalem Satzungsrecht gleichgestellten Personen unverzüglich mit. In den Fällen des § 21d leitet das Jugendamt der aufnehmenden Kommune, das die Daten nach Satz 1 erhält, diese an das Jugendamt der Wohnsitzkommune weiter.

(3) Die Inanspruchnahme von Angeboten in Kindertageseinrichtungen oder Kindertagespflege durch Kinder, die am 1. August des Folgejahres schulpflichtig werden, ist in dem Kindergartenjahr, das der Einschulung vorausgeht, beitragsfrei. Abweichend von Satz 1 ist für Kinder, die ab dem Schuljahr 2012/2013 vorzeitig in die Schule aufgenommen werden, die Inanspruchnahme von Angeboten in Kindertageseinrichtungen oder Kindertagespflege ab dem 1. Dezember für maximal zwölf Monate beitragsfrei. Werden Kinder aus erheblichen gesundheitlichen Gründen nach § 35 Absatz 3 Schulgesetz NRW für ein Jahr zurückgestellt, so beträgt die Elternbeitragsfreiheit nach Satz 1 ausnahmsweise zwei Jahre.

(4) Der Träger der Kindertageseinrichtung kann ein Entgelt für Mahlzeiten verlangen.

(5) Erhebt das Jugendamt Elternbeiträge für die Inanspruchnahme von Kindertageseinrichtungen oder Kindertagespflege, hat es eine soziale Staffelung vorzusehen und die wirtschaftliche Leistungsfähigkeit der Eltern sowie die Betreuungszeit zu berücksichtigen. Es kann ermäßigte Beiträge oder eine Beitragsfreiheit für Geschwisterkinder, auch wenn sie eine Ganztagsschule im Primarbereich besuchen, vorsehen. Bei Geschwisterregelungen sind Kin-

der, deren Tagesbetreuung nach Absatz 3 elternbeitragsfrei ist, so zu berücksichtigen, als ob für sie ein Elternbeitrag zu leisten wäre.

(6) Kreise als örtliche Träger der öffentlichen Jugendhilfe können durch Satzung oder öffentlich-rechtliche Vereinbarung Gemeinden, für die sie die Aufgaben der öffentlichen Jugendhilfe wahrnehmen, mit der Durchführung von Aufgaben nach den Absätzen 1 und 4 beauftragen.

§ 24 Investitionskostenförderung

Das Land gewährt dem Jugendamt nach Maßgabe des Haushaltsgesetzes Zuwendungen zu den Investitionskosten der Kindertageseinrichtungen.

FÜNFTER ABSCHNITT
Allgemeine Verfahrensvorschriften

§ 25 Erprobungen

Die Oberste Landesjugendbehörde kann zur Erprobung innovativer pädagogischer oder anderer Modelle Abweichungen von den Regelungen dieses Gesetzes zulassen.

§ 26 Verwaltungsverfahren und Durchführungsvorschriften

(1) Soweit dieses Gesetz nichts anderes bestimmt, gelten die Vorschriften des Sozialgesetzbuches – Verwaltungsverfahren – (SGB X) entsprechend.

(2) Die Oberste Landesjugendbehörde wird ermächtigt, durch Rechtsverordnung

1. Art und Höhe der Zuschüsse zu den Mieten festzusetzen,
2. die Zuschüsse nach § 22 Absatz 1 alle zwei Jahre erstmals zum Kindergartenjahr 2016/2017 anzupassen,
3. das Nähere zum Verfahren zur Gewährung der Landeszuschüsse zu regeln,
4. den Prozentsatz nach § 21 Absatz 10 für die Kindergartenjahre ab 1. August 2015 neu festzulegen, wenn er sich im Zuge einer Überprüfung des Belastungsausgleichs nach § 28 Absatz 2 verändert,
5. Kriterien für das Gütesiegel „Familienzentrum NRW " und das Verfahren zu seiner Verleihung festzulegen.

Für die Rechtsverordnungen nach den Nummern 1. bis 4. ist die Zustimmung des Finanzministeriums erforderlich.

(3) Die Oberste Landesjugendbehörde trifft mit den kommunalen Spitzenverbänden, den Spitzenverbänden der Freien Wohlfahrtspflege und den Kirchen

1. eine Vereinbarung über die Bildungs- und Erziehungsarbeit der Kindertageseinrichtungen (Bildungsvereinbarung), insbesondere zur sprachlichen Bildung einschließlich der Erfassung und Mitteilung summarischer Ergebnisse zu § 13c Absatz 4 an das Jugendamt,
2. eine Vereinbarung über die Fort- und Weiterbildung der pädagogischen Kräfte (Fortbildungsvereinbarung),
3. eine Vereinbarung über die Qualifikation und, bei den Kindertageseinrichtungen, den Personalschlüssel (Personalvereinbarung).

Dabei sind die Prinzipien der Pluralität, der Trägerautonomie und der Konzeptionsvielfalt zu berücksichtigen.

§ 27 Aufhebungs- und Übergangsvorschriften

Die Träger von Kindertageseinrichtungen werden von allen Zweckbindungen aus einer Investitionsförderung nach dem Gesetz über Tageseinrichtungen für Kinder und dem Kindergartengesetz befreit, wenn die mit den Landesmitteln geförderten Einrichtungen weiterhin für Kindertageseinrichtungen, Kindertagespflege oder Familienzentren nach diesem Gesetz überwiegend genutzt werden.

§ 28 Schlussbestimmung

(1) Die Landesregierung überprüft in einem weiteren Schritt unter Einbeziehung der Kommunalen Spitzenverbände, der Spitzenverbände der Freien Wohlfahrtspflege, der Kirchen, der Eltern, der Beschäftigten und ihrer Verbände weitere Punkte, insbesondere die Bedarfsgerechtigkeit der Angebotsstruktur, das Finanzierungssystem, die Auskömmlichkeit der Pauschalen, den Betreuungsschlüssel und die zusätzliche Sprachförderung.

(2) Die Oberste Landesjugendbehörde überprüft die dem Belastungsausgleich nach § 21 Absatz 10 zugrundeliegende Kostenfolgeabschätzung spätestens zum 31. Dezember 2014.

Anlage zu § 19

Gruppenform I: Kinder im Alter von zwei Jahren bis zur Einschulung

	Kinderzahl	Wöchentliche Betreuungszeit	Kindpauschale in Euro	Personal
a	20	25 Stunden	4.689,45	2 Fachkräfte, insgesamt 55 Fachkraftstunden (FKS) (1. Wert) sowie 12,5 sonstige Personalkraftstunden/ Personalkosten (PKS) einschließlich Freistellung
b	20	35 Stunden	6.283,69	2 Fachkräfte, insgesamt 77 FKS (1. Wert) sowie 17,5 sonstige PKS einschließlich Freistellung
c	20	45 Stunden	8.058,41	2 Fachkräfte, insgesamt 99 FKS (1. Wert) sowie 22,5 sonstige PKS einschließlich Freistellung

Die Zahl der Kinder im Alter von zwei Jahren soll mindestens 4 aber nicht mehr als 6 betragen.

Gruppenform II: Kinder im Alter von unter drei Jahren

	Kinderzahl	Wöchentliche Betreuungszeit	Kindpauschale in Euro	Personal
a	10	25 Stunden	9.667,89	2 Fachkräfte, insgesamt 55 FKS (1. Wert) sowie 15 sonstige PKS einschließlich Freistellung
b	10	35 Stunden	12.971,95	2 Fachkräfte, insgesamt 77 FKS (1. Wert) sowie 21 sonstige PKS einschließlich Freistellung
c	10	45 Stunden	16.636,96	2 Fachkräfte, insgesamt 99 FKS (1. Wert) sowie 27 sonstige PKS einschließlich Freistellung

Gruppenform III: Kinder im Alter von drei Jahren und älter

	Kinderzahl	Wöchentliche Betreuungszeit	Kindpauschale in EUR	Personal
a	25	25 Stunden	3.461,01	1 Fachkraft und 1 Ergänzungskraft, insgesamt 27,5 FKS und 27,5 EKS (1. Wert) sowie 10 sonstige PKS einschließlich Freistellung
b	25	35 Stunden	4.620,20	1 Fachkraft und 1 Ergänzungskraft, insgesamt 38,5 FKS und 38,5 EKS (1. Wert) sowie 14 sonstige PKS einschließlich Freistellung
c	20	45 Stunden	7.404,64	1 Fachkraft und 1 Ergänzungskraft, insgesamt 49,5 FKS und 49,5 EKS (1. Wert) sowie 18 sonstige PKS einschließlich Freistellung

Für die Kinder mit Behinderung oder Kinder, die von einer wesentlichen Behinderung bedroht sind, und bei denen dies von einem Träger der Eingliederungshilfe festgestellt wurde, erhält der Träger der Einrichtung grundsätzlich den 3,5fachen Satz der Kindpauschale IIIb. In den Fällen, in denen diese Kinder in der Gruppenform II mit 45 Stunden wöchentlicher Betreuungszeit betreut werden, wird die Kindpauschale IIc um 2 000 Euro erhöht.

Die sich aus der Anwendung des § 19 Absatz 2 ab dem Kindergartenjahr 2015/2016 ergebenden Veränderungen sind in den Tabellenwerten zu den Kindpauschalen nicht enthalten.

Anlage 1 zu § 21

Größe der Einrichtung	Höhe der Verfügungspauschale
Eingruppig nach § 20 Absatz 3 Satz 1	1.000 Euro
Eingruppig (übrige)	3.000 Euro
Zweigruppig	4.000 Euro
Dreigruppig	6.000 Euro
Viergruppig	8.000 Euro
Fünfgruppig	9.000 Euro
Sechsgruppig	10.000 Euro
Sieben- und mehrgruppig	11.000 Euro

Anlage 2 zu § 21

Gruppenform I und II: U3-Pauschalen

	Wöchentliche Betreuungszeit	U3-Pauschale in EUR
a	25 Stunden	1.400
b	35 Stunden	1.800
c	45 Stunden	2.200

Vereinbarung zu den Grundsätzen über die Qualifikation und den Personalschlüssel nach § 26 Abs.3 Nr.3 des Gesetzes zur frühen Bildung und Förderung von Kindern (Kinderbildungsgesetz KiBiz)

vom 26. Mai 2008 in der Fassung vom 13. März 2013

Inhaltsübersicht

Präambel

(1) In Ausführung des § 26 Abs. 3 Nr. 3 des Kinderbildungsgesetzes – KiBiz – wird zwischen den kommunalen Spitzenverbänden, den Spitzenverbänden der Freien Wohlfahrtspflege, den Kirchen und der Obersten Landesjugendbehörde des Landes Nordrhein-Westfalen eine Vereinbarung über die erforderliche Ausbildung der in Tageseinrichtungen für Kinder, die nach dem Kinderbildungsgesetz gefördert werden, tätigen Kräfte sowie über den Personalschlüssel in diesen Einrichtungen abgeschlossen.

(2) Die Vereinbarung präzisiert die nachfolgend aufgelisteten Vorschriften des Kinderbildungsgesetzes, Es sind dies neben der Anlage zu § 19 Kinderbildungsgesetz die Vorschriften:
- § 18 Abs.3 Nr.2(Fn.[(Fn. 1)]): Die finanzielle Förderung der Kindertageseinrichtung setzt voraus, dass die Leitung der Einrichtung und die Leitung jeder Gruppe einer sozialpädagogischen Fachkraft übertragen ist.
- § 18 Abs. 4 Satz 1[(Fn. 1)]: Die Zahl der Kinder pro Gruppe und die Personalausstattung einer Kindertageseinrichtung sollen sich an den Beschreibungen der Gruppenformen gemäß der Anlage zu § 19 Abs. 1 orientieren.
- § 18 Abs. 4 Satz 2[(Fn.1)]: Eine Überschreitung der in der Anlage zu § 19 Abs. 1 genannten Zahl der Kinder pro Gruppe soll nicht mehr als zwei Kinder betragen.

(3) Die Beschreibung der Gruppenformen in der Anlage zu § 19 Kinderbildungsgesetz ist die Basis für die Ausgestaltung der Angebotsstruktur in der Einrichtung. Das bedingt einen flexiblen Einsatz des pädagogischen Personals in der Einrichtung.

(4) Die Unterzeichner dieser Vereinbarung stimmen darin überein, dass die Personalvereinbarung vom 17.Februar 1992 mit ihren nachfolgenden Änderungen für den Geltungsbereich dieser Vereinbarung ab dem Zeitpunkt ihres Inkrafttretens keine Anwendung mehr findet und auch nach Außerkrafttreten dieser Vereinbarung keine Geltung mehr erlangen wird.

---

1. abgedruckt unter Kennzahl 10.00

(5) Die Unterzeichner dieser Vereinbarung gehen davon aus, dass der überörtliche Träger der öffentlichen Jugendhilfe bei seinen Entscheidungen aber eine Betriebserlaubnis nach §§ 45 SGB VIIIff. für die nach dem Kinderbildungsgesetz geförderten Kindertageseinrichtungen sich an dieser Vereinbarung orientiert, wobei für den Regelungsinhalt der Betriebserlaubnisse der § 45 SGB VIII maßgebend ist.

§ 1 Fachkräfte

(1) Sozialpädagogische Fachkräfte sind staatlich anerkannte Erzieherinnen und Erzieher, und staatlich anerkannte Heilpädagoginnen und Heilpädagogen sowie staatlich anerkannte Heilerziehungspflegerinnen und Heilerziehungspfleger, die an einer Fachschule oder in entsprechenden doppeltqualifizierenden Bildungsgängen der Berufskollegs ausgebildet sind,

(2) Weitere Fachkräfte sind Kinderkrankenschwestern und Kinderkrankenpfleger bzw. Gesundheitspflegerinnen und -pfleger, die aufgrund ihrer besonderen Qualifikation vor allem für die Betreuung von Kindern mit besonderem pflegerischem Betreuungsbedarf eingesetzt werden.

(3) Sozialpädagogische Fachkräfte sind auch

- Absolventinnen und Absolventen von Studiengängen der sozialen Arbeit mit staatlicher Anerkennung,
- Absolventinnen und Absolventen von Diplom-, Bachelor- und Master-Studiengängender Erziehungswissenschaften, der Heilpädagogik sowie Studiengängen der Fachrichtung Soziale Arbeit, Kindheitspädagogik sowie Sozialpädagogik, wenn sie einen Nachweis über eine insgesamt mindestens sechsmonatige Praxiserfahrung in der Kindertagesbetreuung erbringen.

(4) In begründeten Fällen können die Landesjugendämter Ausnahmen für den Einsatz als Fachkraft zulassen, wenn der Träger dies im Einvernehmen mit dem örtlichen Jugendamt beantragt. Die Person sollte grundsätzlich über eine pädagogische Ausbildung verfügen. Voraussetzung ist zudem, dass sie einen Nachweis über eine insgesamt mindestens sechsmonatige Praxiserfahrung in der Kindertagesbetreuung erbringt. Weitere Voraussetzung ist, dass die betreffende Kraft an Fortbildungen im Umfang von mindestens 160 Stunden teilnimmt, die insbesondere die Anforderungen an die frühkindliche Bildung auch bei unterdreijährigen Kindern berücksichtigen.

§ 2 Ergänzungskräfte

(1) Ergänzungskräfte sind Kinderpflegerinnen und Kinderpfleger, Sozialassistentinnen und Sozialassistenten, Heilerziehungshelferinnen und Heilerziehungshelfer, Krippenerzieherinnen und Krippenerzieher, Hortnerinnen und Hortner oder Personen mit einer vergleichbaren Ausbildung. § 1 Abs. 4 findet keine Anwendung.

(2) Andere Personen, die keine Kinderpflege- oder Heilerziehungspflegeausbildung haben und keine Fachkräfte im Sinne von § 1 sind, sind Ergänzungskräfte, wenn sie nach Qualifikation und Eignung in der Lage sind, die Fachkräfte in der Einrichtung in der pädagogischen Arbeit zu unterstützen. Voraussetzung hierfür ist, dass diese Ergänzungskraft am 15.März 2008 in der Einrichtung eingesetzt ist. Die Träger streben eine Nachqualifizierung in Anlehnung mindestens an die Ausbildung der Kinderpflege an; Alter und Berufserfahrung sollen dabei berücksichtigt werden.

(3) Die Einsatzmöglichkeiten für Ergänzungskräfte sind von den Trägern der Tageseinrichtungen vorrangig im Rahmen des bewilligten Einrichtungsbudgets auszuschöpfen. Hierfür sind alle Gestaltungsmöglichkeiten für die Angebotsstruktur der Einrichtung zu prüfen, die eine Weiterbeschäftigung der Kinderpflegerinnen und Kinderpfleger und anderer Ergän-

zungskräfte ermöglichen*.[Fn. 1] Seitens der Träger der Einrichtungen sind alle Anstrengungen zu unternehmen, im Rahmen ihrer Personalplanungen und Personalentwicklung die Weiterbeschäftigung der derzeit beschäftigten Ergänzungskräfte – ggf. auch in anderen Kindertageseinrichtungen des Trägers – zu ermöglichen und auf Kündigungen in diesem Zusammenhang zu verzichten. Dies erfolgt im Rahmen des bewilligten Einrichtungsbudgets.*

§ 3 Einsatz von Ergänzungskräften im Rahmen von Fachkraftstunden

(1) Die in den Einrichtungen am 15.März 2008 tätigen Ergänzungskräfte, die eine Qualifikation nach § 2 Abs.1 oder Abs.2 haben, können bis zum 31.Dezember 2014 von den Trägern in den Gruppenformen I und II der Anlage zu § 19 Kinderbildungsgesetz bis höchstens zur Hälfte der ausgewiesenen Fachkraftstunden eingesetzt werden. Nach dem 31.Dezember 2014 können Ergänzungskräfte im Sinne des § 2 Absatzes 1 als Fachkraft weiter eingesetzt werden, wenn sie sich zu einer sozialpädagogischen Fachkraft nach § 1 weiterqualifiziert oder mit einer solchen Weiterqualifizierung begonnen haben*.

(2) Ergänzungskräften ist seitens der Träger grundsätzlich die Möglichkeit einer weiteren Qualifizierung in der pädagogischen Arbeit zu geben.*

(3) Der Träger kann darüber hinaus im Einvernehmen mit dem örtlichen Jugendamt Kinderpflegerinnen und Kinderpfleger, die auf eine mindestens 15jährige Berufserfahrung zurückblicken, soweit sie am 15. März 2008 in der Kindertageseinrichtung beschäftigt waren, und denen im Einzelfall aus persönlichen Gründen eine Teilnahme an einer Weiterbildung zur sozialpädagogischen Fachkraft nicht zuzumuten ist, in besonders begründeten Ausnahmefällen auch in den Gruppenformen I und II der Einrichtung auf der Hälfte der Fachkraftstunden (1. Wert) beschäftigen. Weitere Voraussetzung ist, dass die betreffende Kraft an Fortbildungen (160 Stunden) teilnimmt, die insbesondere die Anforderungen an die frühkindliche Bildung auch bei unterdreijährigen Kindern berücksichtigen*.

(4) In besonders begründeten Einzelfällen gilt dies auch für andere Ergänzungskräfte, soweit sie aufgrund ihrer pädagogischen Fähigkeiten und Kenntnisse hierfür geeignet sind*.

(5) Führt der Einsatz von Kinderpflegerinnen und Kinderpflegern und anderen Ergänzungskräften auf Fachkraftstunden im Sinne der Anlage zu § 19 Abs. 1 KiBiz zur Einsparung von Personalkosten, so sind die Einsparungen zu einer Aufstockung der Gesamtstundenzahl des Personals in der Einrichtung einzusetzen*.

§ 4 Einsatz von Berufspraktikantinnen und Berufspraktikanten und von Personen, die eine praxisintegrierte Ausbildung zur Erzieherin/zum Erzieher absolvieren

(1) Der Träger kann Berufspraktikantinnen und Berufspraktikanten und Personen, die eine praxisintegrierte Ausbildung zur Erzieherin/zum Erzieher absolvieren zusätzlich zu den Fachkräften und Ergänzungskräften in jeder Einrichtung, ggf. gruppenübergreifend, einsetzen.

(2) In den Gruppenformen I und II der Anlage zu § 19 Kinderbildungsgesetz können die Träger Berufspraktikantinnen und Berufspraktikanten mit einem Drittel ihrer Arbeitszeit höchstens bis zur Hälfte der ausgewiesenen Fachkraftstunden einsetzen, soweit für diesen Fachkraftstundenanteil nicht bereits ein Einsatz von Ergänzungskräften gemäß § 3 erfolgt. In der Gruppenform III der Anlage zu § 19 Kinderbildungsgesetz können sie anstelle der Ergänzungskraft eingesetzt werden, soweit sie im Rahmen ihrer Ausbildung in der Einrichtung tatsächlich präsent sind.

---

1. Mit Datum vom 23. September 2009 haben die Unterzeichner der Vereinbarung vom 26. Mai 2008 eine ergänzende Vereinbarung getroffen. Die vereinbarungsgemäß angepassten oder ergänzten Textpassagen sind mit * gekennzeichnet.

(3) Die Träger können Personen, die eine praxisintegrierte Ausbildung zur Erzieherin/zum Erzieher absolvieren, wie folgt auf Fachkraftstunden einsetzen:

Im 2. Ausbildungsjahr mit einem Drittel ihrer Arbeitszeit, Im 3. Ausbildungsjahr mit der Hälfte ihrer Arbeitszeit, jeweils höchstens bis zur Hälfte der ausgewiesenen Fachkraftstunden, soweit für diesen Fachkraftstundenanteil nicht bereits ein Einsatz von Ergänzungskräften gemäß § 3 erfolgt. In der Gruppenform III der Anlage zu § 19 Kinderbildungsgesetz können sie anstelle der Ergänzungskraft eingesetzt werden, soweit sie im Rahmen ihrer Ausbildung in der Einrichtung tatsächlich präsent sind.

§ 5 Leitung von Tageseinrichtungen für Kinder

(1) Für die Übertragung der Leitung einer Einrichtung ist eine mindestens zweijährige einschlägige pädagogische Berufserfahrung erforderlich, die in der Regel in einer Tageseinrichtung für Kinder oder einem vergleichbaren Arbeitsfeld erworben worden sein soll. Das Berufsanerkennungsjahr bleibt bei der Berechnung dieser Frist außer Betracht.

(2) Die Leitung einer Tageseinrichtung für Kinder soll anteilig oder vollständig von der Leitung einer eigenen Gruppe freigestellt sein.

(3) Die Leitung mehrerer Einrichtungen durch eine sozialpädagogische Fachkraft auch trägerübergreifend innerhalb eines Jugendamtes ist zulässig. Die gemeinsam geleiteten Einrichtungen sollen in räumlicher Nähe zu einander liegen. Es dürfen höchstens fünf Einrichtungen von einer sozialpädagogischen Fachkraft geleitet werden.

§ 6 Personaleinsatz und Personalschlüssel

(1) Der Personaleinsatz in den Einrichtungen orientiert sich an den Beschreibungen der Gruppenformen in der Anlage zu § 19 Kinderbildungsgesetz; sie ist die Grundlage für die Personalbemessung. Eine Orientierung an den Standards der Anlage zu § 19 Kinderbildungsgesetz ist in der Regel dann gegeben, wenn die vorgesehenen Personalstunden (FKS/EKS erster Wert der Anlage zu § 19 Kinderbildungsgesetz(Fn.[(Fn. 1)])) vorgehalten werden.

(2) Ist aufgrund der Struktur der Einrichtung eine kindbezogene Berechnung erforderlich, ergibt sich die Mindestbesetzung pro Kind aus den je Gruppe vorgesehenen Personalstunden (FKS/EKS erster Wert der Anlage zu § 19 Kinderbildungsgesetz) geteilt durch die Anzahl der Kinder der jeweiligen Gruppenform.

(3) Bei hoher Belegung der Einrichtung kann die entsprechende Anwendung der Überbelegungsmöglichkeit des § 18 Abs.4 Satz 2 Kinderbildungsgesetz vorübergehend zu einer entsprechend geringfügigen Absenkung der Orientierungswerte führen.

(4) Bei Abweichungen von den Regelungen der Absätze 1 bis 3 sollten sich Träger Lind Jugendamt möglichst frühzeitig über den aufgrund der Förderung nach dem Kinderbildungsgesetz von der Einrichtung sicherzustellenden Mindestpersonaleinsatz abstimmen.

(5) Die Bildung von Personalpools insbesondere für Vertretungen und besondere pädagogische Angebote auch trägerübergreifend innerhalb eines Jugendamtes ist zulässig.

§ 7 Inkrafttreten, Außerkrafttreten

Diese Vereinbarung tritt am 13. März 2013 in Kraft und am 31. Dezember 2014 außer Kraft.

Die Ministerin für Familie, Kinder, Jugend, Kultur und Sport
des Landes Nordrhein-Westfalen

Düsseldorf

Städtetag Nordrhein-Westfalen, Köln

Köln

---

1. der Wert beinhaltet eine Verfügungszeit von 10 v. H.

Städte- und Gemeindebund Nordrhein-Westfalen, Düsseldorf
Düsseldorf

Landkreistag Nordrhein-Westfalen, Düsseldorf
Düsseldorf

Caritasverband für das Bistum Aachen e. V.
Aachen

Caritasverband für das Bistum Essen e. V.
Essen

Diözesan-Caritasverband für das Erzbistum Köln e. V.
Köln

Caritasverband für das Erzbistum Paderborn e. V.
Paderborn

Caritasverband für die Diözese Münster e. V.
Münster

Diakonie Rheinland-Westfalen-Lippe e. V.
Düsseldorf

Paritätischer Wohlfahrtsverband Nordrhein-Westfalen e. V.
Wuppertal

Arbeiterwohlfahrt – Bezirksverband Niederrhein e. V.
Essen

Arbeiterwohlfahrt – Bezirksverband Mittelrhein e. V.
Köln

Arbeiterwohlfahrt – Bezirksverband Ostwestfalen-Lippe e. V.
Bielefeld

Arbeiterwohlfahrt – Bezirksverband Westliches Westfalen e. V.
Dortmund

Deutsches Rotes Kreuz – Landesverband Nordrhein
Düsseldorf

Deutsches Rotes Kreuz – Landesverband Westfalen-Lippe
Münster

Landesverband der jüdischen Gemeinden von Nordrhein KdöR,
Düsseldorf

Landesverband der jüdischen Gemeinden von Westfalen KdöR,
Dortmund

Synagogen-Gemeinde Köln KdöR,
Köln

Katholisches Büro Nordrhein-Westfalen
Düsseldorf

Amt des Beauftragten der Evangelischen Kirchen bei Landtag und Landesregierung von Nordrhein-Westfalen
Düsseldorf

Verordnung zur Durchführung des Kinderbildungsgesetzes (Durchführungsverordnung KiBiz – DVO KiBiz)

vom 18. Dezember 2007 (GV. NRW. S. 739),
zuletzt geändert durch Verordnung vom 13. August 2014 (GV. NRW.S. 421)

Aufgrund des § 26 Abs. 1 des Kinderbildungsgesetzes KiBiz vom 30. Oktober 2007 (GV. NRW. S. 426) wird – Teile 1, 2 und 4 mit Zustimmung des Finanzministeriums des Landes Nordrhein-Westfalen – verordnet:

Inhaltsübersicht

TEIL 1
Verfahren
Regelungen zum Verwaltungsverfahren zur Gewährung der Landeszuschüsse nach dem Kinderbildungsgesetz

§ 1 Antrag auf Gewährung der Landesmittel

(1) Der örtliche Träger der öffentlichen Jugendhilfe (Jugendamt) beantragt bis zum 15. März nach vorgegebenem Muster beim überörtlichen Träger der öffentlichen Jugendhilfe (Landesjugendamt) die Landesmittel

1. nach § 21 Absatz 1 Kinderbildungsgesetz vom 30. Oktober 2007 (GV. NRW. S. 462), das zuletzt durch Artikel 1 des Gesetzes vom 17. Juni 2014 (GV. NRW. S. 335) geändert worden ist, auf der Grundlage der Entscheidung der örtlichen Jugendhilfeplanung nach § 19 Absatz 3 Kinderbildungsgesetz,

2. nach § 21 Absatz 3 Kinderbildungsgesetz (Verfügungspauschale),
3. nach § 21 Absatz 5 und 6 Kinderbildungsgesetz (Familienzentrum),
4. nach § 21 Absatz 8 Kinderbildungsgesetz (Mietzuschuss) sowie
5. nach § 22 Absatz 1 Kinderbildungsgesetz (Kindertagespflege).

(2) Der Antrag ist auf elektronischem Datenträger zu erstellen.

(3) Das Landesjugendamt legt der Obersten Landesjugendbehörde die zusammengefassten Anträge nach Absatz 1 zum 25. März desselben Jahres vor.

(4) Das Jugendamt beantragt Landesmittel für Kinder mit Behinderung oder für Kinder, die von einer wesentlichen Behinderung bedroht sind, und bei denen dies von einem Träger der Eingliederungshilfe festgestellt wurde und die nicht im Antrag nach Absatz 1 berücksichtigt sind, zum 1. November, zum 1. Februar und zum 31. Juli des jeweiligen Kindergartenjahres beim Landesjugendamt. Im Antrag zum 31. Juli sind auch die Kinder zu berücksichtigen, für die ein Antrag auf Feststellung einer Behinderung oder einer drohenden wesentlichen Behinderung gestellt wurde, der noch nicht von einem Träger der Eingliederungshilfe beschieden worden ist. Das Landesjugendamt legt die zusammengefassten Anträge zum 10. November, zum 10. Februar und zum 10. August der Obersten Landesjugendbehörde vor.

(5) Das Jugendamt beantragt die Landesmittel nach § 21 Absatz 2 Kinderbildungsgesetz für das Kindergartenjahr 2014/2015 nach vorgegebenem Muster bis zum 20. August 2014 beim Landesjugendamt. Das Landesjugendamt legt der Obersten Landesjugendbehörde die zusammengefassten Anträge bis zum 22. August 2014 vor. Das Jugendamt meldet zum 21. Oktober 2014 aktualisierte Daten für das Kindergartenjahr 2014/2015 und beantragt gleichzeitig Landesmittel nach § 21 Absatz 2 Kinderbildungsgesetz für das Kindergartenjahr 2015/2016 nach vorgegebenem Muster. Das Landesjugendamt legt der Obersten Landesjugendbehörde die zusammengefassten Meldungen und Anträge bis zum 23. Oktober 2014 vor.

(6) Das Jugendamt beantragt die Landesmittel nach § 21 Absatz 4 Kinderbildungsgesetz (zusätzliche U3-Pauschale) bis zum 1. November nach vorgegebenem Muster beim Landesjugendamt. Es legt dem Landesjugendamt zum 1. Februar und zum 31. Juli einen ergänzenden Antrag vor. Das Landesjugendamt legt der Obersten Landesjugendbehörde die zusammengefassten Anträge zum 10. November und gegebenenfalls zum 10. Februar und zum 10. August vor.

(7) Das Jugendamt beantragt die Landesmittel nach § 21 Absatz 7 Kinderbildungsgesetz und in diesen Fällen abweichend von § 1 Absatz 1 Nummer 3 auch die Landesmittel nach § 21 Absatz 6 Kinderbildungsgesetz bis zum 15. Juni für das im gleichen Jahr beginnende Kindergartenjahr nach vorgegebenem Muster beim Landesjugendamt.

(8) Verspätet gestellte Anträge der Jugendämter können nur berücksichtigt werden, wenn dem Jugendamt nach § 27 des Zehnten Buches Sozialgesetzbuch – Sozialverwaltungsverfahren und Sozialdatenschutz – in der Fassung der Bekanntmachung vom 18. Januar 2001 (BGBl. I S. 130), das zuletzt durch Artikel 6 des Gesetzes vom 25. Juli 2013 (BGBl. I S. 2749) geändert worden ist, Wiedereinsetzung in den vorigen Stand zu gewähren ist.

§ 2 Bewilligung der Landesmittel

(1) Aus der auch für das Land verbindlichen Entscheidung der örtlichen Jugendhilfeplanung nach § 19 Absatz 3 Kinderbildungsgesetz ergeben sich bis zum 15. März für das in dem gleichen Kalenderjahr beginnende Kindergartenjahr Höhe und Anzahl der zu zahlenden Kindpauschalen. Das Landesjugendamt bewilligt durch Leistungsbescheid zum 10. April die Landesmittel nach § 1 Absatz 1 für das in dem gleichen Kalenderjahr beginnende Kindergartenjahr.

(2) Das Landesjugendamt bewilligt die Mittel, die nach § 1 Absatz 4 zum 1. November beantragt wurden, durch Leistungsbescheid zum 1. Februar des jeweiligen Kindergartenjahres. Anträge, die zu einem späteren Meldetermin (§ 1 Absatz 4) vorgelegt werden, bewilligt es später.

(3) Das Landesjugendamt bewilligt die Landesmittel nach § 21a Absatz 1 und § 21b Absatz 1 Kinderbildungsgesetz (Landeszuschüsse für plusKITA-Einrichtungen und zusätzlichen Sprachförderbedarf) für das in dem gleichen Kalenderjahr beginnende Kindergartenjahr durch Leistungsbescheid zum 10. April. Abweichend von Satz 1 erfolgt die Bewilligung für das Kindergartenjahr 2014/2015 zu dessen Beginn. Die Berechnung erfolgt auf der Grundlage der gesetzlich festgelegten Indikatoren erstmalig zum Kindergartenjahr 2014/2015 und dann alle fünf Jahre auf der Basis aktueller Daten. Grundlage der Berechnung für die ersten fünf Jahre nach Inkrafttreten der §§ 21a und 21b Kinderbildungsgesetz sind für die Anzahl der Kinder unter sieben Jahren in Familien mit Leistungsbezug zur Sicherung des Lebensunterhalts nach dem Zweiten Buch Sozialgesetzbuch – Grundsicherung für Arbeitssuchende – in der Fassung der Bekanntmachung vom 13. Mai 2011 (BGBl. I S. 850, 2094), das zuletzt durch Artikel 1 des Gesetzes vom 7. Mai 2013 (BGBl. I S. 1167) geändert worden ist, die Angaben der Bundesagentur für Arbeit für den Berichtsmonat Dezember 2013 und für die Anzahl der Kinder, in deren Familie vorrangig nicht Deutsch gesprochen wird, die Daten nach § 99 Absatz 7 des Achten Buches Sozialgesetzbuch - Kinder- und Jugendhilfe - in der Fassung der Bekanntmachung vom 11. September 2012 (BGBl. I S. 2022) in der jeweils geltenden Fassung zum Stichtag 1. März 2013. Die Oberste Landesjugendbehörde teilt den Jugendämtern das Ergebnis der Berechnung mit. Im Kindergartenjahr 2014/2015 werden die Landesmittel nach § 21a Kinderbildungsgesetz mit dem Landesanteil am Zuschuss für Einrichtungen in sozialen Brennpunkten gemäß § 20 Absatz 3 Kinderbildungsgesetz in der durch Artikel 1 des Gesetzes vom 25. Juli 2011 (GV. NRW. S. 385) geänderten und am 1. August 2011 in Kraft getretenen und bis zum 31. Juli 2014 gültigen Fassung verrechnet, sofern die plusKITA-Einrichtungen auch einen Zuschuss als Einrichtung in sozialen Brennpunkten entsprechend der Entscheidung der Jugendhilfeplanung zum 15. März 2014 erhalten.

(4) Das Landesjugendamt bewilligt die Mittel nach § 1 Absatz 5 Satz 1 bis Ende September des Kindergartenjahres 2014/2015, die Mittel nach § 1 Absatz 5 Satz 3 bis zum 7. November 2014 durch Leistungsbescheid.

(5) Das Landesjugendamt bewilligt zum 10. April für das im gleichen Jahr beginnende Kindergartenjahr Abschlagszahlungen auf den Zuschuss nach § 1 Absatz 6 auf der Grundlage von 75 Prozent der im Antrag nach § 1 Absatz 1 angegebenen Kindpauschalen für Kinder unter drei Jahren. Es bewilligt durch Leistungsbescheid zum 1. Februar die Mittel nach § 21 Absatz 4 Kinderbildungsgesetz, die zum 1. November des Kindergartenjahres beantragt wurden. Anträge, die zu einem späteren Meldetermin (§ 1 Absatz 6) vorgelegt werden, bewilligt es später.

(6) Das Landesjugendamt bewilligt die Mittel nach § 1 Absatz 7 durch Leistungsbescheid zum 10. Juli für das im gleichen Kalenderjahr beginnende Kindergartenjahr.

§ 3 Abrechnung

(1) Das Jugendamt stellt für das am 31. Juli 2015 endende Kindergartenjahr Abweichungen nach § 19 Absatz 4 Satz 3 und 4 Kinderbildungsgesetz fest. Es meldet dem Landesjugendamt das Ergebnis zum 15. Oktober 2015 nach vorgegebenem Muster.

(2) Das Jugendamt weist dem Landesjugendamt für das am 31. Juli endende Kindergartenjahr die Verwendung der Landesmittel nach den §§ 21 Absatz 3 (Verfügungspauschale) und 4 (zusätzliche U3-Pauschale), 21a (Landeszuschuss für plusKITA-Einrichtungen) und 21b (Landeszuschuss für zusätzlichen Sprachförderbedarf) nach und meldet die nach § 20 Absatz 5 Kinderbildungsgesetz zurückgeforderten Mittel spätestens zum 30. April des Folgejahres.

(3) Das Landesjugendamt legt der Obersten Landesjugendbehörde die zusammengefassten Ergebnisse nach Absatz 1 zum 31. Oktober 2015 und nach Absatz 2 zum jeweiligen 15. Mai vor.

§ 4 Zahlung und Verrechnung der Landesmittel

(1) Das Land leistet auf der Grundlage der Bescheide nach § 2 Absatz 1 Zahlungen für das jeweils in demselben Kalenderjahr beginnende Kindergartenjahr.

(2) Landesmittel im Sinne des § 21 Absatz 1, 3, 4, 8 und 10 Kinderbildungsgesetz (Kindpauschalen, Verfügungspauschale, zusätzliche U3-Pauschale, Mietzuschuss) und nach den §§ 21a und 21b Kinderbildungsgesetz (Landeszuschuss für plusKITA-Einrichtungen und Landeszuschuss für zusätzlichen Sprachförderbedarf) werden jeweils im Voraus zu Beginn eines Monats in der Höhe ausgezahlt, die sich aus den Bescheiden nach § 2 Absatz 1, 2, 3 und 5 ergibt.

(3) Landesmittel nach § 21 Absatz 2 Kinderbildungsgesetz werden für das Kindergartenjahr 2014/2015 zu 50 Prozent spätestens im dritten Monat des Kindergartenjahres ausgezahlt. Die übrigen Mittel für das Kindergartenjahr 2014/2015 und die Mittel für das Kindergartenjahr 2015/2016 werden bis zum Ende des Jahres 2014 ausgezahlt. Landesmittel nach den § 21 Absatz 5 bis 7 und § 22 Absatz 1 Kinderbildungsgesetz werden zu 50 Prozent im ersten Monat des Kindergartenjahres und zu 50 Prozent im Februar des Folgejahres ausgezahlt.

(4) Die sich aus der Abrechnung der Landesmittel nach § 3 Absatz 1 und 2 ergebenden Nach- oder Überzahlungen von Landesmitteln sind mit der Zahlung für den auf die Feststellung folgenden Monat, spätestens mit der Zahlung für den Monat Juli des auf das abgelaufene Kindergartenjahr folgenden Kalenderjahres über die Änderung der Leistungsbescheide nach § 2 Absatz 1 und 3 zu verrechnen.

(5) Landesmittel, die mit Bescheiden nach § 2 Absatz 2 und Absatz 5 bewilligt worden sind, werden jeweils zu Beginn des Monats in der Höhe ausgezahlt, die sich aus den Bescheiden ergibt.

(6) Bewilligte und ausgezahlte Landesmittel, die nicht durch Bewilligungen des Jugendamtes gebunden sind, sind dem Landesjugendamt zu den Stichtagen 1. November, 1. Februar und 31. Juli zu melden. Sie sind über eine Änderung der Leistungsbescheide nach § 2 mit den Zahlungen der Landesmittel für den auf die Rechtskraft des Änderungsbescheides folgenden Monat zu verrechnen.

§ 5 Formulare

Die Muster des jeweiligen Antrags- beziehungsweise Abrechnungsformulars werden durch Erlass der Obersten Landesjugendbehörde bekanntgegeben.

TEIL 2
Mietzuschuss
Regelungen zur Leistung eines zusätzlichen Zuschusses nach § 20 Absatz 2 Kinderbildungsgesetz

§ 6 Mietpauschalen[Fn. 1]

(1) Der zusätzliche Zuschuss zur Kaltmiete nach § 20 Absatz 2 Kinderbildungsgesetz ist für nach dem 28. Februar 2007 begründete Mietverhältnisse auf der Grundlage von Pauschalen zu leisten. Ein Mietverhältnis gilt als nach dem 28. Februar 2007 begründet, wenn die der Bezuschussung zugrunde gelegte vertragliche Regelung nach diesem Datum vereinbart ist.

(2) Die Pauschale beträgt für Einrichtungen, die gelegen sind in
- kreisfreien Städten und kreisangehörigen Großstädten (ab 100 000 Einwohnern): 10,06 Euro,
- sonstigen kreisangehörigen Gemeinden: 7,98 Euro pro Quadratmeter Fläche und Monat.

(3) Als Fläche werden pauschal 160 m² pro Gruppe der Einrichtung zugrunde gelegt. Die Zahl der Gruppen pro Einrichtung ergibt sich aus den Feststellungen der örtlichen Jugendhilfeplanung nach § 19 Abs. 3 Kinderbildungsgesetz. Für jede Gruppe der Gruppenform I und II nach der Anlage zu § 19 Abs.1 Kinderbildungsgesetz werden 25 m² hinzugerechnet.

---

1. Beachte Anlage 1 zu § 7 DVO KiBiz auf S. 6.

(4) Wird die in der Anlage zu § 19 Abs.1 Kinderbildungsgesetz genannte Gruppenstärke um nicht mehr als 25 Prozent unterschritten und sind die Räumlichkeiten dennoch erforderlich, kann der öffentliche Träger der örtlichen Jugendhilfe im Einzelfall die Flächen nach Absatz 3 Sätze 1 und 3 anerkennen, wenn die Unterschreitung vom Träger nicht zu vertreten ist. In den übrigen Fällen sind die Flächen nach Absatz 3 Sätze 1 und 3 entsprechend der Unterschreitung zu verringern.

(5) Bei einer Kombination von Gruppenformen nach § 19 Abs. 3 Satz 2 Kinderbildungsgesetz kann abweichend von Absatz 3 die Fläche pro Kind berücksichtigt werden. Dabei sind je Kind in der Gruppenform I 9,25 m², in der Gruppenform II 18, 50 m² und in der Gruppenform III 7,00 m² zugrunde zu legen.

§ 7 Anpassungen

Die Pauschalen nach § 6 Absatz 2 erhöhen sich jährlich, erstmals für das Kindergartenjahr 2015/2016, um 1,5 Prozent.

§ 8 Bestandsfälle

(1) Am 28. Februar 2007 bestehende Mietverhältnisse werden entsprechend den zum 1. August 2008 außer Kraft getretenen Bestimmungen des Gesetzes über Tageseinrichtungen für Kinder (GTK) i.V.m. § 4 Betriebskostenverordnung (BKVO) auf der Grundlage der Kaltmiete bezuschusst, die am 28. Februar 2007 vereinbart ist. Dies gilt auch in den Fällen, in denen ein neuer Mietvertrag unmittelbar oder mittelbar zwischen den Parteien des bisherigen Mietvertrages über dasselbe Mietobjekt abgeschlossen wird.

(2) In den Fällen des Absatzes 1 werden Mieterhöhungen bis zu 1,5 Prozent jährlich berücksichtigt, soweit nicht die nach § 6 Absatz 2 i.V.m. § 7 geltende Pauschale überschritten wird.

§ 9 Investitionsförderung

Eine aus Landesmitteln erfolgte Investitionsförderung ist vorbehaltlich der dazu ergangenen Bescheide auf die Pauschalen nach § 6 Absatz 2 in angemessenem Umfang anzurechnen. Die Oberste Landesjugendbehörde kann im Einvernehmen mit dem Finanzministerium hierzu nähere Regelungen treffen.

§ 10 Investitionsförderung und Miete

Mietzahlungen werden in der Regel nicht bezuschusst, sofern eine mit Landesmitteln investiv geförderte Einrichtung, die bisher im Eigentum, als Erbbauberechtigter oder wirtschaftlich dem Eigentümer gleichgestellt betrieben worden ist, künftig als Mieteinrichtung betrieben werden soll. Das Landesjugendamt kann Ausnahmen zulassen.

TEIL 3
Gütesiegel „Familienzentrum NRW"

§ 11 Gütesiegel

(1) Das Gütesiegel „Familienzentrum NRW" (Gütesiegel) ist ein konzeptgebundenes Prüfzeichen, das Einrichtungen nach § 16 Kinderbildungsgesetz verliehen wird.

(2) Die Anforderungen zur Erreichung des Gütesiegels gliedern sich in Leistungs- und Strukturkriterien.

(3) Die Leistungskriterien umfassen die Angebotsinhalte des Familienzentrums. Sie setzen sich insbesondere zusammen aus:

1. dem Bereithalten von Beratungs- und Unterstützungsangeboten für Kinder und Familien,
2. der Förderung von Familienbildung und Erziehungspartnerschaft,

3. der Unterstützung bei der Vermittlung und Nutzung der Kindertagespflege,
4. der Verbesserung der Vereinbarkeit von Beruf und Familie.

(4) Die Strukturkriterien beschreiben die vom Familienzentrum zu schaffenden Voraussetzungen für die Umsetzung seines Angebotes. Hierzu gehören insbesondere

1. die Ausrichtung des Angebotes am Sozialraum,
2. der Aufbau einer verbindlichen Zusammenarbeit mit Einrichtungen und Diensten, deren Tätigkeit den Aufgabenbereich des Familienzentrums berührt,
3. die Bekanntmachung des Angebotes durch zielgruppenorientierte Kommunikation,
4. die Sicherung der Qualität des Angebotes durch Leistungsentwicklung und Selbstevaluation.

(5) Ein Familienzentrum im Sinne des § 16 Absatz 2 Kinderbildungsgesetz (Verbund) soll höchstens aus fünf Einrichtungen bestehen. Ausnahmen davon können durch die Oberste Landesjugendbehörde genehmigt werden. Die Einrichtungen eines Verbundes sollen in einem Umkreis von 3 km liegen; Ausnahmen für den ländlichen Bereich können von der örtlichen Jugendhilfeplanung zugelassen werden.

§ 12 Gültigkeitsdauer

(1) Das Gütesiegel hat eine Gültigkeit von vier Jahren. Läuft das Gütesiegel innerhalb eines Kindergartenjahres ab, so gilt es bis zu dessen Ende.

(2) Schließen sich zwei oder mehrere Familienzentren oder ein Familienzentrum mit einer Einrichtung zu einem Verbund zusammen, so bedarf der Verbund einer Zertifizierung.

(3) Das Gütesiegel eines Verbundes bleibt bis zum Ablauf der festgelegten Gültigkeitsdauer bestehen, wenn Einrichtungen dem Verbund beitreten. Die dem Verbund beitretende Einrichtung ist berechtigt, das Gütesiegel des Verbundes zu tragen.

(4) Eine Einrichtung, die den Verbund verlässt, verliert die Berechtigung, das Gütesiegel des Verbundes weiterzuführen. Das Gütesiegel des Verbundes bleibt im Übrigen davon unberührt, wenn mehr als die Hälfte der Einrichtungen im Verbund verbleibt.

§ 13 Zertifizierungsstelle

(1) Die Oberste Landesjugendbehörde beauftragt eine Zertifizierungsstelle.

(2) Die Zertifizierungsstelle beruft einen Beirat ein, der sich aus Vertretungen der Öffentlichen und Freien Wohlfahrtspflege und der Kirchen zusammensetzt Aufgabe des Beirates ist es, die Zertifizierungsstelle beratend zu begleiten und im Rahmen des Beschwerdemanagements mitzuwirken.

§ 14 Ablauf der Zertifizierung

(1) Der Antrag zur Zertifizierung ist schriftlich bei der Zertifizierungsstelle zu stellen. Sie berät die zu zertifizierende Einrichtung zu den Kriterien für das Gütesiegel und zum Verfahren zu seiner Verleihung.

(2) Die Zertifizierungsstelle überprüft das Vorliegen der Voraussetzungen nach § 12. Jedes Familienzentrum erhält eine schriftliche inhaltliche Rückmeldung zum Gütesiegel (Qualitätsprofil) durch die Zertifizierungsstelle.

(3) Die Zertifizierungsstelle verleiht das Gütesiegel „Familienzentrum NRW" im Namen und im Auftrag der Obersten Landesjugendbehörde.

TEIL 4
Anpassung der Zuschüsse zu Kindertagespflege

§ 15 Anpassung des Zuschusses für Kinder in der Kindertagespflege

Die Pauschale nach § 22 Absatz 1 Satz 1 Kinderbildungsgesetz beträgt ab dem Kindergartenjahr 2014/2015 758 Euro und ab dem Kindergartenjahr 2016/2017 769 Euro.

TEIL 5

§ 16 Inkrafttreten

Diese Verordnung tritt am 1. August 2008 in Kraft.

Düsseldorf, den 18. Dezember 2007

Der Minister für Generationen, Familie,
Frauen und Integration des Landes
Nordrhein-Westfalen
Armin Laschel

Anlage 1 zu § 7 DVO KiBiz

Auszug aus dem Erlass des Ministeriums für Generationen, Familie, Frauen und Integration des Landes Nordrhein-Westfalen vom 30.1.2009

Berechnungsgrundlage für die Finanzierung der Kindertageseinrichtungen

Erhöhung der Mietpauschalen gemäß § 8 DVO KiBiz

Gemäß 8 der DVO KiBiz erhöhen sich die Pauschalen nach § 7 Abs. 2 DVO KiBiz jährlich, erstmals für das Kindergartenjahr 2009/2010 um 1,5 v. h. Hieraus ergeben sich folgende Mietpauschalen für das Kindergartenjahr 2009/2010:

- kreisfreie Städte und kreisangehörige Großstädte (ab 100 000 Einwohner) 9,34 a
- sonstige kreisangehörige Gemeinden 7,41a

pro Quadratmeter Fläche und Monat.

Auszug aus dem Erlass des Ministeriums für Generationen, Familie, Frauen und Integration des Landes Nordrhein-Westfalen vom 18.2.2009

Erhöhung der Mietpauschalen gemäß § 8 DVO KiBiz

Im Nachgang zu meinem Erlass vom 30. Januar 2009 weise ich darauf hin, dass für den in § 20 Abs. 2 Satz 3 KiBiz genannten Vorabzugsbetrag in Höhe von 2 559 Euro die in § 19 Abs. 2 KiBiz genannte jährliche Erhöhung um 1,5 v. H. Anwendung findet (§ 20 Abs. 2 Satz 4 KiBiz).

Hieraus ergibt sich für das Kindergartenjahr 2009/2010 bei der Ermittlung des Mietzuschusses ein im Wege des Vorabzuges zu berücksichtigender Betrag in Höhe von 2597,39 Euro.

Auszug aus dem Erlass des Ministeriums für Generationen, Familie, Frauen und Integration des Landes Nordrhein-Westfalen vom 30.11.2009

Erhöhung der Mietpauschalen gemäß § 8 DVO KiBiz

Gemäß § 8 der DVO KiBiz erhöhen sich die Pauschalen nach § 7 Abs.2 DVO KiBiz jährlich, erstmals für das Kindergartenjahr 2009/2010 um 1,5 v. H.

Hieraus ergeben sich folgende Mietpauschalen für das Kindergartenjahr 2010/2011

- kreisfreie Städte und kreisangehörige Großstädte (ab 100 000 Einwohner) 9,48 a
- sonstige kreisangehörige Gemeinden 7,52a pro Quadratmeter Fläche und Monat.

Gemäß § 19 Abs. 3 KiBiz findet die jährliche Erhöhung um 1,5 v. H. auch auf den in § 20 Abs. 2 Satz 3 KiBiz genannten Vorwegabzugsbetrag Anwendung.

Hieraus ergibt sich für das Kindergartenjahr 2010/2011 bei der Ermittlung des Mietzuschusses ein im Wege des Vorabzuges zu berücksichtigender Betrag in Höhe von 2 636,35 Euro.

Gesetz zur Errichtung eines Sondervermögens „Kinderbetreuungsausbau" (Kinderbetreuungsfinanzierungsgesetz – KBFG)

Vom 18.Dezember 2007 (BGBl.I S.3022),
geändert durch Gesetz vom 15. Februar 2013 (BGBl. I S. 250)

Inhaltsübersicht

§ 1 Errichtung des Sondervermögens

Es wird ein Sondervermögen des Bundes „Kinderbetreuungsausbau" errichtet.

§ 2 Zweck des Sondervermögens

Aus dem Sondervermögen sollen Investitionen zum Ausbau der Betreuung von Kindern unter drei Jahren gefördert werden. Das Nähere wird durch eine Regelung nach Artikel 104 b des Grundgesetzes bestimmt.

§ 3 Stellung im Rechtsverkehr

(1) Das Sondervermögen ist nicht rechtsfähig. Es kann unter seinem Namen im Rechtsverkehr handeln, klagen und verklagt werden. Der allgemeine Gerichtsstand des Sondervermögens ist der Sitz der Bundesregierung. Das Bundesministerium für Familie, Senioren, Frauen und Jugend verwaltet das Sondervermögen. Es kann sich hierzu im Einvernehmen mit dem Bundesministerium der Finanzen einer anderen Bundesbehörde oder eines Dritten bedienen.

(2) Das Sondervermögen ist von dem übrigen Vermögen des Bundes, seinen Rechten und Verbindlichkeiten zu trennen. Der Bund haftet nicht für die Verbindlichkeiten des Sondervermögens.

§ 4 Finanzierung

Der Bund stellt dem Sondervermögen im Jahr 2007 einen einmaligen Betrag in Höhe von 2,15 Milliarden Euro zur Verfügung.

§ 4a Aufstockung des Sondervermögens

Der Bund stellt dem Sondervermögen zur Finanzierung der Errichtung von 30 000 zusätzlichen Betreuungsplätzen für Kinder unter drei Jahren einen zusätzlichen Betrag in Höhe von 580,5 Millionen Euro im Jahr 2012 zur Verfügung.

§ 5 Wirtschaftsplan, Haushaltsrecht

Alle Einnahmen und Ausgaben des Sondervermögens werden in einem Wirtschaftsplan veranschlagt, der dem Einzelplan 17 des Bundeshaushalts als Anlage beizufügen ist. Der Wirtschaftsplan ist in Einnahmen und Ausgaben auszugleichen. Der dem Sondervermögen zur Verfügung gestellte Betrag verbleibt bis zur Auszahlung unverzinslich im Kassenbereich des Bundes und wird bedarfsgerecht über das Sondervermögen ausgezahlt. Eine Kreditaufnahme durch das Sondervermögen ist nicht zulässig. Im Übrigen ist § 113 der Bundeshaushaltsordnung anzuwenden.

§ 6 Jahresrechnung

Das Bundesministerium für Familie, Senioren, Frauen und Jugend stellt die Jahresrechnung für das Sondervermögen auf und übermittelt sie an das Bundesministerium der Finanzen. Sie ist als Anhang der Haushaltsrechnung des Bundes beizufügen.

§ 7 Verwaltungskosten

Die Kosten für die Verwaltung des Sondervermögens trägt der Bund.

§ 8 Auflösung

Das Sondervermögen ist nach Erfüllung seiner gesetzlichen Aufgaben, spätestens mit Ablauf des Jahres 2017 aufzulösen. Ein verbleibendes Vermögen fällt dem Bund zu. Die Einzelheiten der Abwicklung des Sondervermögens nach seiner Auflösung bestimmt die Bundesregierung in einer Rechtsverordnung, die nicht der Zustimmung des Bundesrates bedarf. In der Rechtsverordnung ist auch das Datum der Auflösung bekannt zu geben.

Verwaltungsvereinbarung Investitionsprogramm „Kinderbetreuungsfinanzierung" 2008–2013

vom 18. Oktober 2007(Fn. 1)

Die Bundesrepublik Deutschland,
– Sondervermögen Kinderbetreuungsausbau –

vertreten durch
das Bundesministerium für Familie, Senioren, Frauen und Jugend
– nachstehend „Bund" genannt –

und

das Land Baden-Württemberg,
der Freistaat Bayern,
das Land Berlin,
das Land Brandenburg,
die Freie Hansestadt Bremen,
die Freie und Hansestadt Hamburg,
das Land Hessen,
das Land Mecklenburg-Vorpommern,
das Land Niedersachsen,
das Land Nordrhein-Westfalen,
das Land Rheinland-Pfalz,
das Saarland,
der Freistaat Sachsen,
das Land Sachsen-Anhalt,
das Land Schleswig-Holstein,
der Freistaat Thüringen

– nachstehend „Länder/Land" genannt –

schließen folgende Vereinbarung
über das oben genannte Investitionsprogramm:

Inhaltsübersicht

1 Bis zum 18.10.2007 hatten alle Bundesländer der Vereinbarung zugestimmt.

Präambel

Grundlage des Investitionsprogramms „Kinderbetreuungsfinanzierung" ist die Verständigung zwischen Bund, Ländern und Kommunen, die Kindertagesbetreuung (Tageseinrichtungen und Tagespflege), ausgerichtet an einem bundesweit durchschnittlichen Bedarf für 35 v. H. der unter dreijährigen Kinder, bis 2013 auszubauen, so dass dann insgesamt rund 750.000 Plätze bereit stehen. Dabei sind Investitionen für qualitative Verbesserungen der bestehenden Angebote im Rahmen der Sicherung der bedarfsgerechten Kindertagesbetreuungsinfrastruktur einzubeziehen. Der Bund wird sich auf der Grundlage des Kinderbetreuungsfinanzierungsgesetzes – KBFG – an dem in der Ausbauphase entstehenden Investitionsbedarf entsprechend dieser Verwaltungsvereinbarung beteiligen.

Artikel 1 Zweck der Finanzhilfen

(1) Im Rahmen des Investitionsprogramms gewährt der Bund in den Jahren 2008 bis 2013 auf der Basis von Artikel 104 b Absatz 2 Grundgesetz Finanzhilfen für Investitionen der Länder und Gemeinden (Gemeindeverbände) zu Tageseinrichtungen und zur Tagespflege für Kinder unter drei Jahren. Gefördert werden Investitionsvorhaben, die der Schaffung und Sicherung von Betreuungsplätzen durch Neubau und Sanierung von Einrichtungen dienen und ab der Zustimmung aller Länder zu dieser Verwaltungsvereinbarung begonnen werden. Als Beginn gilt dabei der Abschluss eines der Umsetzung des Vorhabens dienenden rechtsverbindlichen Leistungs- und Lieferungsvertrages. Bei Vorhaben, die in selbstständige Abschnitte eines laufenden Verfahrens aufgeteilt werden können, ist eine Förderung des selbstständigen Abschnitts auch möglich, wenn allein dafür die Förderkriterien erfüllt sind.

(2) Zu den Investitionen im Sinne von Absatz 1 gehören insbesondere erforderliche Neubau-, Ausbau-, Umbau-, Umwandlungs-, Sanierungs-, Renovierungs-, Modernisierungsmaßnahmen und Ausstattungsinvestitionen sowie mit den Investitionen verbundene Dienstleistungen.

Artikel 2 Höhe und Aufteilung der Programmkosten

(1) Der Bund stellt Mittel in Höhe von insgesamt 2,15 Milliarden EURO für die Jahre 2008 bis 2013 zur Verfügung.

(2) Die Finanzhilfen des Bundes werden auf die Länder entsprechend der Anzahl der Kinder unter drei Jahren aufgeteilt Die Aufteilung ist der beigefügten Übersicht.[Fn. 1] zu entnehmen.

(3) Die Mittel werden mit einer Degression von 2% in den Jahren 2008 bis 2013 bereitgestellt

(4) Veränderungen der Jahresansätze aufgrund der Regelungen in Artikel 3 bleiben unberührt.

(5) Der Bundesanteil ist bis zu 90 % der zuwendungsfähigen Kosten zulässig.

Artikel 3 Ermittlung und Anmeldung des Bedarfs

(1) Die Länder unterrichten das Bundesministerium für Familie, Senioren, Frauen und Jugend (BMFSFJ) in den Jahren 2008 bis 2012 über die Zahl der durch Investitionen im Sinne von Artikel 1 Absatz 1 geförderten Betreuungsplätze und die dafür erforderlichen Bundesmittel (Bedarfsmitteilung) bis zum 31. Oktober des jeweiligen Kalenderjahres. Für das Jahr 2013 ist eine endgültige Unterrichtung bis zum 31. Dezember 2012 durchzuführen.

(2) Ergibt sich aus der Bedarfsmitteilung eines Landes, dass die dem Land für dieses Jahr zur Verfügung gestellte Jahressumme nach Artikel 2 Absätze 2 und 3 über- oder unterschritten wird, ändert sich sein Verfügungsrahmen des Folgejahres entsprechend.

---

1. Die Übersicht ist hier nicht mit abgedruckt. Nordrhein-Westfalen erhält für 2008 einen Betrag vom 84 359 898 €. Die Finanzhilfe verringert sich in den Folgejahren um jeweils 2 v.H. und beträgt im Jahr 2013 noch 76 251 174 €.

(3) Bundesmittel, die für das Jahr 2013 aufgrund der Bedarfsmitteilung nach Absatz 1 von einzelnen Ländern nicht abgerufen werden, können im Verhältnis der verfügbaren Mittel zu den angemeldeten Zusatzbedarfen an andere Länder verteilt werden.

Artikel 4 Verfahren und Durchführung

(1) Den Ländern obliegt die Regelung und Durchführung des Verfahrens zur Verwendung der Finanzhilfen.

(2) Die Investitionen sind bis zum 31. 12. 2013 abzuschließen. Abrechnungen sind bis zum 30.06.2014 möglich.

(3) Die Bundesmittel werden als Einnahmen in die Haushaltspläne der Länder eingestellt. Die Bewirtschaftung richtet sich nach dem Haushaltsrecht der Länder. Bei der Weiterreichung von Bundesmitteln durch die Länder an Dritte gelten die Bestimmungen dieser Vereinbarung sinngemäß.

(4) Die Länder sind ermächtigt, die zuständigen Bundeskassen zur Auszahlung der Mittel an die zuständigen Landeskassen anzuweisen, sobald die Bundesmittel zur Begleichung fälliger Zahlungen durch den Träger des Investitionsvorhabens benötigt werden. Die Länder leiten die Finanzhilfen des Bundes unverzüglich an die Empfänger weiter und verpflichten diese, auf die Bundesförderung angemessen hinzuweisen.

Artikel 5 Erfolgskontrolle

(1) Die Länder berichten dem BMFSFJ zum 31.Oktober eines jeden Jahres – erstmals am 31. Oktober 2009 – über die Anzahl der jeweils bis zum 31.12. des Vorjahres gemäß Art. 1 Abs.1 neu eingerichteten und gesicherten Betreuungsplätze in Tageseinrichtungen sowie in der Tagespflege. Dabei ist zu unterscheiden nach solchen Plätzen, die mit Bundesmitteln nach Artikel 2 und solchen, die ohne Bundesfinanzierung eingerichtet worden sind. Bis zum 30. Juni 2014 ist hierzu ein zusammenfassender Abschlussbericht vorzulegen.

(2) Bund und Länder stimmen darin überein, dass bis Ende 2013 ein bedarfsgerechtes Angebot auf der Basis einer bundesweit durchschnittlichen Versorgungsquote von 35 % erreicht werden soll.

(3) Zur Sicherstellung dieser Zielerreichung wird das BMFSFJ im 1. Halbjahr 2011 eine Zwischenevaluierung durchführen, auf deren Grundlage Anpassungen im Hinblick auf die Erreichung des Zieles vorgenommen werden können.

Artikel 6 Nachweis der Mittelverwendung

(1) Die Länder übersenden dem Bundesministerium für Familie, Senioren, Frauen und Jugend jeweils bis zum 31.10 eines Jahres, erstmals am 31. 10. 2009, Übersichten über die zweckentsprechende Inanspruchnahme und Verwendung der Bundesmittel, sowie über Anzahl und Art der geförderten Maßnahmen.

(2) Sie unterrichten das Bundesministerium für Familie, Senioren, Frauen und Jugend ferner über einschlägige Prüfungsbemerkungen ihrer Rechnungsprüfungsbehörden.

Artikel 7 Rückforderung von Bundesmitteln

(1) Die Länder zahlen die Finanzhilfen zurück, wenn die geförderten Maßnahmen ihrer Art nach nicht den in Artikel 1 Absätze 1 und 2 festgelegten Zweckbindungen entsprechen, wenn sie vor dem in Artikel 1 Absatz 1 Satz 3 genannten Stichtag begonnen wurden oder zuviel Mittel abgerufen wurden. Eine Rückzahlung erfolgt auch, sofern die Mittel nicht innerhalb des Förderzeitraums verbraucht wurden. Nach den Sätzen 1 und 2 zurückgezahlte Beträge sind nach Absatz 2 zu verzinsen.

(2) Werden Mittel entgegen Art. 4 Absatz 4 zu früh angewiesen, so kann der Bund für die Zeit von der Auszahlung bis zur zweckentsprechenden Verwendung Zinsen verlangen. Der Zinssatz bemisst sich nach dem jeweiligen Zinssatz für Kredite des Bundes zur Deckung von Ausgaben zurzeit der Fristüberschreitung. Der Zinssatz wird vom Bundes-

ministerium der Finanzen jeweils durch Rundschreiben an die obersten Bundesbehörden bekannt gegeben.

Artikel 8 Grundvereinbarung

Im Übrigen finden die Regelungen der Grundvereinbarung zwischen dem Bund und den Ländern über die Gewährung von Finanzhilfen des Bundes an die Länder nach Artikel 104 a Absatz 4 des Grundgesetzes (MinBlFin. 1986, S. 238) Anwendung.

Artikel 9 Inkrafttreten

(1) Diese Vereinbarung tritt nach Unterzeichnung der Vertragsschließenden mit Wirkung vom 1. Januar 2008 in Kraft.

(2) Diese Vereinbarung tritt zum 1. Januar 2009 außer Kraft, wenn die im Zusammenhang mit dem Kinderbetreuungsfinanzierungsgesetz notwendigen Änderungen des Kinder- und Jugendhilfegesetzes und des Finanzausgleichsgesetzes nicht bis zum 31. Dezember 2008 im Bundesgesetzblatt verkündet worden sind.

Gesetz über Finanzhilfen des Bundes zum Ausbau der Tagesbetreuung für Kinder

Art. 3 des Kindesförderungsgesetzes vom 10.Dezember 2008 (BGBl. I S.2403), geändert durch Gesetz vom 15. Februar 2013 (BGBl. I S. 250)

Inhaltsübersicht

KAPITEL 1
Investitionsprogramm „Kinderbetreuungsfinanzierung 2008–2013"

§ 1 Anwendungsbereich

(1) Das Bundessondervermögen „Kinderbetreuungsausbau" gewährt den Ländern in den Jahren 2008 bis 2013 nach Artikel 104b des Grundgesetzes Finanzhilfen für Investitionen der Länder, Gemeinden und Gemeindeverbände zu Tageseinrichtungen und zur Tagespflege für Kinder unter drei Jahren. Die Finanzhilfen des Bundes betragen insgesamt bis zu 2,15 Milliarden Euro und sind in abfallenden Jahresbeträgen zu gestalten.

(2) Leistungen, die im Jahr 2008 auf der Grundlage des durch Haushaltsvermerk zum Einzelplan 17 des Bundeshaushalts 2008 für verbindlich erklärten Wirtschaftsplans des Sondervermögens erfolgt sind, gelten als Leistungen nach diesem Gesetz. Gleiches gilt für Verpflichtungen, die bis zur Verkündung dieses Gesetzes eingegangen wurden.

(3) Für Investitionen, die nach anderen Gesetzen und Verwaltungsvereinbarungen im Wege der Anteilsfinanzierung nach Artikel 104b des Grundgesetzes durch den Bund gefördert werden, können nicht gleichzeitig Finanzhilfen nach diesem Gesetz gewährt werden.

§ 2 Überprüfung der Mittelverwendung

Die Verwendung der Mittel wird jährlich überprüft. Zu diesem Zweck berichten die Länder dem Bund jeweils über die neu eingerichteten und gesicherten Plätze und übersenden Übersichten über die zweckentsprechende Inanspruchnahme und Verwendung der Bundesmittel sowie über Anzahl und Art der geförderten Maßnahmen.

§ 3 Verwaltungsvereinbarung

(1) Die Einzelheiten der Durchführung des Investitionsprogramms werden in einer Verwaltungsvereinbarung mit den Ländern geregelt, die das Bundesministerium für Familie, Senioren, Frauen und Jugend im Einvernehmen mit dem Bundesministerium der Finanzen mit den Ländern schließt.

(2) Die Verwaltungsvereinbarung trifft insbesondere Bestimmungen über

1. die Arten der zu fördernden Investitionen,
2. die Art, Höhe und Dauer der Finanzhilfen,

3. die Bereitstellung angemessener eigener Mittel der Länder,
4. die Verteilung der Finanzhilfen an die betroffenen Länder sowie
5. die Bewirtschaftung und Abrechnung der Finanzhilfen einschließlich der Überprüfung ihrer Verwendung und der Rückforderung von Mitteln.

§ 4 Mittelabruf; Nachweis der Mittelverwendung; Abschlussbericht

(1) Die Investitionen sind bis zum 31. Dezember 2013 abzuschließen. Die Mittel können bis zum 30. Juni 2014 abgerufen werden.

(2) Die Verwendungsnachweisprüfung erfolgt laufend und ist bis zum 30. Juni 2015 abzuschließen.

(3) Die Länder unterrichten das Bundesministerium für Familie, Senioren, Frauen und Jugend bis zum 30.Juni 2013 in Form eines zusammenfassenden vorläufigen Abschlussberichts. Der Bericht enthält mindestens Angaben über

1. die Anzahl der bewilligten und der neu eingerichteten zusätzlichen Betreuungsplätze in Tageseinrichtungen und in der Kindertagespflege,
2. die hierfür aufgewendeten Bundes- und Landesmittel,
3. die Gesamtzahl der für Kinder unter drei Jahren im Land zur Verfügung stehenden Plätze.

(4) Nach Prüfung des Verwendungsnachweises der verausgabten Finanzhilfen haben die Länder dem Bundesministerium für Familie, Senioren, Frauen und Jugend zu den in Absatz 3 genannten Nummern bis zum 31. August 2015 einen zusammenfassenden Abschlussbericht vorzulegen.

KAPITEL 2
Investitionsprogramm „Kinderbetreuungsfinanzierung" 2013–2014

§ 5 Zweck der Finanzhilfen

(1) In den Jahren 2013 und 2014 gewährt der Bund aus dem Bundessondervermögen „Kinderbetreuungsausbau" Ländern und Gemeinden nach Artikel 104 b Absatz 2 des Grundgesetzes Finanzhilfen für Investitionen in Tageseinrichtungen und zur Kindertagespflege für Kinder unter drei Jahren. Gefördert werden Investitionsvorhaben, die der Schaffung zusätzlicher Betreuungsplätze dienen und die ab dem 1.Juli 2012 begonnen wurden.

(2) Als Beginn gilt der Abschluss eines der Umsetzung des Vorhabens dienenden rechtsverbindlichen Leistungsund Lieferungsvertrages. Bei Vorhaben, die in selbständige Abschnitte eines laufenden Verfahrens aufgeteilt werden können, ist eine Förderung des selbständigen Abschnitts auch möglich, wenn allein für diesen Abschnitt die Förderkriterien erfüllt sind.

(3) Zusätzliche Plätze im Sinne dieses Gesetzes sind solche, die entweder neu entstehen oder solche ersetzen, die ohne Erhaltungsmaßnahmen wegfallen.

(4) Für Investitionen, die nach anderen Gesetzen und Verwaltungsvereinbarungen im Wege der Anteilsfinanzierung nach Artikel 104b des Grundgesetzes durch den Bund gefördert werden, können nicht gleichzeitig Finanzhilfen nach diesem Gesetz gewährt werden.

§ 6 Höhe und Aufteilung der Programmkosten

(1) Die Mittel des Bundessondervermögens in Höhe von 580,5 Millionen Euro werden gemäß Artikel 104b Absatz 2 Satz 3 des Grundgesetzes im Zeitablauf mit fallenden Jahresbeträgen entsprechend der Anzahl der Kinder unter drei Jahren wie folgt bereitgestellt:

Land	Verfügungsrahmen (Angaben in Euro)		
	gesamt	im Jahr 2013	im Jahr 2014
Baden-Württemberg	78 158 734	42 987 304	35 171 430
Bayern	90 874 152	49 980 784	40 893 368
Berlin	27 670 595	15 218 827	12 451 768
Brandenburg	16 508 519	9 079 686	7 428 833
Bremen	4 646 357	2 555 496	2 090 861
Hamburg	14 111 602	7 761 381	6 350 221
Hessen	44 134 416	24 273 929	19 860 487
Mecklenburg-Vorpommern	11 256 883	6 191 286	5 065 597
Niedersachsen	54 678 686	30 073 277	24 605 409
Nordrhein-Westfalen	126 434 159	69 538 787	56 895 372
Rheinland-Pfalz	27 191 155	14 955 135	12 236 020
Saarland	6 045 959	3 325 278	2 720 681
Sachsen	29 574 122	16 265 767	13 308 355
Sachsen-Anhalt	14 876 315	8 181 973	6 694 342
Schleswig-Holstein	19 533 207	10 743 264	8 789 943
Thüringen	14 805 139	8 142 826	6 662 313
(Summe: Deutschland)	580 500 000	319 275 000	261 225 000

Auf Grund der Regelungen in § 7 können sich die Verfügungsrahmen ändern.

(2) Der Bundesanteil ist bis zu 90 Prozent der zuwendungsfähigen Kosten für Investitionen zulässig.

§ 7 Anpassung der Verfügungsrahmen

(1) Die Bundesmittel nach § 6 Absatz 1 stehen Ländern zur Verfügung, die bis zum 31.Dezember 2012 mindestens 95 Prozent der ihnen nach Kapitel 1 im Rahmen des Investitionsprogramms „Kinderbetreuungsfinanzierung" 2008–2013 zur Verfügung gestellten Bundesmittel durch Bewilligung gebunden haben. Etwaige spätere Rückforderungen sind unschädlich. Besteht in einem Land keine Bindung der Bundesmittel im Sinne von Satz 1, fließen die für dieses Land in § 6 Absatz 1 vorgesehenen Bundesmittel im Verhältnis der Zahl der Kinder unter drei Jahren den anderen Ländern zu.

(2) Bundesmittel, die nicht in Höhe der zu den Stichtagen genannten Anteile bewilligt sind, fließen in Höhe der Differenz zu den tatsächlich bewilligten Mitteln und im Verhältnis der Zahl der Kinder unter drei Jahren den Ländern zu, die die zur Verfügung gestellten Mittel mindestens in Höhe der zu diesen Stichtagen genannten Anteile bewilligt haben:

1. mindestens 50 Prozent des gesamten Verfügungsrahmens des Landes bis zum 30.Juni 2013,
2. mindestens 75 Prozent des gesamten Verfügungsrahmens des Landes bis zum 31.Dezember 2013,
3. 100 Prozent des gesamten Verfügungsrahmens des Landes bis zum 31. März 2014.

Mittel, die den Ländern nach dem 31. März 2014 im Rahmen der Umverteilung bereitgestellt werden, müssen bis zum 30. Juni 2014 vollständig bewilligt werden.

(3) Die Bundesmittel sind im Wege der parallelen Gemeinschaftsfinanzierung als Zusatzfinanzierung zu den Eigenaufwendungen in den Ländern einzusetzen. Jedes Land hat zu den Stichtagen 30. Juni 2013, 31. Dezember 2013 und 31. März 2014 nachzuweisen, dass

1. der Anteil der im Rahmen dieses Investitionsprogramms in dem Land bewilligten Bundesmittel höchstens 54 Prozent der investiven Gesamtkosten zu den vorgenannten Stichtagen beträgt; hierzu weist das Land die Bewilligung von Landesmitteln sowie die Bereitstellung kommunaler Mittel und gegebenenfalls die Bereitstellung von investiven Mitteln sonstiger Träger in Höhe von mindestens 46 Prozent der investiven Gesamtkosten nach, oder
2. der Anteil der Bundeszuschüsse für Betriebskosten und Investitionen bis einschließlich des jeweiligen Stichtages höchstens ein Drittel der Gesamtkosten der Kindertagesbetreuung, wie sie in der Begründung des Entwurfs eines Gesetzes zur Förderung von Kindern unter drei Jahren in Tageseinrichtungen und in der Kindertagespflege (Kinderförderungsgesetz – KiföG) der Fraktionen der CDU/CSU und SPD (Bundestagsdrucksache 16/9299, S. 21 bis 23) zugrunde gelegt worden sind, beträgt; hierzu weist das Land zum jeweiligen Stichtag die Aufbringung von Landesmitteln, kommunalen Mitteln und sonstigen Mitteln für zusätzliche Betriebskosten und Investitionen entsprechend den jeweiligen Durchschnittswerten auf Landesebene mindestens in Höhe von zwei Dritteln der bis zu diesem Stichtag angefallenen Gesamtkosten für Plätze, die über die Verpflichtung des § 24a Absatz 3 des Achten Buches Sozialgesetzbuch hinausgehen, nach.

Eine Unterschreitung des Anteils der nachzuweisenden Mittel führt zu einer entsprechenden Kürzung der nach § 6 Absatz 1 dem Land zur Verfügung stehenden Bundesmittel; der Verfügungsrahmen der Länder, die die nach Satz 2 erforderlichen Anteile nachgewiesen haben, erhöht sich im Verhältnis der Zahl der Kinder unter drei Jahren zum folgenden Stichtag.

(4) Übersteigt der Mittelabruf eines Landes den nach § 6 Absatz 1 für das Jahr 2013 bereitgestellten Verfügungsrahmen, so verringert sich der Verfügungsrahmen für das Jahr 2014 entsprechend.

§ 8 Verfahren und Durchführung

(1) Den Ländern obliegen die Regelung und Durchführung des Verfahrens zur Verwendung der Finanzhilfen. Die Bewirtschaftung richtet sich nach dem Haushaltsrecht der Länder. Bei der Weiterreichung von Bundesmitteln durch die Länder an Dritte gelten die Bestimmungen dieses Kapitels sinngemäß.

(2) Die Investitionen sind bis zum 31. Dezember 2014 abzuschließen. Die Mittel können bis zum 31. Oktober 2015 abgerufen werden.

(3) Die Länder sind ermächtigt, die zuständigen Bundeskassen zur Auszahlung der Mittel an die zuständigen Landeskassen anzuweisen, sobald die Bundesmittel zur Begleichung fälliger Zahlungen durch den Träger des Investitionsvorhabens benötigt werden. Die Länder leiten die Finanzhilfen des Bundes unverzüglich an die Empfänger weiter und verpflichten diese, auf die Bundesförderung angemessen hinzuweisen.

§ 9 Qualifiziertes Monitoring; Berichtspflichten

(1) Die Länder berichten dem Bundesministerium für Familie, Senioren, Frauen und Jugend zum 31. März 2013, 30. Juni 2013, 31. Dezember 2013 und 31. März 2014 über die Anzahl der bewilligten und der neu eingerichteten zusätzlichen Betreuungsplätze in Tageseinrichtungen und in der Kindertagespflege sowie über die hierfür aufgewendeten Bundes- und Landesmittel, getrennt nach Landesmitteln, kommunalen Mitteln und sonstigen Mitteln.

(2) Jährlich, erstmalig 2013, übermitteln die statistischen Landesämter dem Statistischen Bundesamt bis zum 30. Juni die Ergebnisse der Erhebungen nach § 98 Absatz 1 Nummer 1 bis 3 des Achten Buches Sozialgesetzbuch.

(3) Die Prüfung des Verwendungsnachweises erfolgt laufend und ist bis zum 31. Oktober 2016 abzuschließen. Bestehen tatsächliche Anhaltspunkte, die eine Rückforderung von Bun-

desmitteln möglich erscheinen lassen, haben das Bundesministerium für Familie, Senioren, Frauen und Jugend sowie der Bundesrechnungshof ein Recht auf einzelfallbezogene Informationsbeschaffung einschließlich örtlicher Erhebungsbefugnisse.

(4) Die Länder unterrichten das Bundesministerium für Familie, Senioren, Frauen und Jugend unverzüglich über einschlägige Prüfungsbemerkungen ihrer Rechnungsprüfungsbehörden.

(5) Die Länder unterrichten das Bundesministerium für Familie, Senioren, Frauen und Jugend bis zum 1.August 2014 in Form eines zusammenfassenden vorläufigen Abschlussberichts. Nach Prüfung des Verwendungsnachweises der verausgabten Finanzhilfen ist bis zum 31. Dezember 2016 ein zusammenfassender Abschlussbericht vorzulegen.

§ 10 Rückforderung von Bundesmitteln

(1) Die Länder zahlen die Finanzhilfen zurück, wenn die geförderten Maßnahmen ihrer Art nach nicht den in § 5 Absatz 1 und 2 festgelegten Zweckbindungen entsprechen, wenn sie vor dem in § 5 Absatz 1 genannten Stichtag begonnen wurden oder zu viele Mittel abgerufen wurden. Eine Rückzahlung erfolgt auch, sofern die Mittel nicht innerhalb des Förderzeitraums verbraucht wurden. Nach den Sätzen 1 und 2 zurückzuzahlende Beträge sind nach Absatz 2 zu verzinsen und dem Bund zu erstatten.

(2) Werden Mittel entgegen § 8 Absatz 3 zu früh angewiesen, so kann der Bund für die Zeit von der Auszahlung bis zur zweckentsprechenden Verwendung Zinsen verlangen. Der Zinssatz bemisst sich nach dem jeweiligen Zinssatz für Kredite des Bundes zur Deckung von Ausgaben zur Zeit der Fristüberschreitung.

§ 11 Grundvereinbarung

Im Übrigen sind die Regelungen der Grundvereinbarung zwischen dem Bund und den Ländern über die Gewährung von Finanzhilfen des Bundes an die Länder nach Artikel 104a Absatz 4 des Grundgesetzes vom 19.September 1986 (Ministerialblatt des Bundesministers der Finanzen und des Bundesministers für Wirtschaft 1986, S. 238) entsprechend anzuwenden.

Sozialgesetzbuch (SGB) Achtes Buch (VIII) – Kinder- und Jugendhilfe (SGB VIII)

in der Fassung der Bekanntmachung vom 11. September 2012 (BGBl.I S. 2022), zuletzt geändert durch Gesetz vom 3. Mai 2013 (BGBl. I S. 1108)

Inhaltsübersicht

ZEHNTES KAPITEL
Straf- und Bußgeldvorschriften

ERSTES KAPITEL
Allgemeine Vorschriften

§ 1 Recht auf Erziehung, Elternverantwortung, Jugendhilfe

(1) Jeder junge Mensch hat ein Recht auf Förderung seiner Entwicklung und auf Erziehung zu einer eigenverantwortlichen und gemeinschaftsfähigen Persönlichkeit.

(2) Pflege und Erziehung der Kinder sind das natürliche Recht der Eltern und die zuvörderst ihnen obliegende Pflicht. Über ihre Betätigung wacht die staatliche Gemeinschaft.

(3) Jugendhilfe soll zur Verwirklichung des Rechts nach Absatz 1 insbesondere

1. junge Menschen in ihrer individuellen und sozialen Entwicklung fördern und dazu beitragen, Benachteiligungen zu vermeiden oder abzubauen,
2. Eltern und andere Erziehungsberechtigte bei der Erziehung beraten und unterstützen,
3. Kinder und Jugendliche vor Gefahren für ihr Wohl schützen,
4. dazu beitragen, positive Lebensbedingungen für junge Menschen und ihre Familien sowie eine kinder- und familienfreundliche Umwelt zu erhalten oder zu schaffen.

§ 2 Aufgaben der Jugendhilfe

(1) Die Jugendhilfe umfasst Leistungen und andere Aufgaben zugunsten junger Menschen und Familien.

(2) Leistungen der Jugendhilfe sind:

1. Angebote der Jugendarbeit, der Jugendsozialarbeit und des erzieherischen Kinder- und Jugendschutzes (§§ 11 bis 14),
2. Angebote zur Förderung der Erziehung in der Familie (§§ 16 bis 21),
3. Angebote zur Förderung von Kindern in Tageseinrichtungen und in Tagespflege (§§ 22 bis 25),
4. Hilfe zur Erziehung und ergänzende Leistungen (§§ 27 bis 35, 36, 37, 39, 40),
5. Hilfe für seelisch behinderte Kinder und Jugendliche und ergänzende Leistungen (§§ 35a bis 37, 39, 40),
6. Hilfe für junge Volljährige und Nachbetreuung (§ 41).

(3) Andere Aufgaben der Jugendhilfe sind

1. die Inobhutnahme von Kindern und Jugendlichen (§ 42),
2. *(weggefallen)*
3. die Erteilung, der Widerruf und die Zurücknahme der Pflegeerlaubnis (§§ 43, 44),
4. die Erteilung, der Widerruf und die Zurücknahme der Erlaubnis für den Betrieb einer Einrichtung sowie die Erteilung nachträglicher Auflagen und die damit verbundenen Aufgaben (§§ 45 bis 47, 48a),
5. die Tätigkeitsuntersagung (§§ 48, 48a),
6. die Mitwirkung in Verfahren vor den Familiengerichten (§ 50),
7. die Beratung und Belehrung in Verfahren zur Annahme als Kind (§ 51),
8. die Mitwirkung in Verfahren nach dem Jugendgerichtsgesetz (§ 52),
9. die Beratung und Unterstützung von Müttern bei Vaterschaftsfeststellung und Geltendmachung von Unterhaltsansprüchen sowie von Pflegern und Vormündern (§§ 52a, 53),
10. die Erteilung, der Widerruf und die Zurücknahme der Erlaubnis zur Übernahme von Vereinsvormundschaften (§ 54),

11. Beistandschaft, Amtspflegschaft, Amtsvormundschaft und Gegenvormundschaft des Jugendamts (§§ 55 bis 58),
12. Beurkundung (§ 59),
13. die Aufnahme von vollstreckbaren Urkunden (§ 60).

§ 3 Freie und öffentliche Jugendhilfe

(1) Die Jugendhilfe ist gekennzeichnet durch die Vielfalt von Trägern unterschiedlicher Wertorientierungen und die Vielfalt von Inhalten, Methoden und Arbeitsformen.

(2) Leistungen der Jugendhilfe werden von Trägern der freien Jugendhilfe und von Trägern der öffentlichen Jugendhilfe erbracht. Leistungsverpflichtungen, die durch dieses Buch begründet werden, richten sich an die Träger der öffentlichen Jugendhilfe.

(3) Andere Aufgaben der Jugendhilfe werden von Trägern der öffentlichen Jugendhilfe wahrgenommen. Soweit dies ausdrücklich bestimmt ist, können Träger der freien Jugendhilfe diese Aufgaben wahrnehmen oder mit ihrer Ausführung betraut werden.

§ 4 Zusammenarbeit der öffentlichen Jugendhilfe mit der freien Jugendhilfe

(1) Die öffentliche Jugendhilfe soll mit der freien Jugendhilfe zum Wohl junger Menschen und ihrer Familien partnerschaftlich zusammenarbeiten. Sie hat dabei die Selbständigkeit der freien Jugendhilfe in Zielsetzung und Durchführung ihrer Aufgaben sowie in der Gestaltung ihrer Organisationsstruktur zu achten.

(2) Soweit geeignete Einrichtungen, Dienste und Veranstaltungen von anerkannten Trägern der freien Jugendhilfe betrieben werden oder rechtzeitig geschaffen werden können, soll die öffentliche Jugendhilfe von eigenen Maßnahmen absehen.

(3) Die öffentliche Jugendhilfe soll die freie Jugendhilfe nach Maßgabe dieses Buches fördern und dabei die verschiedenen Formen der Selbsthilfe stärken.

§ 5 Wunsch- und Wahlrecht

(1) Die Leistungsberechtigten haben das Recht, zwischen Einrichtungen und Diensten verschiedener Träger zu wählen und Wünsche hinsichtlich der Gestaltung der Hilfe zu äußern. Sie sind auf dieses Recht hinzuweisen.

(2) Der Wahl und den Wünschen soll entsprochen werden, sofern dies nicht mit unverhältnismäßigen Mehrkosten verbunden ist. Wünscht der Leistungsberechtigte die Erbringung einer in § 78 a genannten Leistung in einer Einrichtung, mit deren Träger keine Vereinbarungen nach § 78 b bestehen, so soll der Wahl nur entsprochen werden, wenn die Erbringung der Leistung in dieser Einrichtung im Einzelfall oder nach Maßgabe des Hilfeplans (§ 36) geboten ist.

§ 6 Geltungsbereich

(1) Leistungen nach diesem Buch werden jungen Menschen, Müttern, Vätern und Personensorgeberechtigten von Kindern und Jugendlichen gewährt, die ihren tatsächlichen Aufenthalt im Inland haben. Für die Erfüllung anderer Aufgaben gilt Satz 1 entsprechend. Umgangsberechtigte haben unabhängig von ihrem tatsächlichen Aufenthalt Anspruch auf Beratung und Unterstützung bei der Ausübung des Umgangsrechts, wenn das Kind oder der Jugendliche seinen gewöhnlichen Aufenthalt im Inland hat.

(2) Ausländer können Leistungen nach diesem Buch nur beanspruchen, wenn sie rechtmäßig oder auf Grund einer ausländerrechtlichen Duldung ihren gewöhnlichen Aufenthalt im Inland haben. Absatz 1 Satz 2 bleibt unberührt.

(3) Deutschen können Leistungen nach diesem Buch auch gewährt werden, wenn sie ihren Aufenthalt im Ausland haben und soweit sie nicht Hilfe vom Aufenthaltsland erhalten.

(4) Regelungen des über- und zwischenstaatlichen Rechts bleiben unberührt.

§ 7 Begriffsbestimmungen

(1) Im Sinne dieses Buches ist

1. Kind, wer noch nicht 14 Jahre alt ist, soweit nicht die Absätze 2 bis 4 etwas anderes bestimmen,
2. Jugendlicher, wer 14, aber noch nicht 18 Jahre alt ist,
3. junger Volljähriger, wer 18, aber noch nicht 27 Jahre alt ist,
4. junger Mensch, wer noch nicht 27 Jahre alt ist,
5. Personensorgeberechtigter, wem allein oder gemeinsam mit einer anderen Person nach den Vorschriften des Bürgerlichen Gesetzbuchs die Personensorge zusteht,
6. Erziehungsberechtigter, der Personensorgeberechtigte und jede sonstige Person über 18 Jahre, soweit sie auf Grund einer Vereinbarung mit dem Personensorgeberechtigten nicht nur vorübergehend und nicht nur für einzelne Verrichtungen Aufgaben der Personensorge wahrnimmt.

(2) Kind im Sinne des § 1 Absatz 2 ist, wer noch nicht 18 Jahre alt ist.

(3) *(weggefallen)*

(4) Die Bestimmungen dieses Buches, die sich auf die Annahme als Kind beziehen, gelten nur für Personen, die das 18. Lebensjahr noch nicht vollendet haben.

§ 8 Beteiligung von Kindern und Jugendlichen

(1) Kinder und Jugendliche sind entsprechend ihrem Entwicklungsstand an allen sie betreffenden Entscheidungen der öffentlichen Jugendhilfe zu beteiligen. Sie sind in geeigneter Weise auf ihre Rechte im Verwaltungsverfahren sowie im Verfahren vor dem Familiengericht und dem Verwaltungsgericht hinzuweisen.

(2) Kinder und Jugendliche haben das Recht, sich in allen Angelegenheiten der Erziehung und Entwicklung an das Jugendamt zu wenden.

(3) Kinder und Jugendliche haben Anspruch auf Beratung ohne Kenntnis des Personensorgeberechtigten, wenn die Beratung auf Grund einer Not- und Konfliktlage erforderlich ist und solange durch die Mitteilung an den Personensorgeberechtigten der Beratungszweck vereitelt würde. § 36 des Ersten Buches bleibt unberührt.

§ 8a Schutzauftrag bei Kindeswohlgefährdung

(1) Werden dem Jugendamt gewichtige Anhaltspunkte für die Gefährdung des Wohls eines Kindes oder Jugendlichen bekannt, so hat es das Gefährdungsrisiko im Zusammenwirken mehrerer Fachkräfte einzuschätzen. Soweit der wirksame Schutz dieses Kindes oder dieses Jugendlichen nicht in Frage gestellt wird, hat das Jugendamt die Erziehungsberechtigten sowie das Kind oder den Jugendlichen in die Gefährdungseinschätzung einzubeziehen und, sofern dies nach fachlicher Einschätzung erforderlich ist, sich dabei einen unmittelbaren Eindruck von dem Kind und von seiner persönlichen Umgebung zu verschaffen. Hält das Jugendamt zur Abwendung der Gefährdung die Gewährung von Hilfen für geeignet und notwendig, so hat es diese den Erziehungsberechtigten anzubieten.

(2) Hält das Jugendamt das Tätigwerden des Familiengerichts für erforderlich, so hat es das Gericht anzurufen; dies gilt auch, wenn die Erziehungsberechtigten nicht bereit oder in der Lage sind, bei der Abschätzung des Gefährdungsrisikos mitzuwirken. Besteht eine dringende Gefahr und kann die Entscheidung des Gerichts nicht abgewartet werden, so ist das Jugendamt verpflichtet, das Kind oder den Jugendlichen in Obhut zu nehmen.

(3) Soweit zur Abwendung der Gefährdung das Tätigwerden anderer Leistungsträger, der Einrichtungen der Gesundheitshilfe oder der Polizei notwendig ist, hat das Jugendamt auf die Inanspruchnahme durch die Erziehungsberechtigten hinzuwirken. Ist ein sofortiges Tätigwerden erforderlich und wirken die Personensorgeberechtigten oder die Erziehungsberechtigten nicht mit, so schaltet das Jugendamt die anderen zur Abwendung der Gefährdung zuständigen Stellen selbst ein.

(4) In Vereinbarungen mit den Trägern von Einrichtungen und Diensten, die Leistungen nach diesem Buch erbringen, ist sicherzustellen, dass

1. deren Fachkräfte bei Bekanntwerden gewichtiger Anhaltspunkte für die Gefährdung eines von ihnen betreuten Kindes oder Jugendlichen eine Gefährdungseinschätzung vornehmen,
2. bei der Gefährdungseinschätzung eine insoweit erfahrene Fachkraft beratend hinzugezogen wird sowie
3. die Erziehungsberechtigten sowie das Kind oder der Jugendliche in die Gefährdungseinschätzung einbezogen werden, soweit hierdurch der wirksame Schutz des Kindes oder Jugendlichen nicht in Frage gestellt wird.

In die Vereinbarung ist neben den Kriterien für die Qualifikation der beratend hinzuzuziehenden insoweit erfahrenen Fachkraft insbesondere die Verpflichtung aufzunehmen, dass die Fachkräfte der Träger bei den Erziehungsberechtigten auf die Inanspruchnahme von Hilfen hinwirken, wenn sie diese für erforderlich halten, und das Jugendamt informieren, falls die Gefährdung nicht anders abgewendet werden kann.

(5) Werden einem örtlichen Träger gewichtige Anhaltspunkte für die Gefährdung des Wohls eines Kindes oder eines Jugendlichen bekannt, so sind dem für die Gewährung von Leistungen zuständigen örtlichen Träger die Daten mitzuteilen, deren Kenntnis zur Wahrnehmung des Schutzauftrags bei Kindeswohlgefährdung nach § 8 a erforderlich ist. Die Mitteilung soll im Rahmen eines Gespräches zwischen den Fachkräften der beiden örtlichen Träger erfolgen, an dem die Personensorgeberechtigten sowie das Kind oder der Jugendliche beteiligt werden sollen, soweit hierdurch der wirksame Schutz des Kindes oder des Jugendlichen nicht in Frage gestellt wird.

§ 8b Fachliche Beratung und Begleitung zum Schutz von Kindern und Jugendlichen

(1) Personen, die beruflich in Kontakt mit Kindern oder Jugendlichen stehen, haben bei der Einschätzung einer Kindeswohlgefährdung im Einzelfall gegenüber dem örtlichen Träger der Jugendhilfe Anspruch auf Beratung durch eine insoweit erfahrene Fachkraft.

(2) Träger von Einrichtungen, in denen sich Kinder oder Jugendliche ganztägig oder für einen Teil des Tages aufhalten oder in denen sie Unterkunft erhalten, und die zuständigen Leistungsträger, haben gegenüber dem überörtlichen Träger der Jugendhilfe Anspruch auf Beratung bei der Entwicklung und Anwendung fachlicher Handlungsleitlinien

1. zur Sicherung des Kindeswohls und zum Schutz vor Gewalt sowie
2. zu Verfahren der Beteiligung von Kindern und Jugendlichen an strukturellen Entscheidungen in der Einrichtung sowie zu Beschwerdeverfahren in persönlichen Angelegenheiten.

§ 9 Grundrichtung der Erziehung, Gleichberechtigung von Mädchen und Jungen

Bei der Ausgestaltung der Leistungen und der Erfüllung der Aufgaben sind

1. die von den Personensorgeberechtigten bestimmte Grundrichtung der Erziehung sowie die Rechte der Personensorgeberechtigten und des Kindes oder des Jugendlichen bei der Bestimmung der religiösen Erziehung zu beachten,
2. die wachsende Fähigkeit und das wachsende Bedürfnis des Kindes oder des Jugendlichen zu selbständigem, verantwortungsbewusstem Handeln sowie die jeweiligen besonderen sozialen und kulturellen Bedürfnisse und Eigenarten junger Menschen und ihrer Familien zu berücksichtigen,
3. die unterschiedlichen Lebenslagen von Mädchen und Jungen zu berücksichtigen, Benachteiligungen abzubauen und die Gleichberechtigung von Mädchen und Jungen zu fördern.

§ 10 Verhältnis zu anderen Leistungen und Verpflichtungen

(1) Verpflichtungen anderer, insbesondere der Träger anderer Sozialleistungen und der Schulen, werden durch dieses Buch nicht berührt. Auf Rechtsvorschriften beruhende Leistungen anderer dürfen nicht deshalb versagt werden, weil nach diesem Buch entsprechende Leistungen vorgesehen sind.

(2) Unterhaltspflichtige Personen werden nach Maßgabe der §§ 90 bis 97b an den Kosten für Leistungen und vorläufige Maßnahmen nach diesem Buch beteiligt. Soweit die Zahlung des Kostenbeitrags die Leistungsfähigkeit des Unterhaltspflichtigen mindert oder der Bedarf des jungen Menschen durch Leistungen und vorläufige Maßnahmen nach diesem Buch gedeckt ist, ist dies bei der Berechnung des Unterhalts zu berücksichtigen.

(3) Die Leistungen nach diesem Buch gehen Leistungen nach dem Zweiten Buch vor. Abweichend von Satz 1 gehen Leistungen nach § 3 Absatz 2, den §§ 14 bis 16 g, § 19 Absatz 2 in Verbindung mit § 28 Absatz 6 des Zweiten Buches sowie Leistungen nach § 6b Absatz 2 des Bundeskindergeldgesetzes in Verbindung mit § 28 Absatz 6 des Zweiten Buches den Leistungen nach diesem Buch vor.

(4) Die Leistungen nach diesem Buch gehen Leistungen nach dem Zwölften Buch vor. Abweichend von Satz 1 gehen Leistungen nach § 27 a Absatz 1 in Verbindung mit § 34 Absatz 6 des Zwölften Buches und Leistungen der Eingliederungshilfe nach dem Zwölften Buch für junge Menschen, die körperlich oder geistig behindert oder von einer solchen Behinderung bedroht sind, den Leistungen nach diesem Buch vor. Landesrecht kann regeln, dass Leistungen der Frühförderung für Kinder unabhängig von der Art der Behinderung vorrangig von anderen Leistungsträgern gewährt werden.

ZWEITES KAPITEL
Leistungen der Jugendhilfe

ERSTER ABSCHNITT
Jugendarbeit, Jugendsozialarbeit, erzieherischer Kinder- und Jugendschutz

§ 11 Jugendarbeit

(1) Jungen Menschen sind die zur Förderung ihrer Entwicklung erforderlichen Angebote der Jugendarbeit zur Verfügung zu stellen. Sie sollen an den Interessen junger Menschen anknüpfen und von ihnen mitbestimmt und mitgestaltet werden, sie zur Selbstbestimmung befähigen und zu gesellschaftlicher Mitverantwortung und zu sozialem Engagement anregen und hinführen.

(2) Jugendarbeit wird angeboten von Verbänden, Gruppen und Initiativen der Jugend, von anderen Trägern der Jugendarbeit und den Trägern der öffentlichen Jugendhilfe. Sie umfasst für Mitglieder bestimmte Angebote, die offene Jugendarbeit und gemeinwesenorientierte Angebote.

(3) Zu den Schwerpunkten der Jugendarbeit gehören:

1. außerschulische Jugendbildung mit allgemeiner, politischer, sozialer, gesundheitlicher, kultureller, naturkundlicher und technischer Bildung,
2. Jugendarbeit in Sport, Spiel und Geselligkeit,
3. arbeitswelt-, schul- und familienbezogene Jugendarbeit,
4. internationale Jugendarbeit, 5. Kinder- und Jugenderholung,
6. Jugendberatung.

(4) Angebote der Jugendarbeit können auch Personen, die das 27. Lebensjahr vollendet haben, in angemessenem Umfang einbeziehen.

§ 12 Förderung der Jugendverbände

(1) Die eigenverantwortliche Tätigkeit der Jugendverbände und Jugendgruppen ist unter Wahrung ihres satzungsgemäßen Eigenlebens nach Maßgabe des § 74 zu fördern.

(2) In Jugendverbänden und Jugendgruppen wird Jugendarbeit von jungen Menschen selbst organisiert, gemeinschaftlich gestaltet und mitverantwortet. Ihre Arbeit ist auf Dauer angelegt und in der Regel auf die eigenen Mitglieder ausgerichtet, sie kann sich aber auch an junge Menschen wenden, die nicht Mitglieder sind. Durch Jugendverbände und ihre Zusammenschlüsse werden Anliegen und Interessen junger Menschen zum Ausdruck gebracht und vertreten.

§ 13 Jugendsozialarbeit

(1) Jungen Menschen, die zum Ausgleich sozialer Benachteiligungen oder zur Überwindung individueller Beeinträchtigungen in erhöhtem Maße auf Unterstützung angewiesen sind, sollen im Rahmen der Jugendhilfe sozialpädagogische Hilfen angeboten werden, die ihre schulische und berufliche Ausbildung, Eingliederung in die Arbeitswelt und ihre soziale Integration fördern.

(2) Soweit die Ausbildung dieser jungen Menschen nicht durch Maßnahmen und Programme anderer Träger und Organisationen sichergestellt wird, können geeignete sozialpädagogisch begleitete Ausbildungs- und Beschäftigungsmaßnahmen angeboten werden, die den Fähigkeiten und dem Entwicklungsstand dieser jungen Menschen Rechnung tragen.

(3) Jungen Menschen kann während der Teilnahme an schulischen oder beruflichen Bildungsmaßnahmen oder bei der beruflichen Eingliederung Unterkunft in sozialpädagogisch begleiteten Wohnformen angeboten werden. In diesen Fällen sollen auch der notwendige Unterhalt des jungen Menschen sichergestellt und Krankenhilfe nach Maßgabe des § 40 geleistet werden.

(4) Die Angebote sollen mit den Maßnahmen der Schulverwaltung, der Bundesagentur für Arbeit, der Träger betrieblicher und außerbetrieblicher Ausbildung sowie der Träger von Beschäftigungsangeboten abgestimmt werden.

§ 14 Erzieherischer Kinder- und Jugendschutz

(1) Jungen Menschen und Erziehungsberechtigten sollen Angebote des erzieherischen Kinder- und Jugendschutzes gemacht werden.

(2) Die Maßnahmen sollen

1. junge Menschen befähigen, sich vor gefährdenden Einflüssen zu schützen und sie zu Kritikfähigkeit, Entscheidungsfähigkeit und Eigenverantwortlichkeit sowie zur Verantwortung gegenüber ihren Mitmenschen führen,
2. Eltern und andere Erziehungsberechtigte besser befähigen, Kinder und Jugendliche vor gefährdenden Einflüssen zu schützen.

§ 15 Landesrechtsvorbehalt

Das Nähere über Inhalt und Umfang der in diesem Abschnitt geregelten Aufgaben und Leistungen regelt das Landesrecht.

ZWEITER ABSCHNITT
Förderung der Erziehung in der Familie

§ 16 Allgemeine Förderung der Erziehung in der Familie

(1) Müttern, Vätern, anderen Erziehungsberechtigten und jungen Menschen sollen Leistungen der allgemeinen Förderung der Erziehung in der Familie angeboten werden. Sie sollen dazu beitragen, dass Mütter, Väter und andere Erziehungsberechtigte ihre Erzie-

hungsverantwortung besser wahrnehmen können. Sie sollen auch Wege aufzeigen, wie Konfliktsituationen in der Familie gewaltfrei gelöst werden können.

(2) Leistungen zur Förderung der Erziehung in der Familie sind insbesondere

1. Angebote der Familienbildung, die auf Bedürfnisse und Interessen sowie auf Erfahrungen von Familien in unterschiedlichen Lebenslagen und Erziehungssituationen eingehen, die Familie zur Mitarbeit in Erziehungseinrichtungen und in Formen der Selbstund Nachbarschaftshilfe besser befähigen sowie junge Menschen auf Ehe, Partnerschaft und das Zusammenleben mit Kindern vorbereiten,
2. Angebote der Beratung in allgemeinen Fragen der Erziehung und Entwicklung junger Menschen,
3. Angebote der Familienfreizeit und der Familienerholung, insbesondere in belastenden Familiensituationen, die bei Bedarf die erzieherische Betreuung der Kinder einschließen.

(3) Müttern und Vätern sowie schwangeren Frauen und werdenden Vätern sollen Beratung und Hilfe in Fragen der Partnerschaft und des Aufbaus elterlicher Erziehungs- und Beziehungskompetenzen angeboten werden.

(4) Das Nähere über Inhalt und Umfang der Aufgaben regelt das Landesrecht.

§ 17 Beratung in Fragen der Partnerschaft, Trennung und Scheidung

(1) Mütter und Väter haben im Rahmen der Jugendhilfe Anspruch auf Beratung in Fragen der Partnerschaft, wenn sie für ein Kind oder einen Jugendlichen zu sorgen haben oder tatsächlich sorgen. Die Beratung soll helfen,

1. ein partnerschaftliches Zusammenleben in der Familie aufzubauen,
2. Konflikte und Krisen in der Familie zu bewältigen,
3. im Fall der Trennung oder Scheidung die Bedingungen für eine dem Wohl des Kindes oder des Jugendlichen förderliche Wahrnehmung der Elternverantwortung zu schaffen.

(2) Im Fall der Trennung und Scheidung sind Eltern unter angemessener Beteiligung des betroffenen Kindes oder Jugendlichen bei der Entwicklung eines einvernehmlichen Konzepts für die Wahrnehmung der elterlichen Sorge und der elterlichen Verantwortung zu unterstützen; dieses Konzept kann auch als Grundlage für einen Vergleich oder eine gerichtliche Entscheidung im familiengerichtlichen Verfahren dienen.

(3) Die Gerichte teilen die Rechtshängigkeit von Scheidungssachen, wenn gemeinschaftliche minderjährige Kinder vorhanden sind, sowie Namen und Anschriften der beteiligte Eheleute und Kinder dem Jugendamt mit, damit dieses die Eltern über das Leistungsangebot der Jugendhilfe nach Absatz 2 unterrichtet.

§ 18 Beratung und Unterstützung bei der Ausübung der Personensorge und des Umgangsrechts

(1) Mütter und Väter, die allein für ein Kind oder einen Jugendlichen zu sorgen haben oder tatsächlich sorgen, haben Anspruch auf Beratung und Unterstützung

1. bei der Ausübung der Personensorge einschließlich der Geltendmachung von Unterhalts- oder Unterhaltsersatzansprüchen des Kindes oder Jugendlichen,
2. bei der Geltendmachung ihrer Unterhaltsansprüche nach § 1615 l des Bürgerlichen Gesetzbuchs.

(2) Mütter und Väter, die mit dem anderen Elternteil nicht verheiratet sind, haben Anspruch auf Beratung über die Abgabe einer Sorgeerklärung und die Möglichkeit der gerichtlichen Übertragung der gemeinsamen elterlichen Sorge.

(3) Kinder und Jugendliche haben Anspruch auf Beratung und Unterstützung bei der Ausübung des Umgangsrechts nach § 1684 Absatz 1 des Bürgerlichen Gesetzbuchs. Sie sollen darin unterstützt werden, dass die Personen, die nach Maßgabe der §§ 1684 und 1685 des Bürgerlichen Gesetzbuchs zum Umgang mit ihnen berechtigt sind, von diesem Recht zu ih-

rem Wohl Gebrauch machen. Eltern, andere Umgangsberechtigte sowie Personen, in deren Obhut sich das Kind befindet, haben Anspruch auf Beratung und Unterstützung bei der Ausübung des Umgangsrechts. Bei der Befugnis, Auskunft über die persönlichen Verhältnisse des Kindes zu verlangen, bei der Herstellung von Umgangskontakten und bei der Ausführung gerichtlicher oder vereinbarter Umgangsregelungen soll vermittelt und in geeigneten Fällen Hilfestellung geleistet werden.

(4) Ein junger Volljähriger hat bis zur Vollendung des 21. Lebensjahres Anspruch auf Beratung und Unterstützung bei der Geltendmachung von Unterhalts- oder Unterhaltsersatzansprüchen.

§ 19 Gemeinsame Wohnformen für Mütter/Väter und Kinder

(1) Mütter oder Väter, die allein für ein Kind unter sechs Jahren zu sorgen haben oder tatsächlich sorgen, sollen gemeinsam mit dem Kind in einer geeigneten Wohnform betreut werden, wenn und solange sie auf Grund ihrer Persönlichkeitsentwicklung dieser Form der Unterstützung bei der Pflege und Erziehung des Kindes bedürfen. Die Betreuung schließt auch ältere Geschwister ein, sofern die Mutter oder der Vater für sie allein zu sorgen hat. Eine schwangere Frau kann auch vor der Geburt des Kindes in der Wohnform betreut werden.

(2) Während dieser Zeit soll darauf hingewirkt werden, dass die Mutter oder der Vater eine schulische oder berufliche Ausbildung beginnt oder fortführt oder eine Berufstätigkeit aufnimmt.

(3) Die Leistung soll auch den notwendigen Unterhalt der betreuten Personen sowie die Krankenhilfe nach Maßgabe des § 40 umfassen.

§ 20 Betreuung und Versorgung des Kindes in Notsituationen

(1) Fällt der Elternteil, der die überwiegende Betreuung des Kindes übernommen hat, für die Wahrnehmung dieser Aufgabe aus gesundheitlichen oder anderen zwingenden Gründen aus, so soll der andere Elternteil bei der Betreuung und Versorgung des im Haushalt lebenden Kindes unterstützt werden, wenn

1. er wegen berufsbedingter Abwesenheit nicht in der Lage ist, die Aufgabe wahrzunehmen,
2. die Hilfe erforderlich ist, um das Wohl des Kindes zu gewährleisten,
3. Angebote der Förderung des Kindes in Tageseinrichtungen oder in Kindertagespflege nicht ausreichen.

(2) Fällt ein allein erziehender Elternteil oder fallen beide Elternteile aus gesundheitlichen oder anderen zwingenden Gründen aus, so soll unter der Voraussetzung des Absatzes 1 Nummer 3 das Kind im elterlichen Haushalt versorgt und betreut werden, wenn und solange es für sein Wohl erforderlich ist.

§ 21 Unterstützung bei notwendiger Unterbringung zur Erfüllung der Schulpflicht

Können Personensorgeberechtigte wegen des mit ihrer beruflichen Tätigkeit verbundenen ständigen Ortswechsels die Erfüllung der Schulpflicht ihres Kindes oder Jugendlichen nicht sicherstellen und ist deshalb eine anderweitige Unterbringung des Kindes oder des Jugendlichen notwendig, so haben sie Anspruch auf Beratung und Unterstützung. In geeigneten Fällen können die Kosten der Unterbringung in einer für das Kind oder den Jugendlichen geeigneten Wohnform einschließlich des notwendigen Unterhalts sowie die Krankenhilfe übernommen werden. Die Leistung kann über das schulpflichtige Alter hinaus gewährt werden, sofern eine begonnene Schulausbildung noch nicht abgeschlossen ist, längstens aber bis zur Vollendung des 21. Lebensjahres.

DRITTER ABSCHNITT
Förderung von Kindern in Tageseinrichtungen und in Kindertagespflege

§ 22 Grundsätze der Förderung

(1) Tageseinrichtungen sind Einrichtungen, in denen sich Kinder für einen Teil des Tages oder ganztägig aufhalten und in Gruppen gefördert werden. Kindertagespflege wird von einer geeigneten Tagespflegeperson in ihrem Haushalt oder im Haushalt des Personensorgeberechtigten geleistet. Das Nähere über die Abgrenzung von Tageseinrichtungen und Kindertagespflege regelt das Landesrecht. Es kann auch regeln, dass Kindertagespflege in anderen geeigneten Räumen geleistet wird.

(2) Tageseinrichtungen für Kinder und Kindertagespflege sollen

1. die Entwicklung des Kindes zu einer eigenverantwortlichen und gemeinschaftsfähigen Persönlichkeit fördern,
2. die Erziehung und Bildung in der Familie unterstützen und ergänzen,
3. den Eltern dabei helfen, Erwerbstätigkeit und Kindererziehung besser miteinander vereinbaren zu können.

(3) Der Förderungsauftrag umfasst Erziehung, Bildung und Betreuung des Kindes und bezieht sich auf die soziale, emotionale, körperliche und geistige Entwicklung des Kindes. Er schließt die Vermittlung orientierender Werte und Regeln ein. Die Förderung soll sich am Alter und Entwicklungsstand, den sprachlichen und sonstigen Fähigkeiten, der Lebenssituation sowie den Interessen und Bedürfnissen des einzelnen Kindes orientieren und seine ethnische Herkunft berücksichtigen.

§ 22a Förderung in Tageseinrichtungen

(1) Die Träger der öffentlichen Jugendhilfe sollen die Qualität der Förderung in ihren Einrichtungen durch geeignete Maßnahmen sicherstellen und weiterentwickeln. Dazu gehören die Entwicklung und der Einsatz einer pädagogischen Konzeption als Grundlage für die Erfüllung des Förderungsauftrags sowie der Einsatz von Instrumenten und Verfahren zur Evaluation der Arbeit in den Einrichtungen.

(2) Die Träger der öffentlichen Jugendhilfe sollen sicherstellen, dass die Fachkräfte in ihren Einrichtungen zusammenarbeiten

1. mit den Erziehungsberechtigten und Tagespflegepersonen zum Wohl der Kinder und zur Sicherung der Kontinuität des Erziehungsprozesses,
2. mit anderen kinder- und familienbezogenen Institutionen und Initiativen im Gemeinwesen, insbesondere solchen der Familienbildung und -beratung,
3. mit den Schulen, um den Kindern einen guten Übergang in die Schule zu sichern und um die Arbeit mit Schulkindern in Horten und altersgemischten Gruppen zu unterstützen.

Die Erziehungsberechtigten sind an den Entscheidungen in wesentlichen Angelegenheiten der Erziehung, Bildung und Betreuung zu beteiligen.

(3) Das Angebot soll sich pädagogisch und organisatorisch an den Bedürfnissen der Kinder und ihrer Familien orientieren. Werden Einrichtungen in den Ferienzeiten geschlossen, so hat der Träger der öffentlichen Jugendhilfe für die Kinder, die nicht von den Erziehungsberechtigten betreut werden können, eine anderweitige Betreuungsmöglichkeit sicherzustellen.

(4) Kinder mit und ohne Behinderung sollen, sofern der Hilfebedarf dies zulässt, in Gruppen gemeinsam gefördert werden. Zu diesem Zweck sollen die Träger der öffentlichen Jugendhilfe mit den Trägern der Sozialhilfe bei der Planung, konzeptionellen Ausgestaltung und Finanzierung des Angebots zusammenarbeiten.

(5) Die Träger der öffentlichen Jugendhilfe sollen die Realisierung des Förderungsauftrags nach Maßgabe der Absätze 1 bis 4 in den Einrichtungen anderer Träger durch geeignete Maßnahmen sicherstellen.

§ 23 Förderung in Kindertagespflege

(1) Die Förderung in Kindertagespflege nach Maßgabe von § 24 umfasst die Vermittlung des Kindes zu einer geeigneten Tagespflegeperson, soweit diese nicht von der erziehungsberechtigten Person nachgewiesen wird, deren fachliche Beratung, Begleitung und weitere Qualifizierung sowie die Gewährung einer laufenden Geldleistung an die Tagespflegeperson.

(2) Die laufende Geldleistung nach Absatz 1 umfasst

1. die Erstattung angemessener Kosten, die der Tagespflegeperson für den Sachaufwand entstehen,
2. einen Betrag zur Anerkennung ihrer Förderungsleistung nach Maßgabe von Absatz 2a,
3. die Erstattung nachgewiesener Aufwendungen für Beiträge zu einer Unfallversicherung sowie die hälftige Erstattung nachgewiesener Aufwendungen zu einer angemessenen Alterssicherung der Tagespflegeperson und
4. die hälftige Erstattung nachgewiesener Aufwendungen zu einer angemessenen Krankenversicherung und Pflegeversicherung.

(2a) Die Höhe der laufenden Geldleistung wird von den Trägern der öffentlichen Jugendhilfe festgelegt, soweit Landesrecht nicht etwas anderes bestimmt. Der Betrag zur Anerkennung der Förderungsleistung der Tagespflegeperson ist leistungsgerecht auszugestalten. Dabei sind der zeitliche Umfang der Leistung und die Anzahl sowie der Förderbedarf der betreuten Kinder zu berücksichtigen.

(3) Geeignet im Sinne von Absatz 1 sind Personen, die sich durch ihre Persönlichkeit, Sachkompetenz und Kooperationsbereitschaft mit Erziehungsberechtigten und anderen Tagespflegepersonen auszeichnen und über kindgerechte Räumlichkeiten verfügen. Sie sollen über vertiefte Kenntnisse hinsichtlich der Anforderungen der Kindertagespflege verfügen, die sie in qualifizierten Lehrgängen erworben oder in anderer Weise nachgewiesen haben.

(4) Erziehungsberechtigte und Tagespflegepersonen haben Anspruch auf Beratung in allen Fragen der Kindertagespflege. Für Ausfallzeiten einer Tagespflegeperson ist rechtzeitig eine andere Betreuungsmöglichkeit für das Kind sicherzustellen. Zusammenschlüsse von Tagespflegepersonen sollen beraten, unterstützt und gefördert werden.

§ 24 Anspruch auf Förderung in Tageseinrichtungen und in Kindertagespflege

(1) Ein Kind, das das erste Lebensjahr noch nicht vollendet hat, ist in einer Einrichtung oder in Kindertagespflege zu fördern, wenn

1. diese Leistung für seine Entwicklung zu einer eigenverantwortlichen und gemeinschaftsfähigen Persönlichkeit geboten ist oder
2. die Erziehungsberechtigten
   a) einer Erwerbstätigkeit nachgehen, eine Erwerbstätigkeit aufnehmen oder Arbeit suchend sind,
   b) sich in einer beruflichen Bildungsmaßnahme, in der Schulausbildung oder Hochschulausbildung befinden oder
   c) Leistungen zur Eingliederung in Arbeit im Sinne des Zweiten Buches erhalten.

Lebt das Kind nur mit einem Erziehungsberechtigten zusammen, so tritt diese Person an die Stelle der Erziehungsberechtigten. Der Umfang der täglichen Förderung richtet sich nach dem individuellen Bedarf.

(2) Ein Kind, das das erste Lebensjahr vollendet hat, hat bis zur Vollendung des dritten Lebensjahres Anspruch auf frühkindliche Förderung in einer Tageseinrichtung oder in Kindertagespflege. Absatz 1 Satz 3 gilt entsprechend.

(3) Ein Kind, das das dritte Lebensjahr vollendet hat, hat bis zum Schuleintritt Anspruch auf Förderung in einer Tageseinrichtung. Die Träger der öffentlichen Jugendhilfe haben da-

rauf hinzuwirken, dass für diese Altersgruppe ein bedarfsgerechtes Angebot an Ganztagsplätzen zur Verfügung steht. Das Kind kann bei besonderem Bedarf oder ergänzend auch in Kindertagespflege gefördert werden.

(4) Für Kinder im schulpflichtigen Alter ist ein bedarfsgerechtes Angebot in Tageseinrichtungen vorzuhalten. Absatz 1 Satz 3 und Absatz 3 Satz 3 gelten entsprechend.

(5) Die Träger der öffentlichen Jugendhilfe oder die von ihnen beauftragten Stellen sind verpflichtet, Eltern oder Elternteile, die Leistungen nach den Absätzen 1 bis 4 in Anspruch nehmen wollen, über das Platzangebot im örtlichen Einzugsbereich und die pädagogische Konzeption der Einrichtungen zu informieren und sie bei der Auswahl zu beraten. Landesrecht kann bestimmen, dass die erziehungsberechtigten Personen den zuständigen Träger der öffentlichen Jugendhilfe oder die beauftragte Stelle innerhalb einer bestimmten Frist vor der beabsichtigten Inanspruchnahme der Leistung in Kenntnis setzen.

(6) Weitergehendes Landesrecht bleibt unberührt.

§ 25 Unterstützung selbst organisierter Förderung von Kindern

Mütter, Väter und andere Erziehungsberechtigte, die die Förderung von Kindern selbst organisieren wollen, sollen beraten und unterstützt werden.

§ 26 Landesrechtsvorbehalt

Das Nähere über Inhalt und Umfang der in diesem Abschnitt geregelten Aufgaben und Leistungen regelt das Landesrecht. Am 31.Dezember 1990 geltende landesrechtliche Regelungen, die das Kindergartenwesen dem Bildungsbereich zuweisen, bleiben unberührt.

VIERTER ABSCHNITT
Hilfe zur Erziehung, Eingliederungshilfe für seelisch behinderte Kinder und Jugendliche, Hilfe für junge Volljährige

ERSTER UNTERABSCHNITT
Hilfe zur Erziehung

§ 27 Hilfe zur Erziehung

(1) Ein Personensorgeberechtigter hat bei der Erziehung eines Kindes oder eines Jugendlichen Anspruch auf Hilfe (Hilfe zur Erziehung), wenn eine dem Wohl des Kindes oder des Jugendlichen entsprechende Erziehung nicht gewährleistet ist und die Hilfe für seine Entwicklung geeignet und notwendig ist.

(2) Hilfe zur Erziehung wird insbesondere nach Maßgabe der §§ 28 bis 35 gewährt. Art und Umfang der Hilfe richten sich nach dem erzieherischen Bedarf im Einzelfall; dabei soll das engere soziale Umfeld des Kindes oder des Jugendlichen einbezogen werden. Die Hilfe ist in der Regel im Inland zu erbringen; sie darf nur dann im Ausland erbracht werden, wenn dies nach Maßgabe der Hilfeplanung zur Erreichung des Hilfezieles im Einzelfall erforderlich ist.

(2a) Ist eine Erziehung des Kindes oder Jugendlichen außerhalb des Elternhauses erforderlich, so entfällt der Anspruch auf Hilfe zur Erziehung nicht dadurch, dass eine andere unterhaltspflichtige Person bereit ist, diese Aufgabe zu übernehmen; die Gewährung von Hilfe zur Erziehung setzt in diesem Fall voraus, dass diese Person bereit und geeignet ist, den Hilfebedarf in Zusammenarbeit mit dem Träger der öffentlichen Jugendhilfe nach Maßgabe der §§ 36 und 37 zu decken.

(3) Hilfe zur Erziehung umfasst insbesondere die Gewährung pädagogischer und damit verbundener therapeutischer Leistungen. Sie soll bei Bedarf Ausbildungs- und Beschäftigungsmaßnahmen im Sinne des § 13 Absatz 2 einschließen.

(4) Wird ein Kind oder eine Jugendliche während ihres Aufenthalts in einer Einrichtung oder einer Pflegefamilie selbst Mutter eines Kindes, so umfasst die Hilfe zur Erziehung auch die Unterstützung bei der Pflege und Erziehung dieses Kindes.

§ 28 Erziehungsberatung

Erziehungsberatungsstellen und andere Beratungsdienste und -einrichtungen sollen Kinder, Jugendliche, Eltern und andere Erziehungsberechtigte bei der Klärung und Bewältigung individueller und familienbezogener Probleme und der zugrunde liegenden Faktoren, bei der Lösung von Erziehungsfragen sowie bei Trennung und Scheidung unterstützen. Dabei sollen Fachkräfte verschiedener Fachrichtungen zusammenwirken, die mit unterschiedlichen methodischen Ansätzen vertraut sind.

§ 29 Soziale Gruppenarbeit

Die Teilnahme an sozialer Gruppenarbeit soll älteren Kindern und Jugendlichen bei der Überwindung von Entwicklungsschwierigkeiten und Verhaltensproblemen helfen. Soziale Gruppenarbeit soll auf der Grundlage eines gruppenpädagogischen Konzepts die Entwicklung älterer Kinder und Jugendlicher durch soziales Lernen in der Gruppe fördern.

§ 30 Erziehungsbeistand, Betreuungshelfer

Der Erziehungsbeistand und der Betreuungshelfer sollen das Kind oder den Jugendlichen bei der Bewältigung von Entwicklungsproblemen möglichst unter Einbeziehung des sozialen Umfelds unterstützen und unter Erhaltung des Lebensbezugs zur Familie seine Verselbständigung fördern.

§ 31 Sozialpädagogische Familienhilfe

Sozialpädagogische Familienhilfe soll durch intensive Betreuung und Begleitung Familien in ihren Erziehungsaufgaben, bei der Bewältigung von Alltagsproblemen, der Lösung von Konflikten und Krisen sowie im Kontakt mit Ämtern und Institutionen unterstützen und Hilfe zur Selbsthilfe geben. Sie ist in der Regel auf längere Dauer angelegt und erfordert die Mitarbeit der Familie.

§ 32 Erziehung in einer Tagesgruppe

Hilfe zur Erziehung in einer Tagesgruppe soll die Entwicklung des Kindes oder des Jugendlichen durch soziales Lernen in der Gruppe, Begleitung der schulischen Förderung und Elternarbeit unterstützen und dadurch den Verbleib des Kindes oder des Jugendlichen in seiner Familie sichern. Die Hilfe kann auch in geeigneten Formen der Familienpflege geleistet werden.

§ 33 Vollzeitpflege

Hilfe zur Erziehung in Vollzeitpflege soll entsprechend dem Alter und Entwicklungsstand des Kindes oder des Jugendlichen und seinen persönlichen Bindungen sowie den Möglichkeiten der Verbesserung der Erziehungsbedingungen in der Herkunftsfamilie Kindern und Jugendlichen in einer anderen Familie eine zeitlich befristete Erziehungshilfe oder eine auf Dauer angelegte Lebensform bieten. Für besonders entwicklungsbeeinträchtigte Kinder und Jugendliche sind geeignete Formen der Familienpflege zu schaffen und auszubauen.

§ 34 Heimerziehung, sonstige betreute Wohnform

Hilfe zur Erziehung in einer Einrichtung über Tag und Nacht (Heimerziehung) oder in einer sonstigen betreuten Wohnform soll Kinder und Jugendliche durch eine Verbindung von Alltagserleben mit pädagogischen und therapeutischen Angeboten in ihrer Entwicklung fördern. Sie soll entsprechend dem Alter und Entwicklungsstand des Kindes oder des Jugendlichen sowie den Möglichkeiten der Verbesserung der Erziehungsbedingungen in der Herkunftsfamilie

1. eine Rückkehr in die Familie zu erreichen versuchen oder
2. die Erziehung in einer anderen Familie vorbereiten oder
3. eine auf längere Zeit angelegte Lebensform bieten und auf ein selbständiges Leben vorbereiten.

Jugendliche sollen in Fragen der Ausbildung und Beschäftigung sowie der allgemeinen Lebensführung beraten und unterstützt werden.

§ 35 Intensive sozialpädagogische Einzelbetreuung

Intensive sozialpädagogische Einzelbetreuung soll Jugendlichen gewährt werden, die einer intensiven Unterstützung zur sozialen Integration und zu einer eigenverantwortlichen Lebensführung bedürfen. Die Hilfe ist in der Regel auf längere Zeit angelegt und soll den individuellen Bedürfnissen des Jugendlichen Rechnung tragen.

ZWEITER UNTERABSCHNITT
Eingliederungshilfe für seelisch behinderte Kinder und Jugendliche

§ 35a Eingliederungshilfe für seelisch behinderte Kinder und Jugendliche

(1) Kinder oder Jugendliche haben Anspruch auf Eingliederungshilfe, wenn

1. ihre seelische Gesundheit mit hoher Wahrscheinlichkeit länger als sechs Monate von dem für ihr Lebensalter typischen Zustand abweicht, und
2. daher ihre Teilhabe am Leben in der Gesellschaft beeinträchtigt ist oder eine solche Beeinträchtigung zu erwarten ist.

Von einer seelischen Behinderung bedroht im Sinne dieses Buches sind Kinder oder Jugendliche, bei denen eine Beeinträchtigung ihrer Teilhabe am Leben in der Gesellschaft nach fachlicher Erkenntnis mit hoher Wahrscheinlichkeit zu erwarten ist. § 27 Absatz 4 gilt entsprechend.

(1a) Hinsichtlich der Abweichung der seelischen Gesundheit nach Absatz 1 Satz 1 Nummer 1 hat der Träger der öffentlichen Jugendhilfe die Stellungnahme

1. eines Arztes für Kinder- und Jugendpsychiatrie und -psychotherapie,
2. eines Kinder- und Jugendpsychotherapeuten oder
3. eines Arztes oder eines psychologischen Psychotherapeuten, der über besondere Erfahrungen auf dem Gebiet seelischer Störungen bei Kindern und Jugendlichen verfügt,

einzuholen. Die Stellungnahme ist auf der Grundlage der Internationalen Klassifikation der Krankheiten in der vom Deutschen Institut für medizinische Dokumentation und Information herausgegebenen deutschen Fassung zu erstellen. Dabei ist auch darzulegen, ob die Abweichung Krankheitswert hat oder auf einer Krankheit beruht. Die Hilfe soll nicht von der Person oder dem Dienst oder der Einrichtung, der die Person angehört, die die Stellungnahme abgibt, erbracht werden.

(2) Die Hilfe wird nach dem Bedarf im Einzelfall

1. in ambulanter Form,
2. in Tageseinrichtungen für Kinder oder in anderen teilstationären Einrichtungen,
3. durch geeignete Pflegepersonen und
4. in Einrichtungen über Tag und Nacht sowie sonstigen Wohnformen geleistet.

(3) Aufgabe und Ziel der Hilfe, die Bestimmung des Personenkreises sowie die Art der Leistungen richten sich nach § 53 Absatz 3 und 4 Satz 1, den §§ 54, 56 und 57 des Zwölften Buches, soweit diese Bestimmungen auch auf seelisch behinderte oder von einer solchen Behinderung bedrohte Personen Anwendung finden.

(4) Ist gleichzeitig Hilfe zur Erziehung zu leisten, so sollen Einrichtungen, Dienste und Personen in Anspruch genommen werden, die geeignet sind, sowohl die Aufgaben der Ein-

gliederungshilfe zu erfüllen als auch den erzieherischen Bedarf zu decken. Sind heilpädagogische Maßnahmen für Kinder, die noch nicht im schulpflichtigen Alter sind, in Tageseinrichtungen für Kinder zu gewähren und lässt der Hilfebedarf es zu, so sollen Einrichtungen in Anspruch genommen werden, in denen behinderte und nicht behinderte Kinder gemeinsam betreut werden.

DRITTER UNTERABSCHNITT
Gemeinsame Vorschriften für die Hilfe zur Erziehung und die Eingliederungshilfe für seelisch behinderte Kinder und Jugendliche

§ 36 Mitwirkung, Hilfeplan

(1) Der Personensorgeberechtigte und das Kind oder der Jugendliche sind vor der Entscheidung über die Inanspruchnahme einer Hilfe und vor einer notwendigen Änderung von Art und Umfang der Hilfe zu beraten und auf die möglichen Folgen für die Entwicklung des Kindes oder des Jugendlichen hinzuweisen. Vor und während einer langfristig zu leistenden Hilfe außerhalb der eigenen Familie ist zu prüfen, ob die Annahme als Kind in Betracht kommt. Ist Hilfe außerhalb der eigenen Familie erforderlich, so sind die in Satz 1 genannten Personen bei der Auswahl der Einrichtung oder der Pflegestelle zu beteiligen. Der Wahl und den Wünschen ist zu entsprechen, sofern sie nicht mit unverhältnismäßigen Mehrkosten verbunden sind. Wünschen die in Satz 1 genannten Personen die Erbringung einer in § 78 a genannten Leistung in einer Einrichtung, mit deren Träger keine Vereinbarungen nach § 78 b bestehen, so soll der Wahl nur entsprochen werden, wenn die Erbringung der Leistung in dieser Einrichtung nach Maßgabe des Hilfeplans nach Absatz 2 geboten ist.

(2) Die Entscheidung über die im Einzelfall angezeigte Hilfeart soll, wenn Hilfe voraussichtlich für längere Zeit zu leisten ist, im Zusammenwirken mehrerer Fachkräfte getroffen werden. Als Grundlage für die Ausgestaltung der Hilfe sollen sie zusammen mit dem Personensorgeberechtigten und dem Kind oder dem Jugendlichen einen Hilfeplan aufstellen, der Feststellungen über den Bedarf, die zu gewährende Art der Hilfe sowie die notwendigen Leistungen enthält; sie sollen regelmäßig prüfen, ob die gewählte Hilfeart weiterhin geeignet und notwendig ist. Werden bei der Durchführung der Hilfe andere Personen, Dienste oder Einrichtungen tätig, so sind sie oder deren Mitarbeiter an der Aufstellung des Hilfeplans und seiner Überprüfung zu beteiligen. Erscheinen Maßnahmen der beruflichen Eingliederung erforderlich, so sollen auch die für die Eingliederung zuständigen Stellen beteiligt werden.

(3) Erscheinen Hilfen nach § 35a erforderlich, so soll bei der Aufstellung und Änderung des Hilfeplans sowie bei der Durchführung der Hilfe die Person, die eine Stellungnahme nach § 35a Absatz 1a abgegeben hat, beteiligt werden.

(4) Vor einer Entscheidung über die Gewährung einer Hilfe, die ganz oder teilweise im Ausland erbracht wird, soll zur Feststellung einer seelischen Störung mit Krankheitswert die Stellungnahme einer in § 35 a Absatz 1a Satz 1 genannten Person eingeholt werden.

§ 36a Steuerungsverantwortung, Selbstbeschaffung

(1) Der Träger der öffentlichen Jugendhilfe trägt die Kosten der Hilfe grundsätzlich nur dann, wenn sie auf der Grundlage seiner Entscheidung nach Maßgabe des Hilfeplans unter Beachtung des Wunsch- und Wahlrechts erbracht wird; dies gilt auch in den Fällen, in denen Eltern durch das Familiengericht oder Jugendliche und junge Volljährige durch den Jugendrichter zur Inanspruchnahme von Hilfen verpflichtet werden. Die Vorschriften über die Heranziehung zu den Kosten der Hilfe bleiben unberührt.

(2) Abweichend von Absatz 1 soll der Träger der öffentlichen Jugendhilfe die niedrigschwellige unmittelbare Inanspruchnahme von ambulanten Hilfen, insbesondere der Erziehungsberatung, zulassen. Dazu soll er mit den Leistungserbringern Vereinbarungen schließen, in denen die Voraussetzungen und die Ausgestaltung der Leistungserbringung sowie die Übernahme der Kosten geregelt werden.

(3) Werden Hilfen abweichend von den Absätzen 1 und 2 vom Leistungsberechtigten selbst beschafft, so ist der Träger der öffentlichen Jugendhilfe zur Übernahme der erforderlichen Aufwendungen nur verpflichtet, wenn

1. der Leistungsberechtigte den Träger der öffentlichen Jugendhilfe vor der Selbstbeschaffung über den Hilfebedarf in Kenntnis gesetzt hat,
2. die Voraussetzungen für die Gewährung der Hilfe vorlagen und
3. die Deckung des Bedarfs
   a) bis zu einer Entscheidung des Trägers der öffentlichen Jugendhilfe über die Gewährung der Leistung oder
   b) bis zu einer Entscheidung über ein Rechtsmittel nach einer zu Unrecht abgelehnten

   Leistung keinen zeitlichen Aufschub geduldet hat.

War es dem Leistungsberechtigten unmöglich, den Träger der öffentlichen Jugendhilfe rechtzeitig über den Hilfebedarf in Kenntnis zu setzen, so hat er dies unverzüglich nach Wegfall des Hinderungsgrundes nachzuholen.

§ 37 Zusammenarbeit bei Hilfen außerhalb der eigenen Familie

(1) Bei Hilfen nach §§ 32 bis 34 und § 35 a Absatz 2 Nummer 3 und 4 soll darauf hingewirkt werden, dass die Pflegeperson oder die in der Einrichtung für die Erziehung verantwortlichen Personen und die Eltern zum Wohl des Kindes oder des Jugendlichen zusammenarbeiten. Durch Beratung und Unterstützung sollen die Erziehungsbedingungen in der Herkunftsfamilie innerhalb eines im Hinblick auf die Entwicklung des Kindes oder Jugendlichen vertretbaren Zeitraums so weit verbessert werden, dass sie das Kind oder den Jugendlichen wieder selbst erziehen kann. Während dieser Zeit soll durch begleitende Beratung und Unterstützung der Familien darauf hingewirkt werden, dass die Beziehung des Kindes oder Jugendlichen zur Herkunftsfamilie gefördert wird. Ist eine nachhaltige Verbesserung der Erziehungsbedingungen in der Herkunftsfamilie innerhalb dieses Zeitraums nicht erreichbar, so soll mit den beteiligten Personen eine andere, dem Wohl des Kindes oder des Jugendlichen förderliche und auf Dauer angelegte Lebensperspektive erarbeitet werden.

(2) Die Pflegeperson hat vor der Aufnahme des Kindes oder Jugendlichen und während der Dauer des Pflegeverhältnisses Anspruch auf Beratung und Unterstützung; dies gilt auch in den Fällen, in denen für das Kind oder den Jugendlichen weder Hilfe zur Erziehung noch Eingliederungshilfe gewährt wird oder die Pflegeperson nicht der Erlaubnis zur Vollzeitpflege nach § 44 bedarf. Lebt das Kind oder der Jugendliche bei einer Pflegeperson außerhalb des Bereichs des zuständigen Trägers der öffentlichen Jugendhilfe, so sind ortsnahe Beratung und Unterstützung sicherzustellen. Der zuständige Träger der öffentlichen Jugendhilfe hat die aufgewendeten Kosten einschließlich der Verwaltungskosten auch in den Fällen zu erstatten, in denen die Beratung und Unterstützung im Wege der Amtshilfe geleistet wird. § 23 Absatz 4 Satz 3 gilt entsprechend.

(2a) Die Art und Weise der Zusammenarbeit sowie die damit im Einzelfall verbundenen Ziele sind im Hilfeplan zu dokumentieren. Bei Hilfen nach den §§ 33, 35 a Absatz 2 Nummer 3 und § 41 zählen dazu auch der vereinbarte Umfang der Beratung der Pflegeperson sowie die Höhe der laufenden Leistungen zum Unterhalt des Kindes oder Jugendlichen. Eine Abweichung von den dort getroffenen Feststellungen ist nur bei einer Änderung des Hilfebedarfs und entsprechender Änderung des Hilfeplans zulässig.

(3) Das Jugendamt soll den Erfordernissen des Einzelfalls entsprechend an Ort und Stelle überprüfen, ob die Pflegeperson eine dem Wohl des Kindes oder des Jugendlichen förderliche Erziehung gewährleistet. Die Pflegeperson hat das Jugendamt über wichtige Ereignisse zu unterrichten, die das Wohl des Kindes oder des Jugendlichen betreffen.

§ 38 Vermittlung bei der Ausübung der Personensorge

Sofern der Inhaber der Personensorge durch eine Erklärung nach § 1688 Absatz 3 Satz 1 des Bürgerlichen Gesetzbuchs die Vertretungsmacht der Pflegeperson soweit einschränkt, dass dies eine dem Wohl des Kindes oder des Jugendlichen förderliche Erziehung nicht mehr ermöglicht, sowie bei sonstigen Meinungsverschiedenheiten sollen die Beteiligten das Jugendamt einschalten.

§ 39 Leistungen zum Unterhalt des Kindes oder des Jugendlichen

(1) Wird Hilfe nach den §§ 32 bis 35 oder nach § 35a Absatz 2 Nummer 2 bis 4 gewährt, so ist auch der notwendige Unterhalt des Kindes oder Jugendlichen außerhalb des Elternhauses sicherzustellen. Er umfasst die Kosten für den Sachaufwand sowie für die Pflege und Erziehung des Kindes oder Jugendlichen.

(2) Der gesamte regelmäßig wiederkehrende Bedarf soll durch laufende Leistungen gedeckt werden. Sie umfassen außer im Fall des § 32 und des § 35 a Absatz 2 Nummer 2 auch einen angemessenen Barbetrag zur persönlichen Verfügung des Kindes oder des Jugendlichen. Die Höhe des Betrages wird in den Fällen der §§ 34, 35, 35a Absatz 2 Nummer 4 von der nach Landesrecht zuständigen Behörde festgesetzt; die Beträge sollen nach Altersgruppen gestaffelt sein. Die laufenden Leistungen im Rahmen der Hilfe in Vollzeitpflege (§ 33) oder bei einer geeigneten Pflegeperson (§ 35a Absatz 2 Satz 2 Nummer 3) sind nach den Absätzen 4 bis 6 zu bemessen.

(3) Einmalige Beihilfen oder Zuschüsse können insbesondere zur Erstausstattung einer Pflegestelle, bei wichtigen persönlichen Anlässen sowie für Urlaubs- und Ferienreisen des Kindes oder des Jugendlichen gewährt werden.

(4) Die laufenden Leistungen sollen auf der Grundlage der tatsächlichen Kosten gewährt werden, sofern sie einen angemessenen Umfang nicht übersteigen. Die laufenden Leistungen umfassen auch die Erstattung nachgewiesener Aufwendungen für Beiträge zu einer Unfallversicherung sowie die hälftige Erstattung nachgewiesener Aufwendungen zu einer angemessenen Alterssicherung der Pflegeperson. Sie sollen in einem monatlichen Pauschalbetrag gewährt werden, soweit nicht nach der Besonderheit des Einzelfalls abweichende Leistungen geboten sind. Ist die Pflegeperson in gerader Linie mit dem Kind oder Jugendlichen verwandt und kann sie diesem unter Berücksichtigung ihrer sonstigen Verpflichtungen und ohne Gefährdung ihres angemessenen Unterhalts Unterhalt gewähren, so kann der Teil des monatlichen Pauschalbetrages, der die Kosten für den Sachaufwand des Kindes oder Jugendlichen betrifft, angemessen gekürzt werden. Wird ein Kind oder ein Jugendlicher im Bereich eines anderen Jugendamts untergebracht, so soll sich die Höhe des zu gewährenden Pauschalbetrages nach den Verhältnissen richten, die am Ort der Pflegestelle gelten.

(5) Die Pauschalbeträge für laufende Leistungen zum Unterhalt sollen von den nach Landesrecht zuständigen Behörden festgesetzt werden. Dabei ist dem altersbedingt unterschiedlichen Unterhaltsbedarf von Kindern und Jugendlichen durch eine Staffelung der Beträge nach Altersgruppen Rechnung zu tragen. Das Nähere regelt Landesrecht.

(6) Wird das Kind oder der Jugendliche im Rahmen des Familienleistungsausgleichs nach § 31 des Einkommensteuergesetzes bei der Pflegeperson berücksichtigt, so ist ein Betrag in Höhe der Hälfte des Betrages, der nach § 66 des Einkommensteuergesetzes für ein erstes Kind zu zahlen ist, auf die laufenden Leistungen anzurechnen. Ist das Kind oder der Jugendliche nicht das älteste Kind in der Pflegefamilie, so ermäßigt sich der Anrechnungsbetrag für dieses Kind oder diesen Jugendlichen auf ein Viertel des Betrages, der für ein erstes Kind zu zahlen ist.

(7) Wird ein Kind oder eine Jugendliche während ihres Aufenthalts in einer Einrichtung oder einer Pflegefamilie selbst Mutter eines Kindes, so ist auch der notwendige Unterhalt dieses Kindes sicherzustellen.

§ 40 Krankenhilfe

Wird Hilfe nach den §§ 33 bis 35 oder nach § 35a Absatz 2 Nummer 3 oder 4 gewährt, so ist auch Krankenhilfe zu leisten; für den Umfang der Hilfe gelten die §§ 47 bis 52 des Zwölften Buches entsprechend. Krankenhilfe muss den im Einzelfall notwendigen Bedarf in voller Höhe befriedigen. Zuzahlungen und Eigenbeteiligungen sind zu übernehmen. Das Jugendamt kann in geeigneten Fällen die Beiträge für eine freiwillige Krankenversicherung übernehmen, soweit sie angemessen sind.

VIERTER UNTERABSCHNITT
Hilfe für junge Volljährige

§ 41 Hilfe für junge Volljährige, Nachbetreuung

(1) Einem jungen Volljährigen soll Hilfe für die Persönlichkeitsentwicklung und zu einer eigenverantwortlichen Lebensführung gewährt werden, wenn und solange die Hilfe auf Grund der individuellen Situation des jungen Menschen notwendig ist. Die Hilfe wird in der Regel nur bis zur Vollendung des 21. Lebensjahres gewährt; in begründeten Einzelfällen soll sie für einen begrenzten Zeitraum darüber hinaus fortgesetzt werden.

(2) Für die Ausgestaltung der Hilfe gelten § 27 Absatz 3 und 4 sowie die §§ 28 bis 30, 33 bis 36, 39 und 40 entsprechend mit der Maßgabe, dass an die Stelle des Personensorgeberechtigten oder des Kindes oder des Jugendlichen der junge Volljährige tritt.

(3) Der junge Volljährige soll auch nach Beendigung der Hilfe bei der Verselbständigung im notwendigen Umfang beraten und unterstützt werden.

DRITTES KAPITEL
Andere Aufgaben der Jugendhilfe

ERSTER ABSCHNITT
Vorläufige Maßnahmen zum Schutz von Kindern und Jugendlichen

§ 42 Inobhutnahme von Kindern und Jugendlichen

(1) Das Jugendamt ist berechtigt und verpflichtet, ein Kind oder einen Jugendlichen in seine Obhut zu nehmen, wenn

1. das Kind oder der Jugendliche um Obhut bittet oder
2. eine dringende Gefahr für das Wohl des Kindes oder des Jugendlichen die Inobhutnahme erfordert und
   a) die Personensorgeberechtigten nicht widersprechen oder
   b) eine familiengerichtliche Entscheidung nicht rechtzeitig eingeholt werden kann oder
3. ein ausländisches Kind oder ein ausländischer Jugendlicher unbegleitet nach Deutschland kommt und sich weder Personensorge- noch Erziehungsberechtigte im Inland aufhalten.

Die Inobhutnahme umfasst die Befugnis, ein Kind oder einen Jugendlichen bei einer geeigneten Person, in einer geeigneten Einrichtung oder in einer sonstigen Wohnform vorläufig unterzubringen; im Fall von Satz 1 Nummer 2 auch ein Kind oder einen Jugendlichen von einer anderen Person wegzunehmen.

(2) Das Jugendamt hat während der Inobhutnahme die Situation, die zur Inobhutnahme geführt hat, zusammen mit dem Kind oder dem Jugendlichen zu klären und Möglichkeiten der Hilfe und Unterstützung aufzuzeigen. Dem Kind oder dem Jugendlichen ist unverzüglich Gelegenheit zu geben, eine Person seines Vertrauens zu benachrichtigen. Das Jugendamt hat während der Inobhutnahme für das Wohl des Kindes oder des Jugendlichen zu sorgen und dabei den notwendigen Unterhalt und die Krankenhilfe sicherzustellen; § 39 Absatz 4 Satz 2 gilt entsprechend. Das Jugendamt ist während der Inobhutnahme berechtigt, alle Rechtshandlungen vorzunehmen, die zum Wohl des Kindes oder Jugendlichen notwendig sind; der mutmaßliche Wille der Personensorge- oder der Erziehungsberechtigten ist dabei angemessen zu berücksichtigen.

(3) Das Jugendamt hat im Fall des Absatzes 1 Satz 1 Nummer 1 und 2 die Personensorge- oder Erziehungsberechtigten unverzüglich von der Inobhutnahme zu unterrichten und mit ihnen das Gefährdungsrisiko abzuschätzen. Widersprechen die Personensorgeoder Erziehungsberechtigten der Inobhutnahme, so hat das Jugendamt unverzüglich

1. das Kind oder den Jugendlichen den Personensorge- oder Erziehungsberechtigten zu übergeben, sofern nach der Einschätzung des Jugendamts eine Gefährdung des Kindeswohls nicht besteht oder die Personensorgeoder Erziehungsberechtigten bereit und in der Lage sind, die Gefährdung abzuwenden oder
2. eine Entscheidung des Familiengerichts über die erforderlichen Maßnahmen zum Wohl des Kindes oder des Jugendlichen herbeizuführen.

Sind die Personensorge- oder Erziehungsberechtigten nicht erreichbar, so gilt Satz 2 Nummer 2 entsprechend. Im Fall des Absatzes 1 Satz 1 Nummer 3 ist unverzüglich die Bestellung eines Vormunds oder Pflegers zu veranlassen. Widersprechen die Personensorgeberechtigten der Inobhutnahme nicht, so ist unverzüglich ein Hilfeplanverfahren zur Gewährung einer Hilfe einzuleiten.

(4) Die Inobhutnahme endet mit

1. der Übergabe des Kindes oder Jugendlichen an die Personensorge- oder Erziehungsberechtigten,
2. der Entscheidung über die Gewährung von Hilfen nach dem Sozialgesetzbuch.

(5) Freiheitsentziehende Maßnahmen im Rahmen der Inobhutnahme sind nur zulässig, wenn und soweit sie erforderlich sind, um eine Gefahr für Leib oder Leben des Kindes oder des Jugendlichen oder eine Gefahr für Leib oder Leben Dritter abzuwenden. Die Freiheitsentziehung ist ohne gerichtliche Entscheidung spätestens mit Ablauf des Tages nach ihrem Beginn zu beenden.

(6) Ist bei der Inobhutnahme die Anwendung unmittelbaren Zwangs erforderlich, so sind die dazu befugten Stellen hinzuzuziehen.

ZWEITER ABSCHNITT
Schutz von Kindern und Jugendlichen in Familienpflege und in Einrichtungen

§ 43 Erlaubnis zur Kindertagespflege

(1) Eine Person, die ein Kind oder mehrere Kinder außerhalb des Haushalts des Erziehungsberechtigten während eines Teils des Tages und mehr als 15 Stunden wöchentlich gegen Entgelt länger als drei Monate betreuen will, bedarf der Erlaubnis.

(2) Die Erlaubnis ist zu erteilen, wenn die Person für die Kindertagespflege geeignet ist. Geeignet im Sinne des Satzes 1 sind Personen, die

1. sich durch ihre Persönlichkeit, Sachkompetenz und Kooperationsbereitschaft mit Erziehungsberechtigten und anderen Tagespflegepersonen auszeichnen und
2. über kindgerechte Räumlichkeiten verfügen.

Sie sollen über vertiefte Kenntnisse hinsichtlich der Anforderungen der Kindertagespflege verfügen, die sie in qualifizierten Lehrgängen erworben oder in anderer Weise nachgewiesen haben. § 72 a Absatz 1 und 5 gilt entsprechend.

(3) Die Erlaubnis befugt zur Betreuung von bis zu fünf gleichzeitig anwesenden, fremden Kindern. Im Einzelfall kann die Erlaubnis für eine geringere Zahl von Kindern erteilt werden. Landesrecht kann bestimmen, dass die Erlaubnis zur Betreuung von mehr als fünf gleichzeitig anwesenden, fremden Kindern erteilt werden kann, wenn die Person über eine pädagogische Ausbildung verfügt; in der Pflegestelle dürfen nicht mehr Kinder betreut werden als in einer vergleichbaren Gruppe einer Tageseinrichtung. Die Erlaubnis ist auf fünf Jahre befristet. Sie kann mit einer Nebenbestimmung versehen werden. Die Tagespflegeperson hat den Träger der öffentlichen Jugendhilfe über wichtige Ereignisse zu unterrichten, die für die Betreuung des oder der Kinder bedeutsam sind.

(4) Erziehungsberechtigte und Tagespflegepersonen haben Anspruch auf Beratung in allen Fragen der Kindertagespflege.

(5) Das Nähere regelt das Landesrecht.

§ 44 Erlaubnis zur Vollzeitpflege

(1) Wer ein Kind oder einen Jugendlichen über Tag und Nacht in seinem Haushalt aufnehmen will (Pflegeperson), bedarf der Erlaubnis. Einer Erlaubnis bedarf nicht, wer ein Kind oder einen Jugendlichen

1. im Rahmen von Hilfe zur Erziehung oder von Eingliederungshilfe für seelisch behinderte Kinder und Jugendliche auf Grund einer Vermittlung durch das Jugendamt,
2. als Vormund oder Pfleger im Rahmen seines Wirkungskreises,
3. als Verwandter oder Verschwägerter bis zum dritten Grad,
4. bis zur Dauer von acht Wochen,
5. im Rahmen eines Schüler- oder Jugendaustausches,
6. in Adoptionspflege (§ 1744 des Bürgerlichen Gesetzbuchs) über Tag und Nacht aufnimmt.

(2) Die Erlaubnis ist zu versagen, wenn das Wohl des Kindes oder des Jugendlichen in der Pflegestelle nicht gewährleistet ist. § 72a Absatz 1 und 5 gilt entsprechend.

(3) Das Jugendamt soll den Erfordernissen des Einzelfalls entsprechend an Ort und Stelle überprüfen, ob die Voraussetzungen für die Erteilung der Erlaubnis weiter bestehen. Ist das Wohl des Kindes oder des Jugendlichen in der Pflegestelle gefährdet und ist die Pflegeperson nicht bereit oder in der Lage, die Gefährdung abzuwenden, so ist die Erlaubnis zurückzunehmen oder zu widerrufen.

(4) Wer ein Kind oder einen Jugendlichen in erlaubnispflichtige Familienpflege aufgenommen hat, hat das Jugendamt über wichtige Ereignisse zu unterrichten, die das Wohl des Kindes oder des Jugendlichen betreffen.

§ 45 Erlaubnis für den Betrieb einer Einrichtung

(1) Der Träger einer Einrichtung, in der Kinder oder Jugendliche ganztägig oder für einen Teil des Tages betreut werden oder Unterkunft erhalten, bedarf für den Betrieb der Einrichtung der Erlaubnis. Einer Erlaubnis bedarf nicht, wer

1. eine Jugendfreizeiteinrichtung, eine Jugendbildungseinrichtung, eine Jugendherberge oder ein Schullandheim betreibt,
2. ein Schülerheim betreibt, das landesgesetzlich der Schulaufsicht untersteht,
3. eine Einrichtung betreibt, die außerhalb der Jugendhilfe liegende Aufgaben für Kinder oder Jugendliche wahrnimmt, wenn für sie eine entsprechende gesetzliche Aufsicht besteht oder im Rahmen des Hotel- und Gaststättengewerbes der Aufnahme von Kindern oder Jugendlichen dient.

(2) Die Erlaubnis ist zu erteilen, wenn das Wohl der Kinder und Jugendlichen in der Einrichtung gewährleistet ist. Dies ist in der Regel anzunehmen, wenn

1. die dem Zweck und der Konzeption der Einrichtung entsprechenden räumlichen, fachlichen, wirtschaftlichen und personellen Voraussetzungen für den Betrieb erfüllt sind,
2. die gesellschaftliche und sprachliche Integration in der Einrichtung unterstützt wird sowie die gesundheitliche Vorsorge und die medizinische Betreuung der Kinder und Jugendlichen nicht erschwert werden sowie
3. zur Sicherung der Rechte von Kindern und Jugendlichen in der Einrichtung geeignete Verfahren der Beteiligung sowie der Möglichkeit der Beschwerde in persönlichen Angelegenheiten Anwendung finden.

(3) Zur Prüfung der Voraussetzungen hat der Träger der Einrichtung mit dem Antrag

1. die Konzeption der Einrichtung vorzulegen, die auch Auskunft über Maßnahmen zur Qualitätsentwicklung und -sicherung gibt, sowie

2. im Hinblick auf die Eignung des Personals nachzuweisen, dass die Vorlage und Prüfung von aufgabenspezifischen Ausbildungsnachweisen sowie von Führungszeugnissen nach § 30 Absatz 5 und § 30 a Absatz 1 des Bundeszentralregistergesetzes sichergestellt sind; Führungszeugnisse sind von dem Träger der Einrichtung in regelmäßigen Abständen erneut anzufordern und zu prüfen.

(4) Die Erlaubnis kann mit Nebenbestimmungen versehen werden. Zur Sicherung des Wohls der Kinder und der Jugendlichen können auch nachträgliche Auflagen erteilt werden.

(5) Besteht für eine erlaubnispflichtige Einrichtung eine Aufsicht nach anderen Rechtsvorschriften, so hat die zuständige Behörde ihr Tätigwerden zuvor mit der anderen Behörde abzustimmen. Sie hat den Träger der Einrichtung rechtzeitig auf weitergehende Anforderungen nach anderen Rechtsvorschriften hinzuweisen.

(6) Sind in einer Einrichtung Mängel festgestellt worden, so soll die zuständige Behörde zunächst den Träger der Einrichtung über die Möglichkeiten zur Beseitigung der Mängel beraten. Wenn sich die Beseitigung der Mängel auf Entgelte oder Vergütungen nach § 75 des Zwölften Buches auswirken kann, so ist der Träger der Sozialhilfe an der Beratung zu beteiligen, mit dem Vereinbarungen nach dieser Vorschrift bestehen. Werden festgestellte Mängel nicht behoben, so können dem Träger der Einrichtung Auflagen erteilt werden, die zur Beseitigung einer eingetretenen oder Abwendung einer drohenden Beeinträchtigung oder Gefährdung des Wohls der Kinder oder Jugendlichen erforderlich sind. Wenn sich eine Auflage auf Entgelte oder Vergütungen nach § 75 des Zwölften Buches auswirkt, so entscheidet die zuständige Behörde nach Anhörung des Trägers der Sozialhilfe, mit dem Vereinbarungen nach dieser Vorschrift bestehen, über die Erteilung der Auflage. Die Auflage ist nach Möglichkeit in Übereinstimmung mit Vereinbarungen nach den §§ 75 bis 80 des Zwölften Buches auszugestalten.

(7) Die Erlaubnis ist zurückzunehmen oder zu widerrufen, wenn das Wohl der Kinder oder der Jugendlichen in der Einrichtung gefährdet und der Träger der Einrichtung nicht bereit oder nicht in der Lage ist, die Gefährdung abzuwenden. Widerspruch und Anfechtungsklage gegen die Rücknahme oder den Widerruf der Erlaubnis haben keine aufschiebende Wirkung.

§ 46 Örtliche Prüfung

(1) Die zuständige Behörde soll nach den Erfordernissen des Einzelfalls an Ort und Stelle überprüfen, ob die Voraussetzungen für die Erteilung der Erlaubnis weiter bestehen.

Der Träger der Einrichtung soll bei der örtlichen Prüfung mitwirken. Sie soll das Jugendamt und einen zentralen Träger der freien Jugendhilfe, wenn diesem der Träger der Einrichtung angehört, an der Überprüfung beteiligen.

(2) Die von der zuständigen Behörde mit der Überprüfung der Einrichtung beauftragten Personen sind berechtigt, die für die Einrichtung benutzten Grundstücke und Räume, soweit diese nicht einem Hausrecht der Bewohner unterliegen, während der Tageszeit zu betreten, dort Prüfungen und Besichtigungen vorzunehmen, sich mit den Kindern und Jugendlichen in Verbindung zu setzen und die Beschäftigten zu befragen. Zur Abwehr von Gefahren für das Wohl der Kinder und der Jugendlichen können die Grundstücke und Räume auch außerhalb der in Satz 1 genannten Zeit und auch, wenn sie zugleich einem Hausrecht der Bewohner unterliegen, betreten werden. Der Träger der Einrichtung hat die Maßnahmen nach den Sätzen 1 und 2 zu dulden.

§ 47 Meldepflichten

Der Träger einer erlaubnispflichtigen Einrichtung hat der zuständigen Behörde unverzüglich

1. die Betriebsaufnahme unter Angabe von Name und Anschrift des Trägers, Art und Standort der Einrichtung, der Zahl der verfügbaren Plätze sowie der Namen und der beruflichen Ausbildung des Leiters und der Betreuungskräfte,

2. Ereignisse oder Entwicklungen, die geeignet sind, das Wohl der Kinder und Jugendlichen zu beeinträchtigen, sowie
3. die bevorstehende Schließung der Einrichtung anzuzeigen. Änderungen der in Nummer 1 bezeichneten Angaben sowie der Konzeption sind der zuständigen Behörde unverzüglich, die Zahl der belegten Plätze ist jährlich einmal zu melden.

§ 48 Tätigkeitsuntersagung

Die zuständige Behörde kann dem Träger einer erlaubnispflichtigen Einrichtung die weitere Beschäftigung des Leiters, eines Beschäftigten oder sonstigen Mitarbeiters ganz oder für bestimmte Funktionen oder Tätigkeiten untersagen, wenn Tatsachen die Annahme rechtfertigen, dass er die für seine Tätigkeit erforderliche Eignung nicht besitzt.

§ 48a Sonstige betreute Wohnform

(1) Für den Betrieb einer sonstigen Wohnform, in der Kinder oder Jugendliche betreut werden oder Unterkunft erhalten, gelten die §§ 45 bis 48 entsprechend.

(2) Ist die sonstige Wohnform organisatorisch mit einer Einrichtung verbunden, so gilt sie als Teil der Einrichtung.

§ 49 Landesrechtsvorbehalt

Das Nähere über die in diesem Abschnitt geregelten Aufgaben regelt das Landesrecht.

DRITTER ABSCHNITT
Mitwirkung in gerichtlichen Verfahren

§ 50 Mitwirkung in Verfahren vor den Familiengerichten

(1) Das Jugendamt unterstützt das Familiengericht bei allen Maßnahmen, die die Sorge für die Person von Kindern und Jugendlichen betreffen. Es hat in folgenden Verfahren nach dem Gesetz über das Verfahren in Familiensachen und in den Angelegenheiten der freiwilligen Gerichtsbarkeit mitzuwirken:
1. Kindschaftssachen (§ 162 des Gesetzes über das Verfahren in Familiensachen und in den Angelegenheiten der freiwilligen Gerichtsbarkeit),
2. Abstammungssachen (§ 176 des Gesetzes über das Verfahren in Familiensachen und in den Angelegenheiten der freiwilligen Gerichtsbarkeit),
3. Adoptionssachen (§ 188 Absatz 2, §§ 189, 194, 195 des Gesetzes über das Verfahren in Familiensachen und in den Angelegenheiten der freiwilligen Gerichtsbarkeit),
4. Ehewohnungssachen (§ 204 Absatz 2, § 205 des Gesetzes über das Verfahren in Familiensachen und in den Angelegenheiten der freiwilligen Gerichtsbarkeit) und
5. Gewaltschutzsachen (§§ 212, 213 des Gesetzes über das Verfahren in Familiensachen und in den Angelegenheiten der freiwilligen Gerichtsbarkeit).

(2) Das Jugendamt unterrichtet insbesondere über angebotene und erbrachte Leistungen, bringt erzieherische und soziale Gesichtspunkte zur Entwicklung des Kindes oder des Jugendlichen ein und weist auf weitere Möglichkeiten der Hilfe hin. In Kindschaftssachen informiert das Jugendamt das Familiengericht in dem Termin nach § 155 Absatz 2 des Gesetzes über das Verfahren in Familiensachen und in den Angelegenheiten der freiwilligen Gerichtsbarkeit über den Stand des Beratungsprozesses.

(3) Das Jugendamt, das in Verfahren zur Übertragung der gemeinsamen Sorge nach § 155a Absatz 4 Satz 1 und § 162 des Gesetzes über das Verfahren in Familiensachen und in den Angelegenheiten der freiwilligen Gerichtsbarkeit angehört wird oder sich am Verfahren beteiligt, teilt gerichtliche Entscheidungen, aufgrund derer die Sorge gemäß § 1626a Absatz 2 Satz 1 des Bürgerlichen Gesetzbuchs den Eltern ganz oder zum Teil gemeinsam übertragen wird, dem nach § 87c Absatz 6 Satz 2 zuständigen Jugendamt zu den in § 58a genannten Zwecken unverzüglich mit. Mitzuteilen sind auch das Geburtsdatum und der Geburtsort des Kindes

oder des Jugendlichen sowie der Name, den das Kind oder der Jugendliche zur Zeit der Beurkundung seiner Geburt geführt hat.

§ 51 Beratung und Belehrung in Verfahren zur Annahme als Kind

(1) Das Jugendamt hat im Verfahren zur Ersetzung der Einwilligung eines Elternteils in die Annahme nach § 1748 Absatz 2 Satz 1 des Bürgerlichen Gesetzbuchs den Elternteil über die Möglichkeit der Ersetzung der Einwilligung zu belehren. Es hat ihn darauf hinzuweisen, dass das Familiengericht die Einwilligung erst nach Ablauf von drei Monaten nach der Belehrung ersetzen darf. Der Belehrung bedarf es nicht, wenn der Elternteil seinen Aufenthaltsort ohne Hinterlassung seiner neuen Anschrift gewechselt hat und der Aufenthaltsort vom Jugendamt während eines Zeitraums von drei Monaten trotz angemessener Nachforschungen nicht ermittelt werden konnte; in diesem Fall beginnt die Frist mit der ersten auf die Belehrung oder auf die Ermittlung des Aufenthaltsorts gerichteten Handlung des Jugendamts. Die Fristen laufen frühestens fünf Monate nach der Geburt des Kindes ab.

(2) Das Jugendamt soll den Elternteil mit der Belehrung nach Absatz 1 über Hilfen beraten, die die Erziehung des Kindes in der eigenen Familie ermöglichen könnten. Einer Beratung bedarf es insbesondere nicht, wenn das Kind seit längerer Zeit bei den Annehmenden in Familienpflege lebt und bei seiner Herausgabe an den Elternteil eine schwere und nachhaltige Schädigung des körperlichen und seelischen Wohlbefindens des Kindes zu erwarten ist. Das Jugendamt hat dem Familiengericht im Verfahren mitzuteilen, welche Leistungen erbracht oder angeboten worden sind oder aus welchem Grund davon abgesehen wurde.

(3) Steht nicht miteinander verheirateten Eltern die elterliche Sorge nicht gemeinsam zu, so hat das Jugendamt den Vater bei der Wahrnehmung seiner Rechte nach § 1747 Absatz 1 und 3 des Bürgerlichen Gesetzbuchs zu beraten.

§ 52 Mitwirkung in Verfahren nach dem Jugendgerichtsgesetz

(1) Das Jugendamt hat nach Maßgabe der §§ 38 und 50 Absatz 3 Satz 2 des Jugendgerichtsgesetzes im Verfahren nach dem Jugendgerichtsgesetz mitzuwirken.

(2) Das Jugendamt hat frühzeitig zu prüfen, ob für den Jugendlichen oder den jungen Volljährigen Leistungen der Jugendhilfe in Betracht kommen. Ist dies der Fall oder ist eine geeignete Leistung bereits eingeleitet oder gewährt worden, so hat das Jugendamt den Staatsanwalt oder den Richter umgehend davon zu unterrichten, damit geprüft werden kann, ob diese Leistung ein Absehen von der Verfolgung (§ 45 JGG) oder eine Einstellung des Verfahrens (§ 47 JGG) ermöglicht.

(3) Der Mitarbeiter des Jugendamts oder des anerkannten Trägers der freien Jugendhilfe, der nach § 38 Absatz 2 Satz 2 des Jugendgerichtsgesetzes tätig wird, soll den Jugendlichen oder den jungen Volljährigen während des gesamten Verfahrens betreuen.

VIERTER ABSCHNITT
Beistandschaft, Pflegschaft und Vormundschaft für Kinder und Jugendliche, Auskunft über Nichtabgabe von Sorgeerklärungen

§ 52a Beratung und Unterstützung bei Vaterschaftsfeststellung und Geltendmachung von Unterhaltsansprüchen

(1) Das Jugendamt hat unverzüglich nach der Geburt eines Kindes, dessen Eltern nicht miteinander verheiratet sind, der Mutter Beratung und Unterstützung insbesondere bei der Vaterschaftsfeststellung und der Geltendmachung von Unterhaltsansprüchen des Kindes anzubieten. Hierbei hat es hinzuweisen auf

1. die Bedeutung der Vaterschaftsfeststellung,
2. die Möglichkeiten, wie die Vaterschaft festgestellt werden kann, insbesondere bei welchen Stellen die Vaterschaft anerkannt werden kann,

3. die Möglichkeit, die Verpflichtung zur Erfüllung von Unterhaltsansprüchen nach § 59 Absatz 1 Satz 1 Nummer 3 beurkunden zu lassen,
4. die Möglichkeit, eine Beistandschaft zu beantragen, sowie auf die Rechtsfolgen einer solchen Beistandschaft,
5. die Möglichkeit der gemeinsamen elterlichen Sorge.

Das Jugendamt hat der Mutter ein persönliches Gespräch anzubieten. Das Gespräch soll in der Regel in der persönlichen Umgebung der Mutter stattfinden, wenn diese es wünscht.

(2) Das Angebot nach Absatz 1 kann vor der Geburt des Kindes erfolgen, wenn anzunehmen ist, dass seine Eltern bei der Geburt nicht miteinander verheiratet sein werden.

(3) Wurde eine nach § 1592 Nummer 1 oder 2 des Bürgerlichen Gesetzbuchs bestehende Vaterschaft zu einem Kind oder Jugendlichen durch eine gerichtliche Entscheidung beseitigt, so hat das Gericht dem Jugendamt Mitteilung zu machen. Absatz 1 gilt entsprechend.

(4) Das Standesamt hat die Geburt eines Kindes, dessen Eltern nicht miteinander verheiratet sind, unverzüglich dem Jugendamt anzuzeigen.

§ 53 Beratung und Unterstützung von Pflegern und Vormündern

(1) Das Jugendamt hat dem Familiengericht Personen und Vereine vorzuschlagen, die sich im Einzelfall zum Pfleger oder Vormund eignen.

(2) Pfleger und Vormünder haben Anspruch auf regelmäßige und dem jeweiligen erzieherischen Bedarf des Mündels entsprechende Beratung und Unterstützung.

(3) Das Jugendamt hat darauf zu achten, dass die Vormünder und Pfleger für die Person der Mündel, insbesondere ihre Erziehung und Pflege, Sorge tragen. Es hat beratend darauf hinzuwirken, dass festgestellte Mängel im Einvernehmen mit dem Vormund oder dem Pfleger behoben werden. Soweit eine Behebung der Mängel nicht erfolgt, hat es dies dem Familiengericht mitzuteilen. Es hat dem Familiengericht über das persönliche Ergehen und die Entwicklung eines Mündels Auskunft zu erteilen. Erlangt das Jugendamt Kenntnis von der Gefährdung des Vermögens eines Mündels, so hat es dies dem Familiengericht anzuzeigen.

(4) Für die Gegenvormundschaft gelten die Absätze 1 und 2 entsprechend. Ist ein Verein Vormund, so findet Absatz 3 keine Anwendung.

§ 54 Erlaubnis zur Übernahme von Vereinsvormundschaften

(1) Ein rechtsfähiger Verein kann Pflegschaften oder Vormundschaften übernehmen, wenn ihm das Landesjugendamt dazu eine Erlaubnis erteilt hat. Er kann eine Beistandschaft übernehmen, soweit Landesrecht dies vorsieht.

(2) Die Erlaubnis ist zu erteilen, wenn der Verein gewährleistet, dass er
1. eine ausreichende Zahl geeigneter Mitarbeiter hat und diese beaufsichtigen, weiterbilden und gegen Schäden, die diese anderen im Rahmen ihrer Tätigkeit zufügen können, angemessen versichern wird,
2. sich planmäßig um die Gewinnung von Einzelvormündern und Einzelpflegern bemüht und sie in ihre Aufgaben einführt, fortbildet und berät,
3. einen Erfahrungsaustausch zwischen den Mitarbeitern ermöglicht.

(3) Die Erlaubnis gilt für das jeweilige Bundesland, in dem der Verein seinen Sitz hat. Sie kann auf den Bereich eines Landesjugendamts beschränkt werden.

(4) Das Nähere regelt das Landesrecht. Es kann auch weitere Voraussetzungen für die Erteilung der Erlaubnis vorsehen.

§ 55 Beistandschaft, Amtspflegschaft und Amtsvormundschaft

(1) Das Jugendamt wird Beistand, Pfleger oder Vormund in den durch das Bürgerliche Gesetzbuch vorgesehenen Fällen (Beistandschaft, Amtspflegschaft, Amtsvormundschaft).

(2) Das Jugendamt überträgt die Ausübung der Aufgaben des Beistands, des Amtspflegers oder des Amtsvormunds einzelnen seiner Beamten oder Angestellten. Vor der Über-

tragung der Aufgaben des Amtspflegers oder des Amtsvormunds soll das Jugendamt das Kind oder den Jugendlichen zur Auswahl des Beamten oder Angestellten mündlich anhören, soweit dies nach Alter und Entwicklungsstand des Kindes oder Jugendlichen möglich ist. Eine ausnahmsweise vor der Übertragung unterbliebene Anhörung ist unverzüglich nachzuholen. Ein vollzeitbeschäftigter Beamter oder Angestellter, der nur mit der Führung von Vormundschaften oder Pflegschaften betraut ist, soll höchstens 50 und bei gleichzeitiger Wahrnehmung anderer Aufgaben entsprechend weniger Vormundschaften oder Pflegschaften führen.

(3) Die Übertragung gehört zu den Angelegenheiten der laufenden Verwaltung. In dem durch die Übertragung umschriebenen Rahmen ist der Beamte oder Angestellte gesetzlicher Vertreter des Kindes oder Jugendlichen. Amtspfleger und Amtsvormund haben den persönlichen Kontakt zu diesem zu halten sowie dessen Pflege und Erziehung nach Maßgabe des § 1793 Absatz 1a und § 1800 des Bürgerlichen Gesetzbuchs persönlich zu fördern und zu gewährleisten.

§ 56 Führung der Beistandschaft, der Amtspflegschaft und der Amtsvormundschaft

(1) Auf die Führung der Beistandschaft, der Amtspflegschaft und der Amtsvormundschaft sind die Bestimmungen des Bürgerlichen Gesetzbuchs anzuwenden, soweit dieses Gesetz nicht etwas anderes bestimmt.

(2) Gegenüber dem Jugendamt als Amtsvormund und Amtspfleger werden die Vorschriften des § 1802 Absatz 3 und des § 1818 des Bürgerlichen Gesetzbuchs nicht angewandt. In den Fällen des § 1803 Absatz 2, des § 1811 und des § 1822 Nummer 6 und 7 des Bürgerlichen Gesetzbuchs ist eine Genehmigung des Familiengerichts nicht erforderlich. Landesrecht kann für das Jugendamt als Amtspfleger oder als Amtsvormund weitergehende Ausnahmen von der Anwendung der Bestimmungen des Bürgerlichen Gesetzbuchs über die Vormundschaft über Minderjährige (§§ 1773 bis 1895) vorsehen, die die Aufsicht des Familiengerichts in vermögensrechtlicher Hinsicht sowie beim Abschluss von Lehrund Arbeitsverträgen betreffen.

(3) Mündelgeld kann mit Genehmigung des Familiengerichts auf Sammelkonten des Jugendamts bereitgehalten und angelegt werden, wenn es den Interessen des Mündels dient und sofern die sichere Verwaltung, Trennbarkeit und Rechnungslegung des Geldes einschließlich der Zinsen jederzeit gewährleistet ist; Landesrecht kann bestimmen, dass eine Genehmigung des Familiengerichts nicht erforderlich ist. Die Anlegung von Mündelgeld gemäß § 1807 des Bürgerlichen Gesetzbuchs ist auch bei der Körperschaft zulässig, die das Jugendamt errichtet hat.

(4) Das Jugendamt hat in der Regel jährlich zu prüfen, ob im Interesse des Kindes oder des Jugendlichen seine Entlassung als Amtspfleger oder Amtsvormund und die Bestellung einer Einzelperson oder eines Vereins angezeigt ist, und dies dem Familiengericht mitzuteilen.

§ 57 Mitteilungspflicht des Jugendamts

Das Jugendamt hat dem Familiengericht unverzüglich den Eintritt einer Vormundschaft mitzuteilen.

§ 58 Gegenvormundschaft des Jugendamts

Für die Tätigkeit des Jugendamts als Gegenvormund gelten die §§ 55 und 56 entsprechend.

§ 58a Sorgeregister; Bescheinigung über Nichtvorliegen von Eintragungen im Sorgeregister

(1) Zum Zwecke der Erteilung der Bescheinigung nach Absatz 2 wird für Kinder nicht miteinander verheirateter Eltern bei dem nach § 87 c Absatz 6 Satz 2 zuständigen Jugendamt ein Sorgeregister geführt. In das Sorgeregister erfolgt jeweils eine Eintragung, wenn

1. Sorgeerklärungen nach § 1626 a Absatz 1 Nummer 1 des Bürgerlichen Gesetzbuchs abgegeben werden oder
2. aufgrund einer gerichtlichen Entscheidung die elterliche Sorge den Eltern ganz oder zum Teil gemeinsam übertragen wird.

Das Sorgeregister enthält auch Eintragungen, wenn Sorgeerklärungen nach Artikel 224 § 2 Absatz 3 des Einführungsgesetzes zum Bürgerlichen Gesetzbuch in der bis zum 19. Mai 2013 geltenden Fassung ersetzt wurden.

(2) Liegen keine Eintragungen im Sorgeregister vor, so erhält die mit dem Vater des Kindes nicht verheiratete Mutter auf Antrag hierüber eine Bescheinigung von dem nach § 87c Absatz 6 Satz 1 zuständigen Jugendamt. Die Mutter hat dafür Geburtsdatum und Geburtsort des Kindes oder des Jugendlichen anzugeben sowie den Namen, den das Kind oder der Jugendliche zur Zeit der Beurkundung seiner Geburt geführt hat.

FÜNFTER ABSCHNITT
Beurkundung, vollstreckbare Urkunden

§ 59 Beurkundung

(1) Die Urkundsperson beim Jugendamt ist befugt,

1. die Erklärung, durch die die Vaterschaft anerkannt oder die Anerkennung widerrufen wird, die Zustimmungserklärung der Mutter sowie die etwa erforderliche Zustimmung des Mannes, der im Zeitpunkt der Geburt mit der Mutter verheiratet ist, des Kindes, des Jugendlichen oder eines gesetzlichen Vertreters zu einer solchen Erklärung (Erklärungen über die Anerkennung der Vaterschaft) zu beurkunden,
2. die Erklärung, durch die die Mutterschaft anerkannt wird, sowie die etwa erforderliche Zustimmung des gesetzlichen Vertreters der Mutter zu beurkunden (§ 44 Absatz 2 des Personenstandsgesetzes),
3. die Verpflichtung zur Erfüllung von Unterhaltsansprüchen eines Abkömmlings oder seines gesetzlichen Rechtsnachfolgers zu beurkunden, sofern der Abkömmling zum Zeitpunkt der Beurkundung das 21. Lebensjahr noch nicht vollendet hat,
4. die Verpflichtung zur Erfüllung von Ansprüchen auf Unterhalt (§ 1615 l des Bürgerlichen Gesetzbuchs), auch des gesetzlichen Rechtsnachfolgers, zu beurkunden,
5. die Bereiterklärung der Adoptionsbewerber zur Annahme eines ihnen zur internationalen Adoption vorgeschlagenen Kindes (§ 7 Absatz 1 des AdoptionsübereinkommensAusführungsgesetzes) zu beurkunden,
6. den Widerruf der Einwilligung des Kindes in die Annahme als Kind (§ 1746 Absatz 2 des Bürgerlichen Gesetzbuchs) zu beurkunden,
7. die Erklärung, durch die der Vater auf die Übertragung der Sorge verzichtet (§ 1747 Absatz 3 Nummer 3 des Bürgerlichen Gesetzbuchs), zu beurkunden,
8. die Sorgeerklärungen (§ 1626 a Absatz 1 Nummer 1 des Bürgerlichen Gesetzbuchs) sowie die etwa erforderliche Zustimmung des gesetzlichen Vertreters eines beschränkt geschäftsfähigen Elternteils (§ 1626 c Absatz 2 des Bürgerlichen Gesetzbuchs) zu beurkunden,
9. eine Erklärung des auf Unterhalt in Anspruch genommenen Elternteils nach § 252 des Gesetzes über das Verfahren in Familiensachen und in den Angelegenheiten der freiwilligen Gerichtsbarkeit aufzunehmen; § 129a der Zivilprozessordnung gilt entsprechend.

Die Zuständigkeit der Notare, anderer Urkundspersonen oder sonstiger Stellen für öffentliche Beurkundungen bleibt unberührt.

(2) Die Urkundsperson soll eine Beurkundung nicht vornehmen, wenn ihr in der betreffenden Angelegenheit die Vertretung eines Beteiligten obliegt.

(3) Das Jugendamt hat geeignete Beamte und Angestellte zur Wahrnehmung der Aufgaben nach Absatz 1 zu ermächtigen. Die Länder können Näheres hinsichtlich der fachlichen Anforderungen an diese Personen regeln.

§ 60 Vollstreckbare Urkunden

Aus Urkunden, die eine Verpflichtung nach § 59 Absatz 1 Satz 1 Nummer 3 oder 4 zum Gegenstand haben und die von einem Beamten oder Angestellten des Jugendamts innerhalb der Grenzen seiner Amtsbefugnisse in der vorgeschriebenen Form aufgenommen worden sind, findet die Zwangsvollstreckung statt, wenn die Erklärung die Zahlung einer bestimmten Geldsumme betrifft und der Schuldner sich in der Urkunde der sofortigen Zwangsvollstreckung unterworfen hat. Die Zustellung kann auch dadurch vollzogen werden, dass der Beamte oder Angestellte dem Schuldner eine beglaubigte Abschrift der Urkunde aushändigt; § 173 Satz 2 und 3 der Zivilprozessordnung gilt entsprechend. Auf die Zwangsvollstreckung sind die Vorschriften, die für die Zwangsvollstreckung aus gerichtlichen Urkunden nach § 794 Absatz 1 Nummer 5 der Zivilprozessordnung gelten, mit folgenden Maßgaben entsprechend anzuwenden:

1. Die vollstreckbare Ausfertigung sowie die Bestätigungen nach § 1079 der Zivilprozessordnung werden von den Beamten oder Angestellten des Jugendamts erteilt, denen die Beurkundung der Verpflichtungserklärung übertragen ist. Das Gleiche gilt für die Bezifferung einer Verpflichtungserklärung nach § 790 der Zivilprozessordnung.
2. Über Einwendungen, die die Zulässigkeit der Vollstreckungsklausel oder die Zulässigkeit der Bezifferung nach § 790 der Zivilprozessordnung betreffen, über die Erteilung einer weiteren vollstreckbaren Ausfertigung sowie über Anträge nach § 1081 der Zivilprozessordnung entscheidet das für das Jugendamt zuständige Amtsgericht.

VIERTES KAPITEL
Schutz von Sozialdaten

§ 61 Anwendungsbereich

(1) Für den Schutz von Sozialdaten bei ihrer Erhebung und Verwendung in der Jugendhilfe gelten § 35 des Ersten Buches, §§ 67 bis 85a des Zehnten Buches sowie die nachfolgenden Vorschriften. Sie gelten für alle Stellen des Trägers der öffentlichen Jugendhilfe, soweit sie Aufgaben nach diesem Buch wahrnehmen. Für die Wahrnehmung von Aufgaben nach diesem Buch durch kreisangehörige Gemeinden und Gemeindeverbände, die nicht örtliche Träger sind, gelten die Sätze 1 und 2 entsprechend.

(2) Für den Schutz von Sozialdaten bei ihrer Erhebung und Verwendung im Rahmen der Tätigkeit des Jugendamts als Amtspfleger, Amtsvormund, Beistand und Gegenvormund gilt nur § 68.

(3) Werden Einrichtungen und Dienste der Träger der freien Jugendhilfe in Anspruch genommen, so ist sicherzustellen, dass der Schutz der personenbezogenen Daten bei der Erhebung und Verwendung in entsprechender Weise gewährleistet ist.

§ 62 Datenerhebung

(1) Sozialdaten dürfen nur erhoben werden, soweit ihre Kenntnis zur Erfüllung der jeweiligen Aufgabe erforderlich ist.

(2) Sozialdaten sind beim Betroffenen zu erheben. Er ist über die Rechtsgrundlage der Erhebung sowie die Zweckbestimmungen der Erhebung und Verwendung aufzuklären, soweit diese nicht offenkundig sind.

(3) Ohne Mitwirkung des Betroffenen dürfen Sozialdaten nur erhoben werden, wenn

1. eine gesetzliche Bestimmung dies vorschreibt oder erlaubt oder
2. ihre Erhebung beim Betroffenen nicht möglich ist oder die jeweilige Aufgabe ihrer Art nach eine Erhebung bei anderen erfordert, die Kenntnis der Daten aber erforderlich ist für
   a) die Feststellung der Voraussetzungen oder für die Erfüllung einer Leistung nachdiesem Buch oder

b) die Feststellung der Voraussetzungen für die Erstattung einer Leistung nach § 50 des Zehnten Buches oder
c) die Wahrnehmung einer Aufgabe nach den §§ 42 bis 48a und nach § 52 oder
d) die Erfüllung des Schutzauftrags bei Kindeswohlgefährdung nach § 8a oder
3. die Erhebung beim Betroffenen einen unverhältnismäßigen Aufwand erfordern würde und keine Anhaltspunkte dafür bestehen, dass schutzwürdige Interessen des Betroffenen beeinträchtigt werden oder
4. die Erhebung bei dem Betroffenen den Zugang zur Hilfe ernsthaft gefährden würde.

(4) Ist der Betroffene nicht zugleich Leistungsberechtigter oder sonst an der Leistung beteiligt, so dürfen die Daten auch beim Leistungsberechtigten oder einer anderen Person, die sonst an der Leistung beteiligt ist, erhoben werden, wenn die Kenntnis der Daten für die Gewährung einer Leistung nach diesem Buch notwendig ist. Satz 1 gilt bei der Erfüllung anderer Aufgaben im Sinne des § 2 Absatz 3 entsprechend.

§ 63 Datenspeicherung

(1) Sozialdaten dürfen gespeichert werden, soweit dies für die Erfüllung der jeweiligen Aufgabe erforderlich ist.

(2) Daten, die zur Erfüllung unterschiedlicher Aufgaben der öffentlichen Jugendhilfe erhoben worden sind, dürfen nur zusammengeführt werden, wenn und solange dies wegen eines unmittelbaren Sachzusammenhangs erforderlich ist. Daten, die zu Leistungszwecken im Sinne des § 2 Absatz 2 und Daten, die für andere Aufgaben im Sinne des § 2 Absatz 3 erhoben worden sind, dürfen nur zusammengeführt werden, soweit dies zur Erfüllung der jeweiligen Aufgabe erforderlich ist.

§ 64 Datenübermittlung und -nutzung

(1) Sozialdaten dürfen zu dem Zweck übermittelt oder genutzt werden, zu dem sie erhoben worden sind.

(2) Eine Übermittlung für die Erfüllung von Aufgaben nach § 69 des Zehnten Buches ist abweichend von Absatz 1 nur zulässig, soweit dadurch der Erfolg einer zu gewährenden Leistung nicht in Frage gestellt wird.

(2a) Vor einer Übermittlung an eine Fachkraft, die der verantwortlichen Stelle nicht angehört, sind die Sozialdaten zu anonymisieren oder zu pseudonymisieren, soweit die Aufgabenerfüllung dies zulässt.

(3) Sozialdaten dürfen beim Träger der öffentlichen Jugendhilfe zum Zwecke der Planung im Sinne des § 80 gespeichert oder genutzt werden; sie sind unverzüglich zu anonymisieren.

§ 65 Besonderer Vertrauensschutz in der persönlichen und erzieherischen Hilfe

(1) Sozialdaten, die dem Mitarbeiter eines Trägers der öffentlichen Jugendhilfe zum Zwecke persönlicher und erzieherischer Hilfe anvertraut worden sind, dürfen von diesem nur weitergegeben werden
1. mit der Einwilligung dessen, der die Daten anvertraut hat, oder
2. dem Familiengericht zur Erfüllung der Aufgaben nach § 8 a Absatz 2, wenn angesichts einer Gefährdung des Wohls eines Kindes oder eines Jugendlichen ohne diese Mitteilung eine für die Gewährung von Leistungen notwendige gerichtliche Entscheidung nicht ermöglicht werden könnte, oder
3. dem Mitarbeiter, der auf Grund eines Wechsels der Fallzuständigkeit im Jugendamt oder eines Wechsels der örtlichen Zuständigkeit für die Gewährung oder Erbringung der Leistung verantwortlich ist, wenn Anhaltspunkte für eine Gefährdung des Kindeswohls gegeben sind und die Daten für eine Abschätzung des Gefährdungsrisikos notwendig sind, oder
4. an die Fachkräfte, die zum Zwecke der Abschätzung des Gefährdungsrisikos nach § 8a hinzugezogen werden; § 64 Absatz 2a bleibt unberührt, oder

5. unter den Voraussetzungen, unter denen eine der in § 203 Absatz 1 oder 3 des Strafgesetzbuchs genannten Personen dazu befugt wäre.

Gibt der Mitarbeiter anvertraute Sozialdaten weiter, so dürfen sie vom Empfänger nur zu dem Zweck weitergegeben werden, zu dem er diese befugt erhalten hat.

(2) § 35 Absatz 3 des Ersten Buches gilt auch, soweit ein behördeninternes Weitergabeverbot nach Absatz 1 besteht.

§ 66

(weggefallen)

§ 67

(weggefallen)

§ 68 Sozialdaten im Bereich der Beistandschaft, Amtspflegschaft und der Amtsvormundschaft

(1) Der Beamte oder Angestellte, dem die Ausübung der Beistandschaft, Amtspflegschaft oder Amtsvormundschaft übertragen ist, darf Sozialdaten nur erheben und verwenden, soweit dies zur Erfüllung seiner Aufgaben erforderlich ist. Die Nutzung dieser Sozialdaten zum Zwecke der Aufsicht, Kontrolle oder Rechnungsprüfung durch die dafür zuständigen Stellen sowie die Übermittlung an diese ist im Hinblick auf den Einzelfall zulässig.

(2) Für die Löschung und Sperrung der Daten gilt § 84 Absatz 2, 3 und 6 des Zehnten Buches entsprechend.

(3) Wer unter Beistandschaft, Amtspflegschaft oder Amtsvormundschaft gestanden hat, hat nach Vollendung des 18. Lebensjahres ein Recht auf Kenntnis der zu seiner Person gespeicherten Informationen, soweit nicht berechtigte Interessen Dritter entgegenstehen. Vor Vollendung des 18.Lebensjahres können ihm die gespeicherten Informationen bekannt gegeben werden, soweit er die erforderliche Einsichts- und Urteilsfähigkeit besitzt und keine berechtigten Interessen Dritter entgegenstehen. Nach Beendigung einer Beistandschaft hat darüber hinaus der Elternteil, der die Beistandschaft beantragt hat, einen Anspruch auf Kenntnis der gespeicherten Daten, solange der junge Mensch minderjährig ist und der Elternteil antragsberechtigt ist.

(4) Personen oder Stellen, an die Sozialdaten übermittelt worden sind, dürfen diese nur zu dem Zweck verwenden, zu dem sie ihnen nach Absatz 1 befugt weitergegeben worden sind.

(5) Für die Tätigkeit des Jugendamts als Gegenvormund gelten die Absätze 1 bis 4 entsprechend.

FÜNFTES KAPITEL
Träger der Jugendhilfe, Zusammenarbeit, Gesamtverantwortung

ERSTER ABSCHNITT
Träger der öffentlichen Jugendhilfe

§ 69 Träger der öffentlichen Jugendhilfe, Jugendämter, Landesjugendämter

(1) Die Träger der öffentlichen Jugendhilfe werden durch Landesrecht bestimmt.

(2) (weggefallen)

(3) Für die Wahrnehmung der Aufgaben nach diesem Buch errichtet jeder örtliche Träger ein Jugendamt, jeder überörtliche Träger ein Landesjugendamt.

(4) Mehrere örtliche Träger und mehrere überörtliche Träger können, auch wenn sie verschiedenen Ländern angehören, zur Durchführung einzelner Aufgaben gemeinsame Einrichtungen und Dienste errichten.

§ 70 Organisation des Jugendamts und des Landesjugendamts

(1) Die Aufgaben des Jugendamts werden durch den Jugendhilfeausschuss und durch die Verwaltung des Jugendamts wahrgenommen.

(2) Die Geschäfte der laufenden Verwaltung im Bereich der öffentlichen Jugendhilfe werden vom Leiter der Verwaltung der Gebietskörperschaft oder in seinem Auftrag vom Leiter der Verwaltung des Jugendamts im Rahmen der Satzung und der Beschlüsse der Vertretungskörperschaft und des Jugendhilfeausschusses geführt.

(3) Die Aufgaben des Landesjugendamts werden durch den Landesjugendhilfeausschuss und durch die Verwaltung des Landesjugendamts im Rahmen der Satzung und der dem Landesjugendamt zur Verfügung gestellten Mittel wahrgenommen. Die Geschäfte der laufenden Verwaltung werden von dem Leiter der Verwaltung des Landesjugendamts im Rahmen der Satzung und der Beschlüsse des Landesjugendhilfeausschusses geführt.

§ 71 Jugendhilfeausschuss, Landesjugendhilfeausschuss

(1) Dem Jugendhilfeausschuss gehören als stimmberechtigte Mitglieder an

1. mit drei Fünfteln des Anteils der Stimmen Mitglieder der Vertretungskörperschaft des Trägers der öffentlichen Jugendhilfe oder von ihr gewählte Frauen und Männer, die in der Jugendhilfe erfahren sind,
2. mit zwei Fünfteln des Anteils der Stimmen Frauen und Männer, die auf Vorschlag der im Bereich des öffentlichen Trägers wirkenden und anerkannten Träger der freien Jugendhilfe von der Vertretungskörperschaft gewählt werden; Vorschläge der Jugendverbände und der Wohlfahrtsverbände sind angemessen zu berücksichtigen.

(2) Der Jugendhilfeausschuss befasst sich mit allen Angelegenheiten der Jugendhilfe, insbesondere mit

1. der Erörterung aktueller Problemlagen junger Menschen und ihrer Familien sowie mit Anregungen und Vorschlägen für die Weiterentwicklung der Jugendhilfe,
2. der Jugendhilfeplanung und
3. der Förderung der freien Jugendhilfe.

(3) Er hat Beschlussrecht in Angelegenheiten der Jugendhilfe im Rahmen der von der Vertretungskörperschaft bereitgestellten Mittel, der von ihr erlassenen Satzung und der von ihr gefassten Beschlüsse. Er soll vor jeder Beschlussfassung der Vertretungskörperschaft in Fragen der Jugendhilfe und vor der Berufung eines Leiters des Jugendamts gehört werden und hat das Recht, an die Vertretungskörperschaft Anträge zu stellen. Er tritt nach Bedarf zusammen und ist auf Antrag von mindestens einem Fünftel der Stimmberechtigten einzuberufen. Seine Sitzungen sind öffentlich, soweit nicht das Wohl der Allgemeinheit, berechtigte Interessen einzelner Personen oder schutzbedürftiger Gruppen entgegenstehen.

(4) Dem Landesjugendhilfeausschuss gehören mit zwei Fünfteln des Anteils der Stimmen Frauen und Männer an, die auf Vorschlag der im Bereich des Landesjugendamts wirkenden und anerkannten Träger der freien Jugendhilfe von der obersten Landesjugendbehörde zu berufen sind. Die übrigen Mitglieder werden durch Landesrecht bestimmt. Absatz 2 gilt entsprechend.

(5) Das Nähere regelt das Landesrecht. Es regelt die Zugehörigkeit beratender Mitglieder zum Jugendhilfeausschuss. Es kann bestimmen, dass der Leiter der Verwaltung der Gebietskörperschaft oder der Leiter der Verwaltung des Jugendamts nach Absatz 1 Nummer 1 stimmberechtigt ist.

§ 72 Mitarbeiter, Fortbildung

(1) Die Träger der öffentlichen Jugendhilfe sollen bei den Jugendämtern und Landesjugendämtern hauptberuflich nur Personen beschäftigen, die sich für die jeweilige Aufgabe nach ihrer Persönlichkeit eignen und eine dieser Aufgabe entsprechende Ausbildung erhalten haben (Fachkräfte) oder auf Grund besonderer Erfahrungen in der sozialen Arbeit in der Lage sind, die Aufgabe zu erfüllen. Soweit die jeweilige Aufgabe dies erfordert, sind mit

ihrer Wahrnehmung nur Fachkräfte oder Fachkräfte mit entsprechender Zusatzausbildung zu betrauen. Fachkräfte verschiedener Fachrichtungen sollen zusammenwirken, soweit die jeweilige Aufgabe dies erfordert.

(2) Leitende Funktionen des Jugendamts oder des Landesjugendamts sollen in der Regel nur Fachkräften übertragen werden.

(3) Die Träger der öffentlichen Jugendhilfe haben Fortbildung und Praxisberatung der Mitarbeiter des Jugendamts und des Landesjugendamts sicherzustellen.

§ 72a Tätigkeitsausschluss einschlägig vorbestrafter Personen

(1) Die Träger der öffentlichen Jugendhilfe dürfen für die Wahrnehmung der Aufgaben in der Kinder- und Jugendhilfe keine Person beschäftigen oder vermitteln, die rechtskräftig wegen einer Straftat nach den §§ 171, 174 bis 174c, 176 bis 180a, 181a, 182 bis 184f, 225, 232 bis 233 a, 234, 235 oder 236 des Strafgesetzbuchs verurteilt worden ist. Zu diesem Zweck sollen sie sich bei der Einstellung oder Vermittlung und in regelmäßigen Abständen von den betroffenen Personen ein Führungszeugnis nach § 30 Absatz 5 und § 30a Absatz 1 des Bundeszentralregistergesetzes vorlegen lassen.

(2) Die Träger der öffentlichen Jugendhilfe sollen durch Vereinbarungen mit den Trägern der freien Jugendhilfe sicherstellen, dass diese keine Person, die wegen einer Straftat nach Absatz 1 Satz 1 rechtskräftig verurteilt worden ist, beschäftigen.

(3) Die Träger der öffentlichen Jugendhilfe sollen sicherstellen, dass unter ihrer Verantwortung keine neben- oder ehrenamtlich tätige Person, die wegen einer Straftat nach Absatz 1 Satz 1 rechtskräftig verurteilt worden ist, in Wahrnehmung von Aufgaben der Kinder- und Jugendhilfe Kinder oder Jugendliche beaufsichtigt, betreut, erzieht oder ausbildet oder einen vergleichbaren Kontakt hat. Hierzu sollen die Träger der öffentlichen Jugendhilfe über die Tätigkeiten entscheiden, die von den in Satz 1 genannten Personen auf Grund von Art, Intensität und Dauer des Kontakts dieser Personen mit Kindern und Jugendlichen nur nach Einsichtnahme in das Führungszeugnis nach Absatz 1 Satz 2 wahrgenommen werden dürfen.

(4) Die Träger der öffentlichen Jugendhilfe sollen durch Vereinbarungen mit den Trägern der freien Jugendhilfe sowie mit Vereinen im Sinne des § 54 sicherstellen, dass unter deren Verantwortung keine neben- oder ehrenamtlich tätige Person, die wegen einer Straftat nach Absatz 1 Satz 1 rechtskräftig verurteilt worden ist, in Wahrnehmung von Aufgaben der Kinder- und Jugendhilfe Kinder oder Jugendliche beaufsichtigt, betreut, erzieht oder ausbildet oder einen vergleichbaren Kontakt hat. Hierzu sollen die Träger der öffentlichen Jugendhilfe mit den Trägern der freien Jugendhilfe Vereinbarungen über die Tätigkeiten schließen, die von den in Satz 1 genannten Personen auf Grund von Art, Intensität und Dauer des Kontakts dieser Personen mit Kindern und Jugendlichen nur nach Einsichtnahme in das Führungszeugnis nach Absatz 1 Satz 2 wahrgenommen werden dürfen.

(5) Träger der öffentlichen und freien Jugendhilfe dürfen von den nach den Absätzen 3 und 4 eingesehenen Daten nur den Umstand, dass Einsicht in ein Führungszeugnis genommen wurde, das Datum des Führungszeugnisses und die Information erheben, ob die das Führungszeugnis betreffende Person wegen einer Straftat nach Absatz 1 Satz 1 rechtskräftig verurteilt worden ist. Die Träger der öffentlichen und freien Jugendhilfe dürfen diese erhobenen Daten nur speichern, verändern und nutzen, soweit dies zum Ausschluss der Personen von der Tätigkeit, die Anlass zu der Einsichtnahme in das Führungszeugnis gewesen ist, erforderlich ist. Die Daten sind vor dem Zugriff Unbefugter zu schützen. Sie sind unverzüglich zu löschen, wenn im Anschluss an die Einsichtnahme keine Tätigkeit nach Absatz 3 Satz 2 oder Absatz 4 Satz 2 wahrgenommen wird. Andernfalls sind die Daten spätestens drei Monate nach der Beendigung einer solchen Tätigkeit zu löschen.

ZWEITER ABSCHNITT
Zusammenarbeit mit der freien Jugendhilfe, ehrenamtliche Tätigkeit

§ 73 Ehrenamtliche Tätigkeit

In der Jugendhilfe ehrenamtlich tätige Personen sollen bei ihrer Tätigkeit angeleitet, beraten und unterstützt werden.

§ 74 Förderung der freien Jugendhilfe

(1) Die Träger der öffentlichen Jugendhilfe sollen die freiwillige Tätigkeit auf dem Gebiet der Jugendhilfe anregen; sie sollen sie fördern, wenn der jeweilige Träger

1. die fachlichen Voraussetzungen für die geplante Maßnahme erfüllt und die Beachtung der Grundsätze und Maßstäbe der Qualitätsentwicklung und Qualitätssicherung nach § 79a gewährleistet,
2. die Gewähr für eine zweckentsprechende und wirtschaftliche Verwendung der Mittel bietet,
3. gemeinnützige Ziele verfolgt,
4. eine angemessene Eigenleistung erbringt und
5. die Gewähr für eine den Zielen des Grundgesetzes förderliche Arbeit bietet. Eine auf Dauer angelegte Förderung setzt in der Regel die Anerkennung als Träger der freien Jugendhilfe nach § 75 voraus.

(2) Soweit von der freien Jugendhilfe Einrichtungen, Dienste und Veranstaltungen geschaffen werden, um die Gewährung von Leistungen nach diesem Buch zu ermöglichen, kann die Förderung von der Bereitschaft abhängig gemacht werden, diese Einrichtungen, Dienste und Veranstaltungen nach Maßgabe der Jugendhilfeplanung und unter Beachtung der in § 9 genannten Grundsätze anzubieten. § 4 Absatz 1 bleibt unberührt.

(3) Über die Art und Höhe der Förderung entscheidet der Träger der öffentlichen Jugendhilfe im Rahmen der verfügbaren Haushaltsmittel nach pflichtgemäßem Ermessen. Entsprechendes gilt, wenn mehrere Antragsteller die Förderungsvoraussetzungen erfüllen und die von ihnen vorgesehenen Maßnahmen gleich geeignet sind, zur Befriedigung des Bedarfs jedoch nur eine Maßnahme notwendig ist. Bei der Bemessung der Eigenleistung sind die unterschiedliche Finanzkraft und die sonstigen Verhältnisse zu berücksichtigen.

(4) Bei sonst gleich geeigneten Maßnahmen soll solchen der Vorzug gegeben werden, die stärker an den Interessen der Betroffenen orientiert sind und ihre Einflussnahme auf die Ausgestaltung der Maßnahme gewährleisten.

(5) Bei der Förderung gleichartiger Maßnahmen mehrerer Träger sind unter Berücksichtigung ihrer Eigenleistungen gleiche Grundsätze und Maßstäbe anzulegen. Werden gleichartige Maßnahmen von der freien und der öffentlichen Jugendhilfe durchgeführt, so sind bei der Förderung die Grundsätze und Maßstäbe anzuwenden, die für die Finanzierung der Maßnahmen der öffentlichen Jugendhilfe gelten.

(6) Die Förderung von anerkannten Trägern der Jugendhilfe soll auch Mittel für die Fortbildung der haupt-, nebenund ehrenamtlichen Mitarbeiter sowie im Bereich der Jugendarbeit Mittel für die Errichtung und Unterhaltung von Jugendfreizeit- und Jugendbildungsstätten einschließen.

§ 74a Finanzierung von Tageseinrichtungen für Kinder

Die Finanzierung von Tageseinrichtungen regelt das Landesrecht. Dabei können alle Träger von Einrichtungen, die die rechtlichen und fachlichen Voraussetzungen für den Betrieb der Einrichtung erfüllen, gefördert werden. Die Erhebung von Teilnahmebeiträgen nach § 90 bleibt unberührt.

§ 75 Anerkennung als Träger der freien Jugendhilfe

(1) Als Träger der freien Jugendhilfe können juristische Personen und Personenvereinigungen anerkannt werden, wenn sie

1. auf dem Gebiet der Jugendhilfe im Sinne des § 1 tätig sind,
2. gemeinnützige Ziele verfolgen,
3. auf Grund der fachlichen und personellen Voraussetzungen erwarten lassen, dass sie einen nicht unwesentlichen Beitrag zur Erfüllung der Aufgaben der Jugendhilfe zu leisten imstande sind, und
4. die Gewähr für eine den Zielen des Grundgesetzes förderliche Arbeit bieten.

(2) Einen Anspruch auf Anerkennung als Träger der freien Jugendhilfe hat unter den Voraussetzungen des Absatzes 1, wer auf dem Gebiet der Jugendhilfe mindestens drei Jahre tätig gewesen ist.

(3) Die Kirchen und Religionsgemeinschaften des öffentlichen Rechts sowie die auf Bundesebene zusammengeschlossenen Verbände der freien Wohlfahrtspflege sind anerkannte Träger der freien Jugendhilfe.

§ 76 Beteiligung anerkannter Träger der freien Jugendhilfe an der Wahrnehmung anderer Aufgaben

(1) Die Träger der öffentlichen Jugendhilfe können anerkannte Träger der freien Jugendhilfe an der Durchführung ihrer Aufgaben nach den §§ 42, 43, 50 bis 52 a und 53 Absatz 2 bis 4 beteiligen oder ihnen diese Aufgaben zur Ausführung übertragen.

(2) Die Träger der öffentlichen Jugendhilfe bleiben für die Erfüllung der Aufgaben verantwortlich.

§ 77 Vereinbarungen über die Höhe der Kosten

Werden Einrichtungen und Dienste der Träger der freien Jugendhilfe in Anspruch genommen, so sind Vereinbarungen über die Höhe der Kosten der Inanspruchnahme zwischen der öffentlichen und der freien Jugendhilfe anzustreben. Das Nähere regelt das Landesrecht. Die §§ 78a bis 78g bleiben unberührt.

§ 78 Arbeitsgemeinschaften

Die Träger der öffentlichen Jugendhilfe sollen die Bildung von Arbeitsgemeinschaften anstreben, in denen neben ihnen die anerkannten Träger der freien Jugendhilfe sowie die Träger geförderter Maßnahmen vertreten sind. In den Arbeitsgemeinschaften soll darauf hingewirkt werden, dass die geplanten Maßnahmen aufeinander abgestimmt werden und sich gegenseitig ergänzen.

DRITTER ABSCHNITT
Vereinbarungen über Leistungsangebote, Entgelte und Qualitätsentwicklung

§ 78a Anwendungsbereich

(1) Die Regelungen der §§ 78 b bis 78g gelten für die Erbringung von
1. Leistungen für Betreuung und Unterkunft in einer sozialpädagogisch begleiteten Wohnform (§ 13 Absatz 3),
2. Leistungen in gemeinsamen Wohnformen für Mütter/Väter und Kinder (§ 19),
3. Leistungen zur Unterstützung bei notwendiger Unterbringung des Kindes oder Jugendlichen zur Erfüllung der Schulpflicht (§ 21 Satz 2),
4. Hilfe zur Erziehung
   a) in einer Tagesgruppe (§ 32),
   b) in einem Heim oder einer sonstigen betreuten Wohnform (§ 34) sowie
   c) in intensiver sozialpädagogischer Einzelbetreuung (§ 35), sofern sie außerhalb der eigenen Familie erfolgt,
   d) in sonstiger teilstationärer oder stationärer Form (§ 27),
5. Eingliederungshilfe für seelisch behinderte Kinder und Jugendliche in
   a) anderen teilstationären Einrichtungen (§ 35a Absatz 2 Nummer 2 Alternative 2),

b) Einrichtungen über Tag und Nacht sowie sonstigen Wohnformen (§ 35 a Absatz 2 Nummer 4),
6. Hilfe für junge Volljährige (§ 41), sofern diese den in den Nummern 4 und 5 genannten Leistungen entspricht, sowie
7. Leistungen zum Unterhalt (§ 39), sofern diese im Zusammenhang mit Leistungen nach den Nummern 4 bis 6 gewährt werden; § 39 Absatz 2 Satz 3 bleibt unberührt.

(2) Landesrecht kann bestimmen, dass die §§ 78 b bis 78 g auch für andere Leistungen nach diesem Buch sowie für vorläufige Maßnahmen zum Schutz von Kindern und Jugendlichen (§ 42) gelten.

§ 78b Voraussetzungen für die Übernahme des Leistungsentgelts

(1) Wird die Leistung ganz oder teilweise in einer Einrichtung erbracht, so ist der Träger der öffentlichen Jugendhilfe zur Übernahme des Entgelts gegenüber dem Leistungsberechtigten verpflichtet, wenn mit dem Träger der Einrichtung oder seinem Verband Vereinbarungen über

1. Inhalt, Umfang und Qualität der Leistungsangebote (Leistungsvereinbarung),
2. differenzierte Entgelte für die Leistungsangebote und die betriebsnotwendigen Investitionen (Entgeltvereinbarung) und
3. Grundsätze und Maßstäbe für die Bewertung der Qualität der Leistungsangebote sowie über geeignete Maßnahmen zu ihrer Gewährleistung (Qualitätsentwicklungsvereinbarung)

abgeschlossen worden sind.

(2) Die Vereinbarungen sind mit den Trägern abzuschließen, die unter Berücksichtigung der Grundsätze der Leistungsfähigkeit, Wirtschaftlichkeit und Sparsamkeit zur Erbringung der Leistung geeignet sind. Vereinbarungen über die Erbringung von Hilfe zur Erziehung im Ausland dürfen nur mit solchen Trägern abgeschlossen werden, die

1. anerkannte Träger der Jugendhilfe oder Träger einer erlaubnispflichtigen Einrichtung im Inland sind, in der Hilfe zur Erziehung erbracht wird,
2. mit der Erbringung solcher Hilfen nur Fachkräfte im Sinne des § 72 Absatz 1 betrauen und
3. die Gewähr dafür bieten, dass sie die Rechtsvorschriften des Aufenthaltslandes einhalten und mit den Behörden des Aufenthaltslandes sowie den deutschen Vertretungen im Ausland zusammenarbeiten.

(3) Ist eine der Vereinbarungen nach Absatz 1 nicht abgeschlossen, so ist der Träger der öffentlichen Jugendhilfe zur Übernahme des Leistungsentgelts nur verpflichtet, wenn dies insbesondere nach Maßgabe der Hilfeplanung (§ 36) im Einzelfall geboten ist.

§ 78c Inhalt der Leistungs- und Entgeltvereinbarungen

(1) Die Leistungsvereinbarung muss die wesentlichen Leistungsmerkmale, insbesondere

1. Art, Ziel und Qualität des Leistungsangebots,
2. den in der Einrichtung zu betreuenden Personenkreis,
3. die erforderliche sächliche und personelle Ausstattung,
4. die Qualifikation des Personals sowie
5. die betriebsnotwendigen Anlagen der Einrichtung festlegen. In die Vereinbarung ist aufzunehmen, unter welchen Voraussetzungen der Träger der Einrichtung sich zur Erbringung von Leistungen verpflichtet. Der Träger muss gewährleisten, dass die Leistungsangebote zur Erbringung von Leistungen nach § 78 a Absatz 1 geeignet sowie ausreichend, zweckmäßig und wirtschaftlich sind.

(2) Die Entgelte müssen leistungsgerecht sein. Grundlage der Entgeltvereinbarung sind die in der Leistungsund der Qualitätsentwicklungsvereinbarung festgelegten Leistungs- und Qualitätsmerkmale. Eine Erhöhung der Vergütung für Investitionen kann nur dann verlangt werden, wenn der zuständige Träger der öffentlichen Jugendhilfe der Investiti-

onsmaßnahme vorher zugestimmt hat. Förderungen aus öffentlichen Mitteln sind anzurechnen.

§ 78d Vereinbarungszeitraum

(1) Die Vereinbarungen nach § 78 b Absatz 1 sind für einen zukünftigen Zeitraum (Vereinbarungszeitraum) abzuschließen. Nachträgliche Ausgleiche sind nicht zulässig.

(2) Die Vereinbarungen treten zu dem darin bestimmten Zeitpunkt in Kraft. Wird ein Zeitpunkt nicht bestimmt, so werden die Vereinbarungen mit dem Tage ihres Abschlusses wirksam. Eine Vereinbarung, die vor diesen Zeitpunkt zurückwirkt, ist nicht zulässig; dies gilt nicht für Vereinbarungen vor der Schiedsstelle für die Zeit ab Eingang des Antrags bei der Schiedsstelle. Nach Ablauf des Vereinbarungszeitraums gelten die vereinbarten Vergütungen bis zum Inkrafttreten neuer Vereinbarungen weiter.

(3) Bei unvorhersehbaren wesentlichen Veränderungen der Annahmen, die der Entgeltvereinbarung zugrunde lagen, sind die Entgelte auf Verlangen einer Vertragspartei für den laufenden Vereinbarungszeitraum neu zu verhandeln. Die Absätze 1 und 2 gelten entsprechend.

(4) Vereinbarungen über die Erbringung von Leistungen nach § 78 a Absatz 1, die vor dem 1. Januar 1999 abgeschlossen worden sind, gelten bis zum Inkrafttreten neuer Vereinbarungen weiter.

§ 78e Örtliche Zuständigkeit für den Abschluss von Vereinbarungen

(1) Soweit Landesrecht nicht etwas anderes bestimmt, ist für den Abschluss von Vereinbarungen nach § 78 b Absatz 1 der örtliche Träger der Jugendhilfe zuständig, in dessen Bereich die Einrichtung gelegen ist. Die von diesem Träger abgeschlossenen Vereinbarungen sind für alle örtlichen Träger bindend.

(2) Werden in der Einrichtung Leistungen erbracht, für deren Gewährung überwiegend ein anderer örtlicher Träger zuständig ist, so hat der nach Absatz 1 zuständige Träger diesen Träger zu hören.

(3) Die kommunalen Spitzenverbände auf Landesebene und die Verbände der Träger der freien Jugendhilfe sowie die Vereinigungen sonstiger Leistungserbringer im jeweiligen Land können regionale oder landesweite Kommissionen bilden. Die Kommissionen können im Auftrag der Mitglieder der in Satz 1 genannten Verbände und Vereinigungen Vereinbarungen nach § 78 b Absatz 1 schließen. Landesrecht kann die Beteiligung der für die Wahrnehmung der Aufgaben nach § 85 Absatz 2 Nummer 5 und 6 zuständigen Behörde vorsehen.

§ 78f Rahmenverträge

Die kommunalen Spitzenverbände auf Landesebene schließen mit den Verbänden der Träger der freien Jugendhilfe und den Vereinigungen sonstiger Leistungserbringer auf Landesebene Rahmenverträge über den Inhalt der Vereinbarungen nach § 78 b Absatz 1. Die für die Wahrnehmung der Aufgaben nach § 85 Absatz 2 Nummer 5 und 6 zuständigen Behörden sind zu beteiligen.

§ 78g Schiedsstelle

(1) In den Ländern sind Schiedsstellen für Streit- und Konfliktfälle einzurichten. Sie sind mit einem unparteiischen Vorsitzenden und mit einer gleichen Zahl von Vertretern der Träger der öffentlichen Jugendhilfe sowie von Vertretern der Träger der Einrichtungen zu besetzen. Der Zeitaufwand der Mitglieder ist zu entschädigen, bare Auslagen sind zu erstatten. Für die Inanspruchnahme der Schiedsstellen können Gebühren erhoben werden.

(2) Kommt eine Vereinbarung nach § 78 b Absatz 1 innerhalb von sechs Wochen nicht zustande, nachdem eine Partei schriftlich zu Verhandlungen aufgefordert hat, so entscheidet

die Schiedsstelle auf Antrag einer Partei unverzüglich über die Gegenstände, über die keine Einigung erreicht werden konnte. Gegen die Entscheidung ist der Rechtsweg zu den Verwaltungsgerichten gegeben. Die Klage richtet sich gegen eine der beiden Vertragsparteien, nicht gegen die Schiedsstelle. Einer Nachprüfung der Entscheidung in einem Vorverfahren bedarf es nicht.

(3) Entscheidungen der Schiedsstelle treten zu dem darin bestimmten Zeitpunkt in Kraft. Wird ein Zeitpunkt für das Inkrafttreten nicht bestimmt, so werden die Festsetzungen der Schiedsstelle mit dem Tag wirksam, an dem der Antrag bei der Schiedsstelle eingegangen ist. Die Festsetzung einer Vergütung, die vor diesen Zeitpunkt zurückwirkt, ist nicht zulässig. Im Übrigen gilt § 78 d Absatz 2 Satz 4 und Absatz 3 entsprechend.

(4) Die Landesregierungen werden ermächtigt, durch Rechtsverordnung das Nähere zu bestimmen über

1. die Errichtung der Schiedsstellen,
2. die Zahl, die Bestellung, die Amtsdauer und die Amtsführung ihrer Mitglieder,
3. die Erstattung der baren Auslagen und die Entschädigung für ihren Zeitaufwand,
4. die Geschäftsführung, das Verfahren, die Erhebung und die Höhe der Gebühren sowie die Verteilung der Kosten und 5. die Rechtsaufsicht.

VIERTER ABSCHNITT
Gesamtverantwortung, Jugendhilfeplanung

§ 79 Gesamtverantwortung, Grundausstattung

(1) Die Träger der öffentlichen Jugendhilfe haben für die Erfüllung der Aufgaben nach diesem Buch die Gesamtverantwortung einschließlich der Planungsverantwortung.

(2) Die Träger der öffentlichen Jugendhilfe sollen gewährleisten, dass zur Erfüllung der Aufgaben nach diesem Buch

1. die erforderlichen und geeigneten Einrichtungen, Dienste und Veranstaltungen den verschiedenen Grundrichtungen der Erziehung entsprechend rechtzeitig und ausreichend zur Verfügung stehen; hierzu zählen insbesondere auch Pfleger, Vormünder und Pflegepersonen;
2. eine kontinuierliche Qualitätsentwicklung nach Maßgabe von § 79a erfolgt.

Von den für die Jugendhilfe bereitgestellten Mitteln haben sie einen angemessenen Anteil für die Jugendarbeit zu verwenden.

(3) Die Träger der öffentlichen Jugendhilfe haben für eine ausreichende Ausstattung der Jugendämter und der Landesjugendämter zu sorgen; hierzu gehört auch eine dem Bedarf entsprechende Zahl von Fachkräften.

§ 79a Qualitätsentwicklung in der Kinder- und Jugendhilfe

Um die Aufgaben der Kinder- und Jugendhilfe nach § 2 zu erfüllen, haben die Träger der öffentlichen Jugendhilfe Grundsätze und Maßstäbe für die Bewertung der Qualität sowie geeignete Maßnahmen zu ihrer Gewährleistung für

1. die Gewährung und Erbringung von Leistungen,
2. die Erfüllung anderer Aufgaben,
3. den Prozess der Gefährdungseinschätzung nach § 8a,
4. die Zusammenarbeit mit anderen Institutionen

weiterzuentwickeln, anzuwenden und regelmäßig zu überprüfen. Dazu zählen auch Qualitätsmerkmale für die Sicherung der Rechte von Kindern und Jugendlichen in Einrichtungen und ihren Schutz vor Gewalt. Die Träger der öffentlichen Jugendhilfe orientieren sich dabei an den fachlichen Empfehlungen der nach § 85 Absatz 2 zuständigen Behörden und an bereits angewandten Grundsätzen und Maßstäben für die Bewertung der Qualität sowie Maßnahmen zu ihrer Gewährleistung.

§ 80 Jugendhilfeplanung

(1) Die Träger der öffentlichen Jugendhilfe haben im Rahmen ihrer Planungsverantwortung

1. den Bestand an Einrichtungen und Diensten festzustellen,
2. den Bedarf unter Berücksichtigung der Wünsche, Bedürfnisse und Interessen der jungen Menschen und der Personensorgeberechtigten für einen mittelfristigen Zeitraum zu ermitteln und
3. die zur Befriedigung des Bedarfs notwendigen Vorhaben rechtzeitig und ausreichend zu planen; dabei ist Vorsorge zu treffen, dass auch ein unvorhergesehener Bedarf befriedigt werden kann.

(2) Einrichtungen und Dienste sollen so geplant werden, dass insbesondere

1. Kontakte in der Familie und im sozialen Umfeld erhalten und gepflegt werden können,
2. ein möglichst wirksames, vielfältiges und aufeinander abgestimmtes Angebot von Jugendhilfeleistungen gewährleistet ist,
3. junge Menschen und Familien in gefährdeten Lebens- und Wohnbereichen besonders gefördert werden,
4. Mütter und Väter Aufgaben in der Familie und Erwerbstätigkeit besser miteinander vereinbaren können.

(3) Die Träger der öffentlichen Jugendhilfe haben die anerkannten Träger der freien Jugendhilfe in allen Phasen ihrer Planung frühzeitig zu beteiligen. Zu diesem Zwecke sind sie vom Jugendhilfeausschuss, soweit sie überörtlich tätig sind, im Rahmen der Jugendhilfeplanung des überörtlichen Trägers vom Landesjugendhilfeausschuss zu hören. Das Nähere regelt das Landesrecht.

(4) Die Träger der öffentlichen Jugendhilfe sollen darauf hinwirken, dass die Jugendhilfeplanung und andere örtliche und überörtliche Planungen aufeinander abgestimmt werden und die Planungen insgesamt den Bedürfnissen und Interessen der jungen Menschen und ihrer Familien Rechnung tragen.

§ 81 Strukturelle Zusammenarbeit mit anderen Stellen und öffentlichen Einrichtungen

Die Träger der öffentlichen Jugendhilfe haben mit anderen Stellen und öffentlichen Einrichtungen, deren Tätigkeit sich auf die Lebenssituation junger Menschen und ihrer Familien auswirkt, insbesondere mit

1. den Trägern von Sozialleistungen nach dem Zweiten, Dritten, Vierten, Fünften, Sechsten und dem Zwölften Buch sowie Trägern von Leistungen nach dem Bundesversorgungsgesetz,
2. den Familien- und Jugendgerichten, den Staatsanwaltschaften sowie den Justizvollzugsbehörden,
3. Schulen und Stellen der Schulverwaltung,
4. Einrichtungen und Stellen des öffentlichen Gesundheitsdienstes und sonstigen Einrichtungen und Diensten des Gesundheitswesens,
5. den Beratungsstellen nach den §§ 3 und 8 des Schwangerschaftskonfliktgesetzes und Suchtberatungsstellen,
6. Einrichtungen und Diensten zum Schutz gegen Gewalt in engen sozialen Beziehungen,
7. den Stellen der Bundesagentur für Arbeit,
8. Einrichtungen und Stellen der beruflichen Aus- und Weiterbildung,
9. den Polizei- und Ordnungsbehörden,
10. der Gewerbeaufsicht und
11. Einrichtungen der Ausbildung für Fachkräfte, der Weiterbildung und der Forschung im Rahmen ihrer Aufgaben und Befugnisse zusammenzuarbeiten.

SECHSTES KAPITEL
Zentrale Aufgaben

§ 82 Aufgaben der Länder

(1) Die oberste Landesjugendbehörde hat die Tätigkeit der Träger der öffentlichen und der freien Jugendhilfe und die Weiterentwicklung der Jugendhilfe anzuregen und zu fördern.

(2) Die Länder haben auf einen gleichmäßigen Ausbau der Einrichtungen und Angebote hinzuwirken und die Jugendämter und Landesjugendämter bei der Wahrnehmung ihrer Aufgaben zu unterstützen.

§ 83 Aufgaben des Bundes, Bundesjugendkuratorium

(1) Die fachlich zuständige oberste Bundesbehörde soll die Tätigkeit der Jugendhilfe anregen und fördern, soweit sie von überregionaler Bedeutung ist und ihrer Art nach nicht durch ein Land allein wirksam gefördert werden kann.

(2) Die Bundesregierung wird in grundsätzlichen Fragen der Jugendhilfe von einem Sachverständigengremium (Bundesjugendkuratorium) beraten. Das Nähere regelt die Bundesregierung durch Verwaltungsvorschriften.

§ 84 Jugendbericht

(1) Die Bundesregierung legt dem Deutschen Bundestag und dem Bundesrat in jeder Legislaturperiode einen Bericht über die Lage junger Menschen und die Bestrebungen und Leistungen der Jugendhilfe vor. Neben der Bestandsaufnahme und Analyse sollen die Berichte Vorschläge zur Weiterentwicklung der Jugendhilfe enthalten; jeder dritte Bericht soll einen Überblick über die Gesamtsituation der Jugendhilfe vermitteln.

(2) Die Bundesregierung beauftragt mit der Ausarbeitung der Berichte jeweils eine Kommission, der mindestens sieben Sachverständige (Jugendberichtskommission) angehören. Die Bundesregierung fügt eine Stellungnahme mit den von ihr für notwendig gehaltenen Folgerungen bei.

SIEBTES KAPITEL
Zuständigkeit, Kostenerstattung

ERSTER ABSCHNITT
Sachliche Zuständigkeit

§ 85 Sachliche Zuständigkeit

(1) Für die Gewährung von Leistungen und die Erfüllung anderer Aufgaben nach diesem Buch ist der örtliche Träger sachlich zuständig, soweit nicht der überörtliche Träger sachlich zuständig ist.

(2) Der überörtliche Träger ist sachlich zuständig für

1. die Beratung der örtlichen Träger und die Entwicklung von Empfehlungen zur Erfüllung der Aufgaben nach diesem Buch,
2. die Förderung der Zusammenarbeit zwischen den örtlichen Trägern und den anerkannten Trägern der freien Jugendhilfe, insbesondere bei der Planung und Sicherstellung eines bedarfsgerechten Angebots an Hilfen zur Erziehung, Eingliederungshilfen für seelisch behinderte Kinder und Jugendliche und Hilfen für junge Volljährige,
3. die Anregung und Förderung von Einrichtungen, Diensten und Veranstaltungen sowie deren Schaffung und Betrieb, soweit sie den örtlichen Bedarf übersteigen; dazu gehören insbesondere Einrichtungen, die eine Schul- oder Berufsausbildung anbieten, sowie Jugendbildungsstätten,

4. die Planung, Anregung, Förderung und Durchführung von Modellvorhaben zur Weiterentwicklung der Jugendhilfe,
5. die Beratung der örtlichen Träger bei der Gewährung von Hilfe nach den §§ 32 bis 35a, insbesondere bei der Auswahl einer Einrichtung oder der Vermittlung einer Pflegeperson in schwierigen Einzelfällen,
6. die Wahrnehmung der Aufgaben zum Schutz von Kindern und Jugendlichen in Einrichtungen (§§ 45 bis 48a),
7. die Beratung der Träger von Einrichtungen während der Planung und Betriebsführung,
8. die Fortbildung von Mitarbeitern in der Jugendhilfe,
9. die Gewährung von Leistungen an Deutsche im Ausland (§ 6 Absatz 3), soweit es sich nicht um die Fortsetzung einer bereits im Inland gewährten Leistung handelt,
10. die Erteilung der Erlaubnis zur Übernahme von Pflegschaften oder Vormundschaften durch einen rechtsfähigen Verein (§ 54).

(3) Für den örtlichen Bereich können die Aufgaben nach Absatz 2 Nummer 3, 4, 7 und 8 auch vom örtlichen Träger wahrgenommen werden.

(4) Unberührt bleiben die am Tage des Inkrafttretens dieses Gesetzes geltenden landesrechtlichen Regelungen, die die in den §§ 45 bis 48 a bestimmten Aufgaben einschließlich der damit verbundenen Aufgaben nach Absatz 2 Nummer 2 bis 5 und 7 mittleren Landesbehörden oder, soweit sie sich auf Kindergärten und andere Tageseinrichtungen für Kinder beziehen, unteren Landesbehörden zuweisen.

(5) Ist das Land überörtlicher Träger, so können durch Landesrecht bis zum 30. Juni 1993 einzelne seiner Aufgaben auf andere Körperschaften des öffentlichen Rechts, die nicht Träger der öffentlichen Jugendhilfe sind, übertragen werden.

ZWEITER ABSCHNITT
Örtliche Zuständigkeit

ERSTER UNTERABSCHNITT
Örtliche Zuständigkeit für Leistungen

§ 86 Örtliche Zuständigkeit für Leistungen an Kinder, Jugendliche und ihre Eltern

(1) Für die Gewährung von Leistungen nach diesem Buch ist der örtliche Träger zuständig, in dessen Bereich die Eltern ihren gewöhnlichen Aufenthalt haben. An die Stelle der Eltern tritt die Mutter, wenn und solange die Vaterschaft nicht anerkannt oder gerichtlich festgestellt ist. Lebt nur ein Elternteil, so ist dessen gewöhnlicher Aufenthalt maßgebend.

(2) Haben die Elternteile verschiedene gewöhnliche Aufenthalte, so ist der örtliche Träger zuständig, in dessen Bereich der personensorgeberechtigte Elternteil seinen gewöhnlichen Aufenthalt hat; dies gilt auch dann, wenn ihm einzelne Angelegenheiten der Personensorge entzogen sind. Steht die Personensorge im Fall des Satzes 1 den Eltern gemeinsam zu, so richtet sich die Zuständigkeit nach dem gewöhnlichen Aufenthalt des Elternteils, bei dem das Kind oder der Jugendliche vor Beginn der Leistung zuletzt seinen gewöhnlichen Aufenthalt hatte. Hatte das Kind oder der Jugendliche im Fall des Satzes 2 zuletzt bei beiden Elternteilen seinen gewöhnlichen Aufenthalt, so richtet sich die Zuständigkeit nach dem gewöhnlichen Aufenthalt des Elternteils, bei dem das Kind oder der Jugendliche vor Beginn der Leistung zuletzt seinen tatsächlichen Aufenthalt hatte. Hatte das Kind oder der Jugendliche im Fall des Satzes 2 während der letzten sechs Monate vor Beginn der Leistung bei keinem Elternteil einen gewöhnlichen Aufenthalt, so ist der örtliche Träger zuständig, in dessen Bereich das Kind oder der Jugendliche vor Beginn der Leistung zuletzt seinen gewöhnlichen Aufenthalt hatte; hatte das Kind oder der Jugendliche während der letzten sechs Monate keinen ge-

wöhnlichen Aufenthalt, so richtet sich die Zuständigkeit nach dem tatsächlichen Aufenthalt des Kindes oder des Jugendlichen vor Beginn der Leistung.

(3) Haben die Elternteile verschiedene gewöhnliche Aufenthalte und steht die Personensorge keinem Elternteil zu, so gilt Absatz 2 Satz 2 und 4 entsprechend.

(4) Haben die Eltern oder der nach den Absätzen 1 bis 3 maßgebliche Elternteil im Inland keinen gewöhnlichen Aufenthalt, oder ist ein gewöhnlicher Aufenthalt nicht feststellbar, oder sind sie verstorben, so richtet sich die Zuständigkeit nach dem gewöhnlichen Aufenthalt des Kindes oder des Jugendlichen vor Beginn der Leistung. Hatte das Kind oder der Jugendliche während der letzten sechs Monate vor Beginn der Leistung keinen gewöhnlichen Aufenthalt, so ist der örtliche Träger zuständig, in dessen Bereich sich das Kind oder der Jugendliche vor Beginn der Leistung tatsächlich aufhält.

(5) Begründen die Elternteile nach Beginn der Leistung verschiedene gewöhnliche Aufenthalte, so wird der örtliche Träger zuständig, in dessen Bereich der personensorgeberechtigte Elternteil seinen gewöhnlichen Aufenthalt hat; dies gilt auch dann, wenn ihm einzelne Angelegenheiten der Personensorge entzogen sind. Solange die Personensorge beiden Elternteilen gemeinsam oder keinem Elternteil zusteht, bleibt die bisherige Zuständigkeit bestehen. Absatz 4 gilt entsprechend.

(6) Lebt ein Kind oder ein Jugendlicher zwei Jahre bei einer Pflegeperson und ist sein Verbleib bei dieser Pflegeperson auf Dauer zu erwarten, so ist oder wird abweichend von den Absätzen 1 bis 5 der örtliche Träger zuständig, in dessen Bereich die Pflegeperson ihren gewöhnlichen Aufenthalt hat. Er hat die Eltern und, falls den Eltern die Personensorge nicht oder nur teilweise zusteht, den Personensorgeberechtigten über den Wechsel der Zuständigkeit zu unterrichten. Endet der Aufenthalt bei der Pflegeperson, so endet die Zuständigkeit nach Satz 1.

(7) Für Leistungen an Kinder oder Jugendliche, die um Asyl nachsuchen oder einen Asylantrag gestellt haben, ist der örtliche Träger zuständig, in dessen Bereich sich die Person vor Beginn der Leistung tatsächlich aufhält; geht der Leistungsgewährung eine Inobhutnahme voraus, so bleibt die nach § 87 begründete Zuständigkeit bestehen. Unterliegt die Person einem Verteilungsverfahren, so richtet sich die örtliche Zuständigkeit nach der Zuweisungsentscheidung der zuständigen Landesbehörde; bis zur Zuweisungsentscheidung gilt Satz 1 entsprechend. Die nach Satz 1 oder 2 begründete örtliche Zuständigkeit bleibt auch nach Abschluss des Asylverfahrens so lange bestehen, bis die für die Bestimmung der örtlichen Zuständigkeit maßgebliche Person einen gewöhnlichen Aufenthalt im Bereich eines anderen Trägers der öffentlichen Jugendhilfe begründet. Eine Unterbrechung der Leistung von bis zu drei Monaten bleibt außer Betracht.

§ 86a Örtliche Zuständigkeit für Leistungen an junge Volljährige

(1) Für Leistungen an junge Volljährige ist der örtliche Träger zuständig, in dessen Bereich der junge Volljährige vor Beginn der Leistung seinen gewöhnlichen Aufenthalt hat.

(2) Hält sich der junge Volljährige in einer Einrichtung oder sonstigen Wohnform auf, die der Erziehung, Pflege, Betreuung, Behandlung oder dem Strafvollzug dient, so richtet sich die örtliche Zuständigkeit nach dem gewöhnlichen Aufenthalt vor der Aufnahme in eine Einrichtung oder sonstige Wohnform.

(3) Hat der junge Volljährige keinen gewöhnlichen Aufenthalt, so richtet sich die Zuständigkeit nach seinem tatsächlichen Aufenthalt zu dem in Absatz 1 genannten Zeitpunkt; Absatz 2 bleibt unberührt.

(4) Wird eine Leistung nach § 13 Absatz 3 oder nach § 21 über die Vollendung des 18. Lebensjahres hinaus weitergeführt oder geht der Hilfe für junge Volljährige nach § 41 eine dieser Leistungen, eine Leistung nach § 19 oder eine Hilfe nach den §§ 27 bis 35 a voraus, so bleibt der örtliche Träger zuständig, der bis zu diesem Zeitpunkt zuständig war. Eine Unterbrechung der Hilfeleistung von bis zu drei Monaten bleibt dabei außer Betracht. Die Sätze 1 und 2 gelten entsprechend, wenn eine Hilfe für junge Volljährige nach § 41 beendet

war und innerhalb von drei Monaten erneut Hilfe für junge Volljährige nach § 41 erforderlich wird.

§ 86b Örtliche Zuständigkeit für Leistungen in gemeinsamen Wohnformen für Mütter/Väter und Kinder

(1) Für Leistungen in gemeinsamen Wohnformen für Mütter oder Väter und Kinder ist der örtliche Träger zuständig, in dessen Bereich der nach § 19 Leistungsberechtigte vor Beginn der Leistung seinen gewöhnlichen Aufenthalt hat. § 86a Absatz 2 gilt entsprechend.

(2) Hat der Leistungsberechtigte keinen gewöhnlichen Aufenthalt, so richtet sich die Zuständigkeit nach seinem tatsächlichen Aufenthalt zu dem in Absatz 1 genannten Zeitpunkt.

(3) Geht der Leistung Hilfe nach den §§ 27 bis 35 a oder eine Leistung nach § 13 Absatz 3, § 21 oder § 41 voraus, so bleibt der örtliche Träger zuständig, der bisher zuständig war. Eine Unterbrechung der Hilfeleistung von bis zu drei Monaten bleibt dabei außer Betracht.

§ 86c Fortdauernde Leistungsverpflichtung und Fallübergabe bei Zuständigkeitswechsel

(1) Wechselt die örtliche Zuständigkeit für eine Leistung, so bleibt der bisher zuständige örtliche Träger so lange zur Gewährung der Leistung verpflichtet, bis der nunmehr zuständige örtliche Träger die Leistung fortsetzt. Dieser hat dafür Sorge zu tragen, dass der Hilfeprozess und die im Rahmen der Hilfeplanung vereinbarten Hilfeziele durch den Zuständigkeitswechsel nicht gefährdet werden.

(2) Der örtliche Träger, der von den Umständen Kenntnis erhält, die den Wechsel der Zuständigkeit begründen, hat den anderen davon unverzüglich zu unterrichten. Der bisher zuständige örtliche Träger hat dem nunmehr zuständigen örtlichen Träger unverzüglich die für die Hilfegewährung sowie den Zuständigkeitswechsel maßgeblichen Sozialdaten zu übermitteln. Bei der Fortsetzung von Leistungen, die der Hilfeplanung nach § 36 Absatz 2 unterliegen, ist die Fallverantwortung im Rahmen eines Gespräches zu übergeben. Die Personensorgeberechtigten und das Kind oder der Jugendliche sowie der junge Volljährige oder der Leistungsberechtigte nach § 19 sind an der Übergabe angemessen zu beteiligen.

§ 86d Verpflichtung zum vorläufigen Tätigwerden

Steht die örtliche Zuständigkeit nicht fest oder wird der zuständige örtliche Träger nicht tätig, so ist der örtliche Träger vorläufig zum Tätigwerden verpflichtet, in dessen Bereich sich das Kind oder der Jugendliche, der junge Volljährige oder bei Leistungen nach § 19 der Leistungsberechtigte vor Beginn der Leistung tatsächlich aufhält.

ZWEITER UNTERABSCHNITT
Örtliche Zuständigkeit für andere Aufgaben

§ 87 Örtliche Zuständigkeit für vorläufige Maßnahmen zum Schutz von Kindern und Jugendlichen

Für die Inobhutnahme eines Kindes oder eines Jugendlichen (§ 42) ist der örtliche Träger zuständig, in dessen Bereich sich das Kind oder der Jugendliche vor Beginn der Maßnahme tatsächlich aufhält.

§ 87a Örtliche Zuständigkeit für Erlaubnis, Meldepflichten und Untersagung

(1) Für die Erteilung der Pflegeerlaubnis sowie deren Rücknahme oder Widerruf (§§ 43, 44) ist der örtliche Träger zuständig, in dessen Bereich die Pflegeperson ihren gewöhnlichen Aufenthalt hat.

(2) Für die Erteilung der Erlaubnis zum Betrieb einer Einrichtung oder einer selbständigen sonstigen Wohnform sowie für die Rücknahme oder den Widerruf dieser Erlaubnis (§ 45 Absatz 1 und 2, § 48a), die örtliche Prüfung (§§ 46, 48a), die Entgegennahme von Meldungen (§ 47 Absatz 1 und 2, § 48 a) und die Ausnahme von der Meldepflicht (§ 47 Absatz 3, § 48a) sowie die Untersagung der weiteren Beschäftigung des Leiters oder eines Mitarbeiters (§§ 48, 48 a) ist der überörtliche Träger oder die nach Landesrecht bestimmte Behörde zuständig, in dessen oder deren Bereich die Einrichtung oder die sonstige Wohnform gelegen ist.

(3) Für die Mitwirkung an der örtlichen Prüfung (§§ 46, 48 a) ist der örtliche Träger zuständig, in dessen Bereich die Einrichtung oder die selbständige sonstige Wohnform gelegen ist.

§ 87b Örtliche Zuständigkeit für die Mitwirkung in gerichtlichen Verfahren

(1) Für die Zuständigkeit des Jugendamts zur Mitwirkung in gerichtlichen Verfahren (§§ 50 bis 52) gilt § 86 Absatz 1 bis 4 entsprechend. Für die Mitwirkung im Verfahren nach dem Jugendgerichtsgesetz gegen einen jungen Menschen, der zu Beginn des Verfahrens das 18. Lebensjahr vollendet hat, gilt § 86a Absatz 1 und 3 entsprechend.

(2) Die nach Absatz 1 begründete Zuständigkeit bleibt bis zum Abschluss des Verfahrens bestehen. Hat ein Jugendlicher oder ein junger Volljähriger in einem Verfahren nach dem Jugendgerichtsgesetz die letzten sechs Monate vor Abschluss des Verfahrens in einer Justizvollzugsanstalt verbracht, so dauert die Zuständigkeit auch nach der Entlassung aus der Anstalt so lange fort, bis der Jugendliche oder junge Volljährige einen neuen gewöhnlichen Aufenthalt begründet hat, längstens aber bis zum Ablauf von sechs Monaten nach dem Entlassungszeitpunkt.

(3) Steht die örtliche Zuständigkeit nicht fest oder wird der zuständige örtliche Träger nicht tätig, so gilt § 86d entsprechend.

§ 87c Örtliche Zuständigkeit für die Beistandschaft, die Amtspflegschaft, die Amtsvormundschaft und die Bescheinigung nach § 58a

(1) Für die Vormundschaft nach § 1791 c des Bürgerlichen Gesetzbuchs ist das Jugendamt zuständig, in dessen Bereich die Mutter ihren gewöhnlichen Aufenthalt hat. Wurde die Vaterschaft nach § 1592 Nummer 1 oder 2 des Bürgerlichen Gesetzbuchs durch Anfechtung beseitigt, so ist der gewöhnliche Aufenthalt der Mutter zu dem Zeitpunkt maßgeblich, zu dem die Entscheidung rechtskräftig wird. Ist ein gewöhnlicher Aufenthalt der Mutter nicht festzustellen, so richtet sich die örtliche Zuständigkeit nach ihrem tatsächlichen Aufenthalt.

(2) Sobald die Mutter ihren gewöhnlichen Aufenthalt im Bereich eines anderen Jugendamts nimmt, hat das die Amtsvormundschaft führende Jugendamt bei dem Jugendamt des anderen Bereichs die Weiterführung der Amtsvormundschaft zu beantragen; der Antrag kann auch von dem anderen Jugendamt, von jedem Elternteil und von jedem, der ein berechtigtes Interesse des Kindes oder des Jugendlichen geltend macht, bei dem die Amtsvormundschaft führenden Jugendamt gestellt werden. Die Vormundschaft geht mit der Erklärung des anderen Jugendamts auf dieses über. Das abgebende Jugendamt hat den Übergang dem Familiengericht und jedem Elternteil unverzüglich mitzuteilen. Gegen die Ablehnung des Antrags kann das Familiengericht angerufen werden.

(3) Für die Pflegschaft oder Vormundschaft, die durch Bestellung des Familiengerichts eintritt, ist das Jugendamt zuständig, in dessen Bereich das Kind oder der Jugendliche seinen gewöhnlichen Aufenthalt hat. Hat das Kind oder der Jugendliche keinen gewöhnlichen Aufenthalt, so richtet sich die Zuständigkeit nach seinem tatsächlichen Aufenthalt zum Zeitpunkt der Bestellung. Sobald das Kind oder der Jugendliche seinen gewöhnlichen Aufenthalt wechselt oder im Fall des Satzes 2 das Wohl des Kindes oder Jugendlichen es erfordert, hat das Jugendamt beim Familiengericht einen Antrag auf Entlassung zu stellen. Die Sätze 1 bis 3 gelten für die Gegenvormundschaft des Jugendamts entsprechend.

(4) Für die Vormundschaft, die im Rahmen des Verfahrens zur Annahme als Kind eintritt, ist das Jugendamt zuständig, in dessen Bereich die annehmende Person ihren gewöhnlichen Aufenthalt hat.

(5) Für die Beratung und Unterstützung nach § 52 a sowie für die Beistandschaft gilt Absatz 1 Satz 1 und 3 entsprechend. Sobald der allein sorgeberechtigte Elternteil seinen gewöhnlichen Aufenthalt im Bereich eines anderen Jugendamts nimmt, hat das die Beistandschaft führende Jugendamt bei dem Jugendamt des anderen Bereichs die Weiterführung der Beistandschaft zu beantragen; Absatz 2 Satz 2 und § 86 c gelten entsprechend.

(6) Für die Erteilung der Bescheinigung nach § 58a Absatz 2 gilt Absatz 1 entsprechend. Die Mitteilungen nach § 1626 d Absatz 2 des Bürgerlichen Gesetzbuchs, die Mitteilungen nach § 155a Absatz 3 Satz 2 und Absatz 5 Satz 2 des Gesetzes über das Verfahren in Familiensachen und in den Angelegenheiten der freiwilligen Gerichtsbarkeit sowie die Mitteilungen nach § 50 Absatz 3 sind an das für den Geburtsort des Kindes oder des Jugendlichen zuständige Jugendamt zu richten; § 88 Absatz 1 Satz 2 gilt entsprechend. Das nach Satz 2 zuständige Jugendamt teilt auf Ersuchen dem nach Satz 1 zuständigen Jugendamt mit, ob Eintragungen im Sorgeregister vorliegen.

§ 87d Örtliche Zuständigkeit für weitere Aufgaben im Vormundschaftswesen

(1) Für die Wahrnehmung der Aufgaben nach § 53 ist der örtliche Träger zuständig, in dessen Bereich der Pfleger oder Vormund seinen gewöhnlichen Aufenthalt hat.

(2) Für die Erteilung der Erlaubnis zur Übernahme von Pflegschaften oder Vormundschaften durch einen rechtsfähigen Verein (§ 54) ist der überörtliche Träger zuständig, in dessen Bereich der Verein seinen Sitz hat.

§ 87e Örtliche Zuständigkeit für Beurkundung und Beglaubigung

Für Beurkundungen und Beglaubigungen nach § 59 ist die Urkundsperson bei jedem Jugendamt zuständig.

DRITTER UNTERABSCHNITT
Örtliche Zuständigkeit bei Aufenthalt im Ausland

§ 88 Örtliche Zuständigkeit bei Aufenthalt im Ausland

(1) Für die Gewährung von Leistungen der Jugendhilfe im Ausland ist der überörtliche Träger zuständig, in dessen Bereich der junge Mensch geboren ist. Liegt der Geburtsort im Ausland oder ist er nicht zu ermitteln, so ist das Land Berlin zuständig.

(2) Wurden bereits vor der Ausreise Leistungen der Jugendhilfe gewährt, so bleibt der örtliche Träger zuständig, der bisher tätig geworden ist; eine Unterbrechung der Hilfeleistung von bis zu drei Monaten bleibt dabei außer Betracht.

DRITTER ABSCHNITT
Kostenerstattung

§ 89 Kostenerstattung bei fehlendem gewöhnlichen Aufenthalt

Ist für die örtliche Zuständigkeit nach den §§ 86, 86 a oder 86 b der tatsächliche Aufenthalt maßgeblich, so sind die Kosten, die ein örtlicher Träger aufgewendet hat, von dem überörtlichen Träger zu erstatten, zu dessen Bereich der örtliche Träger gehört.

§ 89a Kostenerstattung bei fortdauernder Vollzeitpflege

(1) Kosten, die ein örtlicher Träger auf Grund einer Zuständigkeit nach § 86 Absatz 6 aufgewendet hat, sind von dem örtlichen Träger zu erstatten, der zuvor zuständig war oder

gewesen wäre. Die Kostenerstattungspflicht bleibt bestehen, wenn die Pflegeperson ihren gewöhnlichen Aufenthalt ändert oder wenn die Leistung über die Volljährigkeit hinaus nach § 41 fortgesetzt wird.

(2) Hat oder hätte der nach Absatz 1 kostenerstattungspflichtig werdende örtliche Träger während der Gewährung einer Leistung selbst einen Kostenerstattungsanspruch gegen einen anderen örtlichen oder den überörtlichen Träger, so bleibt abweichend von Absatz 1 dieser Träger dem nunmehr nach § 86 Absatz 6 zuständig gewordenen örtlichen Träger kostenerstattungspflichtig.

(3) Ändert sich während der Gewährung der Leistung nach Absatz 1 der für die örtliche Zuständigkeit nach § 86 Absatz 1 bis 5 maßgebliche gewöhnliche Aufenthalt, so wird der örtliche Träger kostenerstattungspflichtig, der ohne Anwendung des § 86 Absatz 6 örtlich zuständig geworden wäre.

§ 89b Kostenerstattung bei vorläufigen Maßnahmen zum Schutz von Kindern und Jugendlichen

(1) Kosten, die ein örtlicher Träger im Rahmen der Inobhutnahme von Kindern und Jugendlichen (§ 42) aufgewendet hat, sind von dem örtlichen Träger zu erstatten, dessen Zuständigkeit durch den gewöhnlichen Aufenthalt nach § 86 begründet wird.

(2) Ist ein kostenerstattungspflichtiger örtlicher Träger nicht vorhanden, so sind die Kosten von dem überörtlichen Träger zu erstatten, zu dessen Bereich der örtliche Träger gehört.

(3) Eine nach Absatz 1 oder 2 begründete Pflicht zur Kostenerstattung bleibt bestehen, wenn und solange nach der Inobhutnahme Leistungen auf Grund einer Zuständigkeit nach § 86 Absatz 7 Satz 1 Halbsatz 2 gewährt werden.

§ 89c Kostenerstattung bei fortdauernder oder vorläufiger Leistungsverpflichtung

(1) Kosten, die ein örtlicher Träger im Rahmen seiner Verpflichtung nach § 86 c aufgewendet hat, sind von dem örtlichen Träger zu erstatten, der nach dem Wechsel der örtlichen Zuständigkeit zuständig geworden ist. Kosten, die ein örtlicher Träger im Rahmen seiner Verpflichtung nach § 86d aufgewendet hat, sind von dem örtlichen Träger zu erstatten, dessen Zuständigkeit durch den gewöhnlichen Aufenthalt nach §§ 86, 86 a und 86 b begründet wird.

(2) Hat der örtliche Träger die Kosten deshalb aufgewendet, weil der zuständige örtliche Träger pflichtwidrig gehandelt hat, so hat dieser zusätzlich einen Betrag in Höhe eines Drittels der Kosten, mindestens jedoch 50 Euro, zu erstatten.

(3) Ist ein kostenerstattungspflichtiger örtlicher Träger nicht vorhanden, so sind die Kosten vom überörtlichen Träger zu erstatten, zu dessen Bereich der örtliche Träger gehört, der nach Absatz 1 tätig geworden ist.

§ 89d Kostenerstattung bei Gewährung von Jugendhilfe nach der Einreise

(1) Kosten, die ein örtlicher Träger aufwendet, sind vom Land zu erstatten, wenn

1. innerhalb eines Monats nach der Einreise eines jungen Menschen oder eines Leistungsberechtigten nach § 19 Jugendhilfe gewährt wird und
2. sich die örtliche Zuständigkeit nach dem tatsächlichen Aufenthalt dieser Person oder nach der Zuweisungsentscheidung der zuständigen Landesbehörde richtet.

Als Tag der Einreise gilt der Tag des Grenzübertritts, sofern dieser amtlich festgestellt wurde, oder der Tag, an dem der Aufenthalt im Inland erstmals festgestellt wurde, andernfalls der Tag der ersten Vorsprache bei einem Jugendamt. Die Erstattungspflicht nach Satz 1 bleibt unberührt, wenn die Person um Asyl nachsucht oder einen Asylantrag stellt.

(2) Ist die Person im Inland geboren, so ist das Land erstattungspflichtig, in dessen Bereich die Person geboren ist.

(3) Ist die Person im Ausland geboren, so wird das erstattungspflichtige Land auf der Grundlage eines Belastungsvergleichs vom Bundesverwaltungsamt bestimmt. Maßgeblich ist die Belastung, die sich pro Einwohner im vergangenen Haushaltsjahr

1. durch die Erstattung von Kosten nach dieser Vorschrift und
2. die Gewährung von Leistungen für Deutsche im Ausland durch die überörtlichen Träger im Bereich des jeweiligen Landes nach Maßgabe von § 6 Absatz 3, § 85 Absatz 2 Nummer 9 ergeben hat.

(4) Die Verpflichtung zur Erstattung der aufgewendeten Kosten entfällt, wenn inzwischen für einen zusammenhängenden Zeitraum von drei Monaten Jugendhilfe nicht zu gewähren war.

(5) Kostenerstattungsansprüche nach den Absätzen 1 bis 3 gehen Ansprüchen nach den §§ 89 bis 89c und § 89e vor.

§ 89e Schutz der Einrichtungsorte

(1) Richtet sich die Zuständigkeit nach dem gewöhnlichen Aufenthalt der Eltern, eines Elternteils, des Kindes oder des Jugendlichen und ist dieser in einer Einrichtung, einer anderen Familie oder sonstigen Wohnform begründet worden, die der Erziehung, Pflege, Betreuung, Behandlung oder dem Strafvollzug dient, so ist der örtliche Träger zur Erstattung der Kosten verpflichtet, in dessen Bereich die Person vor der Aufnahme in eine Einrichtung, eine andere Familie oder sonstige Wohnform den gewöhnlichen Aufenthalt hatte. Eine nach Satz 1 begründete Erstattungspflicht bleibt bestehen, wenn und solange sich die örtliche Zuständigkeit nach § 86a Absatz 4 und § 86b Absatz 3 richtet.

(2) Ist ein kostenerstattungspflichtiger örtlicher Träger nicht vorhanden, so sind die Kosten von dem überörtlichen Träger zu erstatten, zu dessen Bereich der erstattungsberechtigte örtliche Träger gehört.

§ 89f Umfang der Kostenerstattung

(1) Die aufgewendeten Kosten sind zu erstatten, soweit die Erfüllung der Aufgaben den Vorschriften dieses Buches entspricht. Dabei gelten die Grundsätze, die im Bereich des tätig gewordenen örtlichen Trägers zur Zeit des Tätigwerdens angewandt werden.

(2) Kosten unter 1 000 Euro werden nur bei vorläufigen Maßnahmen zum Schutz von Kindern und Jugendlichen (§ 89 b), bei fortdauernder oder vorläufiger Leistungsverpflichtung (§ 89 c) und bei Gewährung von Jugendhilfe nach der Einreise (§ 89 d) erstattet. Verzugszinsen können nicht verlangt werden.

§ 89g Landesrechtsvorbehalt

Durch Landesrecht können die Aufgaben des Landes und des überörtlichen Trägers nach diesem Abschnitt auf andere Körperschaften des öffentlichen Rechts übertragen werden.

§ 89h Übergangsvorschrift

(1) Für die Erstattung von Kosten für Maßnahmen der Jugendhilfe nach der Einreise gemäß § 89 d, die vor dem 1. Juli 1998 begonnen haben, gilt die nachfolgende Übergangsvorschrift.

(2) Kosten, für deren Erstattung das Bundesverwaltungsamt vor dem 1. Juli 1998 einen erstattungspflichtigen überörtlichen Träger bestimmt hat, sind nach den bis zu diesem Zeitpunkt geltenden Vorschriften zu erstatten. Erfolgt die Bestimmung nach dem 30.Juni 1998, so sind § 86 Absatz 7, § 89b Absatz 3, die §§ 89d und 89g in der ab dem 1.Juli 1998 geltenden Fassung anzuwenden.

ACHTES KAPITEL
Kostenbeteiligung

ERSTER ABSCHNITT
Pauschalierte Kostenbeteiligung

§ 90 Pauschalierte Kostenbeteiligung

(1) Für die Inanspruchnahme von Angeboten

1. der Jugendarbeit nach § 11,
2. der allgemeinen Förderung der Erziehung in der Familie nach § 16 Absatz 1, Absatz 2 Nummer 1 und 3 und
3. der Förderung von Kindern in Tageseinrichtungen und Kindertagespflege nach den §§ 22 bis 24

können Kostenbeiträge festgesetzt werden. Soweit Landesrecht nichts anderes bestimmt, sind Kostenbeiträge, die für die Inanspruchnahme von Tageseinrichtungen und von Kindertagespflege zu entrichten sind, zu staffeln. Als Kriterien können insbesondere das Einkommen, die Anzahl der kindergeldberechtigten Kinder in der Familie und die tägliche Betreuungszeit berücksichtigt werden. Werden die Kostenbeiträge nach dem Einkommen berechnet, bleibt die Eigenheimzulage nach dem Eigenheimzulagengesetz außer Betracht.

(2) In den Fällen des Absatzes 1 Nummer 1 und 2 kann der Kostenbeitrag auf Antrag ganz oder teilweise erlassen oder ein Teilnahmebeitrag auf Antrag ganz oder teilweise vom Träger der öffentlichen Jugendhilfe übernommen werden, wenn

1. die Belastung
   a) dem Kind oder dem Jugendlichen und seinen Eltern oder
   b) dem jungen Volljährigennicht zuzumuten ist und
2. die Förderung für die Entwicklung des jungen Menschen erforderlich ist.

Lebt das Kind oder der Jugendliche nur mit einem Elternteil zusammen, so tritt dieser an die Stelle der Eltern.

(3) Im Fall des Absatzes 1 Nummer 3 soll der Kostenbeitrag auf Antrag ganz oder teilweise erlassen oder ein Teilnahmebeitrag auf Antrag ganz oder teilweise vom Träger der öffentlichen Jugendhilfe übernommen werden, wenn die Belastung den Eltern und dem Kind nicht zuzumuten ist. Absatz 2 Satz 2 gilt entsprechend.

(4) Für die Feststellung der zumutbaren Belastung gelten die §§ 82 bis 85, 87, 88 und 92a des Zwölften Buches entsprechend, soweit nicht Landesrecht eine andere Regelung trifft. Bei der Einkommensberechnung bleibt die Eigenheimzulage nach dem Eigenheimzulagengesetz außer Betracht.

ZWEITER ABSCHNITT
Kostenbeiträge für stationäre und teilstationäre Leistungen sowie vorläufige Maßnahmen

§ 91 Anwendungsbereich

(1) Zu folgenden vollstationären Leistungen und vorläufigen Maßnahmen werden Kostenbeiträge erhoben:

1. der Unterkunft junger Menschen in einer sozialpädagogisch begleiteten Wohnform (§ 13 Absatz 3),
2. der Betreuung von Müttern oder Vätern und Kindern in gemeinsamen Wohnformen (§ 19),
3. der Betreuung und Versorgung von Kindern in Notsituationen (§ 20),
4. der Unterstützung bei notwendiger Unterbringung junger Menschen zur Erfüllung der Schulpflicht und zum Abschluss der Schulausbildung (§ 21),

5. der Hilfe zur Erziehung
   a) in Vollzeitpflege (§ 33),
   b) in einem Heim oder einer sonstigen betreuten Wohnform (§ 34),
   c) in intensiver sozialpädagogischer Einzelbetreuung (§ 35), sofern sie außerhalb des Elternhauses erfolgt,
   d) auf der Grundlage von § 27 in stationärer Form,
6. der Eingliederungshilfe für seelisch behinderte Kinder und Jugendliche durch geeignete Pflegepersonen sowie in Einrichtungen über Tag und Nacht und in sonstigen Wohnformen (§ 35 a Absatz 2 Nummer 3 und 4),
7. der Inobhutnahme von Kindern und Jugendlichen (§ 42),
8. der Hilfe für junge Volljährige, soweit sie den in den Nummern 5 und 6 genannten Leistungen entspricht (§ 41).

(2) Zu folgenden teilstationären Leistungen werden Kostenbeiträge erhoben:

1. der Betreuung und Versorgung von Kindern in Notsituationen nach § 20,
2. Hilfe zur Erziehung in einer Tagesgruppe nach § 32 und anderen teilstationären Leistungen nach § 27,
3. Eingliederungshilfe für seelisch behinderte Kinder und Jugendliche in Tageseinrichtungen und anderen teilstationären Einrichtungen nach § 35a Absatz 2 Nummer 2 und
4. Hilfe für junge Volljährige, soweit sie den in den Nummern 2 und 3 genannten Leistungen entspricht (§ 41).

(3) Die Kosten umfassen auch die Aufwendungen für den notwendigen Unterhalt und die Krankenhilfe.

(4) Verwaltungskosten bleiben außer Betracht.

(5) Die Träger der öffentlichen Jugendhilfe tragen die Kosten der in den Absätzen 1 und 2 genannten Leistungen unabhängig von der Erhebung eines Kostenbeitrags.

§ 92 Ausgestaltung der Heranziehung

(1) Aus ihrem Einkommen nach Maßgabe der §§ 93 und 94 heranzuziehen sind:

1. Kinder und Jugendliche zu den Kosten der in § 91 Absatz 1 Nummer 1 bis 7 genannten Leistungen und vorläufigen Maßnahmen,
2. junge Volljährige zu den Kosten der in § 91 Absatz 1 Nummer 1, 4 und 8 genannten Leistungen,
3. Leistungsberechtigte nach § 19 zu den Kosten der in § 91 Absatz 1 Nummer 2 genannten Leistungen,
4. Ehegatten und Lebenspartner junger Menschen und Leistungsberechtigter nach § 19 zu den Kosten der in § 91 Absatz 1 und 2 genannten Leistungen und vorläufigen Maßnahmen,
5. Elternteile zu den Kosten der in § 91 Absatz 1 genannten Leistungen und vorläufigen Maßnahmen; leben sie mit dem jungen Menschen zusammen, so werden sie auch zu den Kosten der in § 91 Absatz 2 genannten Leistungen herangezogen.

(1a) Zu den Kosten vollstationärer Leistungen sind junge Volljährige und volljährige Leistungsberechtigte nach § 19 zusätzlich aus ihrem Vermögen nach Maßgabe der §§ 90 und 91 des Zwölften Buches heranzuziehen.

(2) Die Heranziehung erfolgt durch Erhebung eines Kostenbeitrags, der durch Leistungsbescheid festgesetzt wird; Elternteile werden getrennt herangezogen.

(3) Ein Kostenbeitrag kann bei Eltern, Ehegatten und Lebenspartnern ab dem Zeitpunkt erhoben werden, ab welchem dem Pflichtigen die Gewährung der Leistung mitgeteilt und er über die Folgen für seine Unterhaltspflicht gegenüber dem jungen Menschen aufgeklärt wurde. Ohne vorherige Mitteilung kann ein Kostenbeitrag für den Zeitraum erhoben werden, in welchem der Träger der öffentlichen Jugendhilfe aus rechtlichen oder tatsächlichen Gründen, die in den Verantwortungsbereich des Pflichtigen fallen, an der Geltendmachung gehindert war. Entfallen diese Gründe, ist der Pflichtige unverzüglich zu unterrichten.

(4) Ein Kostenbeitrag kann nur erhoben werden, soweit Unterhaltsansprüche vorrangig oder gleichrangig Berechtigter nicht geschmälert werden. Von der Heranziehung der Eltern ist abzusehen, wenn das Kind, die Jugendliche, die junge Volljährige oder die Leistungsberechtigte nach § 19 schwanger ist oder ein leibliches Kind bis zur Vollendung des sechsten Lebensjahres betreut.

(5) Von der Heranziehung soll im Einzelfall ganz oder teilweise abgesehen werden, wenn sonst Ziel und Zweck der Leistung gefährdet würden oder sich aus der Heranziehung eine besondere Härte ergäbe. Von der Heranziehung kann abgesehen werden, wenn anzunehmen ist, dass der damit verbundene Verwaltungsaufwand in keinem angemessenen Verhältnis zu dem Kostenbeitrag stehen wird.

§ 93 Berechnung des Einkommens

(1) Zum Einkommen gehören alle Einkünfte in Geld oder Geldeswert mit Ausnahme der Grundrente nach oder entsprechend dem Bundesversorgungsgesetz sowie der Renten und Beihilfen, die nach dem Bundesentschädigungsgesetz für einen Schaden an Leben sowie an Körper und Gesundheit gewährt werden bis zur Höhe der vergleichbaren Grundrente nach dem Bundesversorgungsgesetz. Eine Entschädigung, die nach § 253 Absatz 2 des Bürgerlichen Gesetzbuchs wegen eines Schadens, der nicht Vermögensschaden ist, geleistet wird, ist nicht als Einkommen zu berücksichtigen. Geldleistungen, die dem gleichen Zwecke wie die jeweilige Leistung der Jugendhilfe dienen, zählen nicht zum Einkommen und sind unabhängig von einem Kostenbeitrag einzusetzen. Leistungen, die auf Grund öffentlichrechtlicher Vorschriften zu einem ausdrücklich genannten Zweck erbracht werden, sind nicht als Einkommen zu berücksichtigen.

(2) Von dem Einkommen sind abzusetzen

1. auf das Einkommen gezahlte Steuern und
2. Pflichtbeiträge zur Sozialversicherung einschließlich der Beiträge zur Arbeitsförderung sowie
3. nach Grund und Höhe angemessene Beiträge zu öffentlichen oder privaten Versicherungen oder ähnlichen Einrichtungen zur Absicherung der Risiken Alter, Krankheit, Pflegebedürftigkeit und Arbeitslosigkeit.

(3) Von dem nach den Absätzen 1 und 2 errechneten Betrag sind Belastungen der kostenbeitragspflichtigen Person abzuziehen. In Betracht kommen insbesondere

1. Beiträge zu öffentlichen oder privaten Versicherungen oder ähnlichen Einrichtungen,
2. die mit der Erzielung des Einkommens verbundenen notwendigen Ausgaben,
3. Schuldverpflichtungen.

Der Abzug erfolgt durch eine Kürzung des nach den Absätzen 1 und 2 errechneten Betrages um pauschal 25 vom Hundert. Sind die Belastungen höher als der pauschale Abzug, so können sie abgezogen werden, soweit sie nach Grund und Höhe angemessen sind und die Grundsätze einer wirtschaftlichen Lebensführung nicht verletzen. Die kostenbeitragspflichtige Person muss die Belastungen nachweisen.

§ 94 Umfang der Heranziehung

(1) Die Kostenbeitragspflichtigen sind aus ihrem Einkommen in angemessenem Umfang zu den Kosten heranzuziehen. Die Kostenbeiträge dürfen die tatsächlichen Aufwendungen nicht überschreiten. Eltern sollen nachrangig zu den jungen Menschen herangezogen werden. Ehegatten und Lebenspartner sollen nachrangig zu den jungen Menschen, aber vorrangig vor deren Eltern herangezogen werden.

(2) Für die Bestimmung des Umfangs sind bei jedem Elternteil, Ehegatten oder Lebenspartner die Höhe des nach § 93 ermittelten Einkommens und die Anzahl der Personen, die mindestens im gleichen Range wie der untergebrachte junge Mensch oder Leistungsberechtigte nach § 19 unterhaltsberechtigt sind, angemessen zu berücksichtigen.

(3) Werden Leistungen über Tag und Nacht außerhalb des Elternhauses erbracht und bezieht einer der Elternteile Kindergeld für den jungen Menschen, so hat dieser einen Kostenbeitrag mindestens in Höhe des Kindergeldes zu zahlen. Zahlt der Elternteil den Kostenbeitrag nicht, so sind die Träger der öffentlichen Jugendhilfe insoweit berechtigt, das auf dieses Kind entfallende Kindergeld durch Geltendmachung eines Erstattungsanspruchs nach § 74 Absatz 2 des Einkommensteuergesetzes in Anspruch zu nehmen.

(4) Werden Leistungen über Tag und Nacht erbracht und hält sich der junge Mensch nicht nur im Rahmen von Umgangskontakten bei einem Kostenbeitragspflichtigen auf, so ist die tatsächliche Betreuungsleistung über Tag und Nacht auf den Kostenbeitrag anzurechnen.

(5) Für die Festsetzung der Kostenbeiträge von Eltern, Ehegatten und Lebenspartnern junger Menschen und Leistungsberechtigter nach § 19 werden nach Einkommensgruppen gestaffelte Pauschalbeträge durch Rechtsverordnung des zuständigen Bundesministeriums mit Zustimmung des Bundesrates bestimmt.

(6) Bei vollstationären Leistungen haben junge Menschen und Leistungsberechtigte nach § 19 nach Abzug der in § 93 Absatz 2 genannten Beträge 75 Prozent ihres Einkommens als Kostenbeitrag einzusetzen.

DRITTER ABSCHNITT
Überleitung von Ansprüchen

§ 95 Überleitung von Ansprüchen

(1) Hat eine der in § 92 Absatz 1 genannten Personen für die Zeit, für die Jugendhilfe gewährt wird, einen Anspruch gegen einen anderen, der weder Leistungsträger im Sinne des § 12 des Ersten Buches noch Kostenbeitragspflichtiger ist, so kann der Träger der öffentlichen Jugendhilfe durch schriftliche Anzeige an den anderen bewirken, dass dieser Anspruch bis zur Höhe seiner Aufwendungen auf ihn übergeht.

(2) Der Übergang darf nur insoweit bewirkt werden, als bei rechtzeitiger Leistung des anderen entweder Jugendhilfe nicht gewährt worden oder ein Kostenbeitrag zu leisten wäre. Der Übergang ist nicht dadurch ausgeschlossen, dass der Anspruch nicht übertragen, verpfändet oder gepfändet werden kann.

(3) Die schriftliche Anzeige bewirkt den Übergang des Anspruchs für die Zeit, für die die Hilfe ohne Unterbrechung gewährt wird; als Unterbrechung gilt ein Zeitraum von mehr als zwei Monaten.

(4) Widerspruch und Anfechtungsklage gegen den Verwaltungsakt, der den Übergang des Anspruchs bewirkt, haben keine aufschiebende Wirkung.

§ 96

(weggefallen)

VIERTER ABSCHNITT
Ergänzende Vorschriften

§ 97 Feststellung der Sozialleistungen

Der erstattungsberechtigte Träger der öffentlichen Jugendhilfe kann die Feststellung einer Sozialleistung betreiben sowie Rechtsmittel einlegen. Der Ablauf der Fristen, die ohne sein Verschulden verstrichen sind, wirkt nicht gegen ihn. Dies gilt nicht für die Verfahrensfristen, soweit der Träger der öffentlichen Jugendhilfe das Verfahren selbst betreibt.

§ 97a Pflicht zur Auskunft

(1) Soweit dies für die Berechnung oder den Erlass eines Kostenbeitrags oder die Übernahme eines Teilnahmebeitrags nach § 90 oder die Ermittlung eines Kostenbeitrags nach den

§§ 92 bis 94 erforderlich ist, sind Eltern, Ehegatten und Lebenspartner junger Menschen sowie Leistungsberechtigter nach § 19 verpflichtet, dem örtlichen Träger über ihre Einkommensverhältnisse Auskunft zu geben. Junge Volljährige und volljährige Leistungsberechtigte nach § 19 sind verpflichtet, dem örtlichen Träger über ihre Einkommensund Vermögensverhältnisse Auskunft zu geben. Eltern, denen die Sorge für das Vermögen des Kindes oder des Jugendlichen zusteht, sind auch zur Auskunft über dessen Einkommen verpflichtet. Ist die Sorge über das Vermögen des Kindes oder des Jugendlichen anderen Personen übertragen, so treten diese an die Stelle der Eltern.

(2) Soweit dies für die Berechnung der laufenden Leistung nach § 39 Absatz 6 erforderlich ist, sind Pflegepersonen verpflichtet, dem örtlichen Träger darüber Auskunft zu geben, ob der junge Mensch im Rahmen des Familienleistungsausgleichs nach § 31 des Einkommensteuergesetzes berücksichtigt wird oder berücksichtigt werden könnte und ob er ältestes Kind in der Pflegefamilie ist. Pflegepersonen, die mit dem jungen Menschen in gerader Linie verwandt sind, sind verpflichtet, dem örtlichen Träger über ihre Einkommens- und Vermögensverhältnisse Auskunft zu geben.

(3) Die Pflicht zur Auskunft nach den Absätzen 1 und 2 umfasst auch die Verpflichtung, Name und Anschrift des Arbeitgebers zu nennen, über die Art des Beschäftigungsverhältnisses Auskunft zu geben sowie auf Verlangen Beweisurkunden vorzulegen oder ihrer Vorlage zuzustimmen. Sofern landesrechtliche Regelungen nach § 90 Absatz 1 Satz 2 bestehen, in denen nach Einkommensgruppen gestaffelte Pauschalbeträge vorgeschrieben oder festgesetzt sind, ist hinsichtlich der Höhe des Einkommens die Auskunftspflicht und die Pflicht zur Vorlage von Beweisurkunden für die Berechnung des Kostenbeitrags nach § 90 Absatz 1 Nummer 3 auf die Angabe der Zugehörigkeit zu einer bestimmten Einkommensgruppe beschränkt.

(4) Kommt eine der nach den Absätzen 1 und 2 zur Auskunft verpflichteten Personen ihrer Pflicht nicht nach oder bestehen tatsächliche Anhaltspunkte für die Unrichtigkeit ihrer Auskunft, so ist der Arbeitgeber dieser Person verpflichtet, dem örtlichen Träger über die Art des Beschäftigungsverhältnisses und den Arbeitsverdienst dieser Person Auskunft zu geben; Absatz 3 Satz 2 gilt entsprechend. Der zur Auskunft verpflichteten Person ist vor einer Nachfrage beim Arbeitgeber eine angemessene Frist zur Erteilung der Auskunft zu setzen. Sie ist darauf hinzuweisen, dass nach Fristablauf die erforderlichen Auskünfte beim Arbeitgeber eingeholt werden.

(5) Die nach den Absätzen 1 und 2 zur Erteilung einer Auskunft Verpflichteten können die Auskunft verweigern, soweit sie sich selbst oder einen der in § 383 Absatz 1 Nummer 1 bis 3 der Zivilprozessordnung bezeichneten Angehörigen der Gefahr aussetzen würden, wegen einer Straftat oder einer Ordnungswidrigkeit verfolgt zu werden. Die Auskunftspflichtigen sind auf ihr Auskunftsverweigerungsrecht hinzuweisen.

§ 97b

(weggefallen)

§ 97c Erhebung von Gebühren und Auslagen

Landesrecht kann abweichend von § 64 des Zehnten Buches die Erhebung von Gebühren und Auslagen regeln.

NEUNTES KAPITEL
Kinder- und Jugendhilfestatistik

§ 98 Zweck und Umfang der Erhebung

(1) Zur Beurteilung der Auswirkungen der Bestimmungen dieses Buches und zu seiner Fortentwicklung sind laufende Erhebungen über

1. Kinder und tätige Personen in Tageseinrichtungen,
2. Kinder und tätige Personen in öffentlich geförderter Kindertagespflege,
3. Personen, die mit öffentlichen Mitteln geförderte Kindertagespflege gemeinsam oder auf Grund einer Erlaubnis nach § 43 Absatz 3 Satz 3 in Pflegestellen durchführen, und die von diesen betreuten Kinder,
4. die Empfänger
   a) der Hilfe zur Erziehung,
   b) der Hilfe für junge Volljährige und
   c) der Eingliederungshilfe für seelisch behinderte Kinder und Jugendliche,
5. Kinder und Jugendliche, zu deren Schutz vorläufige Maßnahmen getroffen worden sind,
6. Kinder und Jugendliche, die als Kind angenommen worden sind,
7. Kinder und Jugendliche, die unter Amtspflegschaft, Amtsvormundschaft oder Beistandschaft des Jugendamts stehen,
8. Kinder und Jugendliche, für die eine Pflegeerlaubnis erteilt worden ist,
9. Maßnahmen des Familiengerichts,
10. mit öffentlichen Mitteln geförderte Angebote der Jugendarbeit,
11. die Einrichtungen mit Ausnahme der Tageseinrichtungen, Behörden und Geschäftsstellen in der Jugendhilfe und die dort tätigen Personen sowie
12. die Ausgaben und Einnahmen der öffentlichen Jugendhilfe 13. Gefährdungseinschätzungen nach § 8a als Bundesstatistik durchzuführen.

(2) Zur Verfolgung der gesellschaftlichen Entwicklung im Bereich der elterlichen Sorge sind im Rahmen der Kinder- und Jugendhilfestatistik auch laufende Erhebungen über Sorgeerklärungen durchzuführen.

§ 99 Erhebungsmerkmale

(1) Erhebungsmerkmale bei den Erhebungen über Hilfe zur Erziehung nach den §§ 27 bis 35, Eingliederungshilfe für seelisch behinderte Kinder und Jugendliche nach § 35a und Hilfe für junge Volljährige nach § 41 sind

1. im Hinblick auf die Hilfe
   a) Art des Trägers des Hilfe durchführenden Dienstes oder der Hilfe durchführenden Einrichtung,
   b) Art der Hilfe,
   c) Ort der Durchführung der Hilfe,
   d) Monat und Jahr des Beginns und Endes sowie Fortdauer der Hilfe,
   e) familienrichterliche Entscheidungen zu Beginn der Hilfe,
   f) Intensität der Hilfe,
   g) Hilfe anregende Institutionen oder Personen,
   h) Gründe für die Hilfegewährung,
   i) Grund für die Beendigung der Hilfe,
   j) vorangegangene Gefährdungseinschätzung nach § 8 a Absatz 1 sowie
2. im Hinblick auf junge Menschen
   a) Geschlecht,
   b) Geburtsmonat und Geburtsjahr,
   c) Lebenssituation bei Beginn der Hilfe,
   d) anschließender Aufenthalt,
   e) nachfolgende Hilfe;
3. bei sozialpädagogischer Familienhilfe nach § 31 und anderen familienorientierten Hilfen nach § 27 zusätzlich zu den unter den Nummern 1 und 2 genannten Merkmalen
   a) Geschlecht, Geburtsmonat und Geburtsjahr der in der Familie lebenden jungen Menschen sowie
   b) Zahl der außerhalb der Familie lebenden Kinder und Jugendlichen.

(2) Erhebungsmerkmale bei den Erhebungen über vorläufige Maßnahmen zum Schutz von Kindern und Jugendlichen sind Kinder und Jugendliche, zu deren Schutz Maßnahmen nach § 42 getroffen worden sind, gegliedert nach

1. Art des Trägers der Maßnahme, Art der Maßnahme, Form der Unterbringung während der Maßnahme, Institution oder Personenkreis, die oder der die Maßnahme angeregt hat, Zeitpunkt des Beginns und Dauer der Maßnahme, Durchführung auf Grund einer vorangegangenen Gefährdungseinschätzung nach § 8a Absatz 1, Maßnahmeanlass, Art der anschließenden Hilfe,
2. bei Kindern und Jugendlichen zusätzlich zu den unter Nummer 1 genannten Merkmalen nach Geschlecht, Altersgruppe, Staatsangehörigkeit, Art des Aufenthalts vor Beginn der Maßnahme.

(3) Erhebungsmerkmale bei den Erhebungen über die Annahme als Kind sind

1. angenommene Kinder und Jugendliche, gegliedert
   a) nach Geschlecht, Geburtsmonat und Geburtsjahr, Staatsangehörigkeit und Art des Trägers des Adoptionsvermittlungsdienstes,
   b) nach Herkunft des angenommenen Kindes, Art der Unterbringung vor der Adoptionspflege, Familienstand der Eltern oder des sorgeberechtigten Elternteils oder Tod der Eltern zu Beginn der Adoptionspflege sowie Ersetzung der Einwilligung zur Annahme als Kind,
   c) nach Staatsangehörigkeit der oder des Annehmenden und Verwandtschaftsverhältnis zu dem Kind,
2. die Zahl der
   a) ausgesprochenen und aufgehobenen Annahmen sowie der abgebrochenen Adoptionspflegen, gegliedert nach Art des Trägers des Adoptionsvermittlungsdienstes,
   b) vorgemerkten Adoptionsbewerber, die zur Annahme als Kind vorgemerkten und in Adoptionspflege untergebrachten Kinder und Jugendlichen zusätzlich nach ihrem Geschlecht, gegliedert nach Art des Trägers des Adoptionsvermittlungsdienstes.

(4) Erhebungsmerkmal bei den Erhebungen über die Amtspflegschaft und die Amtsvormundschaft sowie die Beistandschaft ist die Zahl der Kinder und Jugendlichen unter

1. gesetzlicher Amtsvormundschaft,
2. bestellter Amtsvormundschaft,
3. bestellter Amtspflegschaft sowie 4. Beistandschaft, gegliedert nach Geschlecht, Art des Tätigwerdens des Jugendamts sowie nach deutscher und ausländischer Staatsangehörigkeit (Deutsche/Ausländer).

(5) Erhebungsmerkmal bei den Erhebungen über

1. die Pflegeerlaubnis nach § 43 ist die Zahl der Tagespflegepersonen,
2. die Pflegeerlaubnis nach § 44 ist die Zahl der Kinder und Jugendlichen, gegliedert nach Geschlecht und Art der Pflege.

(6) Erhebungsmerkmale bei der Erhebung zum Schutzauftrag bei Kindeswohlgefährdung nach § 8 a sind Kinder und Jugendliche, bei denen eine Gefährdungseinschätzung nach Absatz 1 vorgenommen worden ist, gegliedert

1. nach der Art des Trägers, bei dem der Fall bekannt geworden ist, der die Gefährdungseinschätzung anregenden Institution oder Person, der Art der Kindeswohlgefährdung sowie dem Ergebnis der Gefährdungseinschätzung,
2. bei Kindern und Jugendlichen zusätzlich zu den in Nummer 1 genannten Merkmalen nach Geschlecht, Alter und Aufenthaltsort des Kindes oder Jugendlichen zum Zeitpunkt der Meldung sowie dem Alter der Eltern und der Inanspruchnahme einer Leistung gemäß den §§ 16 bis 19 sowie 27 bis 35a und der Durchführung einer Maßnahme nach § 42.

(6a) Erhebungsmerkmal bei den Erhebungen über Sorgeerklärungen und die gerichtliche Übertragung der gemeinsamen elterlichen Sorge nach § 1626a Absatz 1 Nummer 3 des Bürgerlichen Gesetzbuchs ist die gemeinsame elterliche Sorge nicht miteinander verheirateter Eltern, gegliedert danach, ob Sorgeerklärungen beider Eltern vorliegen, eine Sorgeerklärung ersetzt worden ist oder den Eltern die elterliche Sorge aufgrund einer gerichtlichen Entscheidung ganz oder zum Teil gemeinsam übertragen worden ist.

(6b) Erhebungsmerkmal bei den Erhebungen über Maßnahmen des Familiengerichts ist die Zahl der Kinder und Jugendlichen, bei denen wegen einer Gefährdung ihres Wohls das familiengerichtliche Verfahren auf Grund einer Anrufung durch das Jugendamt nach § 8 a Absatz 2 Satz 1 oder § 42 Absatz 3 Satz 2 Nummer 2 oder auf andere Weise eingeleitet worden ist und

1. den Personensorgeberechtigten auferlegt worden ist, Leistungen nach diesem Buch in Anspruch zu nehmen,
2. andere Gebote oder Verbote gegenüber den Personensorgeberechtigten oder Dritten ausgesprochen worden sind,
3. Erklärungen der Personensorgeberechtigten ersetzt worden sind,
4. die elterliche Sorge ganz oder teilweise entzogen und auf das Jugendamt oder einen Dritten als Vormund oder Pfleger übertragen worden ist, gegliedert nach Geschlecht, Alter und zusätzlich bei Nummer 4 nach dem Umfang der übertragenen Angelegenheit.

(7) Erhebungsmerkmale bei den Erhebungen über Kinder und tätige Personen in Tageseinrichtungen sind

1. die Einrichtungen, gegliedert nach
   a) der Art des Trägers und der Rechtsform sowie besonderen Merkmalen,
   b) der Zahl der verfügbaren Plätze sowie
   c) der Art und Anzahl der Gruppen,
2. für jede dort haupt- und nebenberuflich tätige Person
   a) Geschlecht und Beschäftigungsumfang,
   b) für das pädagogisch und in der Verwaltung tätige Personal zusätzlich Geburtsmonat und Geburtsjahr, die Art des Berufsausbildungsabschlusses, Stellung im Beruf und Arbeitsbereich,
3. für die dort geförderten Kinder
   a) Geschlecht, Geburtsmonat und Geburtsjahr sowie Schulbesuch,
   b) Migrationshintergrund,
   c) Betreuungszeit und Mittagsverpflegung,
   d) erhöhter Förderbedarf,
   e) Gruppenzugehörigkeit.

(7a) Erhebungsmerkmale bei den Erhebungen über Kinder in mit öffentlichen Mitteln geförderter Kindertagespflege sowie die die Kindertagespflege durchführenden Personen sind:

1. für jede tätige Person
   a) Geschlecht, Geburtsmonat und Geburtsjahr,
   b) Art und Umfang der Qualifikation, Anzahl der betreuten Kinder (Betreuungsverhältnisse am Stichtag) insgesamt und nach dem Ort der Betreuung,
2. für die dort geförderten Kinder
   a) Geschlecht, Geburtsmonat und Geburtsjahr sowie Schulbesuch,
   b) Migrationshintergrund,
   c) Betreuungszeit und Mittagsverpflegung,
   d) Art und Umfang der öffentlichen Finanzierung und Förderung,
   e) erhöhter Förderbedarf,
   f) Verwandtschaftsverhältnis zur Pflegeperson,
   g) gleichzeitig bestehende andere Betreuungsarrangements.

(7b) Erhebungsmerkmale bei den Erhebungen über Personen, die mit öffentlichen Mitteln geförderte Kindertagespflege gemeinsam oder auf Grund einer Erlaubnis nach § 43 Absatz 3 Satz 3 durchführen und die von diesen betreuten Kinder sind die Zahl der Tagespflegepersonen und die Zahl der von diesen betreuten Kinder jeweils gegliedert nach Pflegestellen.

(8) Erhebungsmerkmale bei den Erhebungen über die Angebote der Jugendarbeit nach § 11 sind die mit öffentlichen Mitteln geförderten Maßnahmen im Bereich

1. der außerschulischen Jugendbildung (§ 11 Absatz 3 Nummer 1),
2. der Kinder- und Jugenderholung (§ 11 Absatz 3 Nummer 5),
3. der internationalen Jugendarbeit (§ 11 Absatz 3 Nummer 4) sowie
4. der Fortbildungsmaßnahmen für Mitarbeiter (§ 74 Absatz 6),

gegliedert nach Art des Trägers, Dauer der Maßnahme sowie Zahl und Geschlecht der Teilnehmer, zusätzlich bei der internationalen Jugendarbeit nach Partnerländern und Maßnahmen im In- und Ausland.

(9) Erhebungsmerkmale bei den Erhebungen über die Einrichtungen, soweit sie nicht in Absatz 7 erfasst werden, sowie die Behörden und Geschäftsstellen in der Jugendhilfe und die dort tätigen Personen sind

1. die Einrichtungen, gegliedert nach der Art der Einrichtung, der Art des Trägers, der Rechtsform sowie der Art und Zahl der verfügbaren Plätze,
2. die Behörden der öffentlichen Jugendhilfe sowie die Geschäftsstellen der Träger der freien Jugendhilfe, gegliedert nach der Art des Trägers und der Rechtsform,
3. für jede haupt- und nebenberuflich tätige Person
   a) (weggefallen)
   b) (weggefallen)
   c) Geschlecht und Beschäftigungsumfang,
   d) für das pädagogische und in der Verwaltung tätige Personal zusätzlich Geburtsmonat und Geburtsjahr, Art des Berufsausbildungsabschlusses, Stellung im Beruf und Arbeitsbereich.

(10) Erhebungsmerkmale bei der Erhebung der Ausgaben und Einnahmen der öffentlichen Jugendhilfe sind

1. die Art des Trägers,
2. die Ausgaben für Einzel- und Gruppenhilfen, gegliedert nach Ausgabe- und Hilfeart sowie die Einnahmen nach Einnahmeart,
3. die Ausgaben und Einnahmen für Einrichtungen nach Arten gegliedert nach der Einrichtungsart,
4. die Ausgaben für das Personal, das bei den örtlichen und den überörtlichen Trägern sowie den kreisangehörigen Gemeinden und Gemeindeverbänden, die nicht örtliche Träger sind, Aufgaben der Jugendhilfe wahrnimmt.

§ 100 Hilfsmerkmale

Hilfsmerkmale sind

1. Name und Anschrift des Auskunftspflichtigen,
2. für die Erhebungen nach § 99 die Kenn-Nummer der hilfeleistenden Stelle oder der auskunftsgebenden Einrichtung; soweit eine Hilfe nach § 28 gebietsübergreifend erbracht wird, die Kenn-Nummer des Wohnsitzes des Hilfeempfängers,
3. Name und Telefonnummer sowie Faxnummer oder E-Mail-Adresse der für eventuelle Rückfragen zur Verfügung stehenden Person.

§ 101 Periodizität und Berichtszeitraum

(1) Die Erhebungen nach § 99 Absatz 1 bis 5 sowie nach Absatz 6a bis 7b und 10 sind jährlich durchzuführen, die Erhebungen nach § 99 Absatz 1, soweit sie die Eingliederungshilfe für seelisch behinderte Kinder und Jugendliche betreffen, beginnend 2007. Die Erhebung nach § 99 Absatz 6 erfolgt laufend. Die übrigen Erhebungen nach § 99 sind alle vier Jahre durchzuführen, die Erhebungen nach Absatz 8 beginnend 1992, die Erhebungen nach Absatz 9 beginnend mit 2006. Die Erhebung nach § 99 Absatz 8 wird für das Jahr 2012 ausgesetzt.

(2) Die Angaben für die Erhebung nach

1. § 99 Absatz 1 sind zu dem Zeitpunkt, zu dem die Hilfe endet, bei fortdauernder Hilfe zum 31.Dezember,

2. bis 5. (weggefallen)
6. § 99 Absatz 2 sind zum Zeitpunkt des Endes einer vorläufigen Maßnahme,
7. § 99 Absatz 3 Nummer 1 sind zum Zeitpunkt der rechtskräftigen gerichtlichen Entscheidung über die Annahme als Kind,
8. § 99 Absatz 3 Nummer 2 Buchstabe a und Absatz 6 a, 6 b und 8 und 10 sind für das abgelaufene Kalenderjahr,
9. § 99 Absatz 3 Nummer 2 Buchstabe b und Absatz 4, 5 und 9 sind zum 31. Dezember,
10. § 99 Absatz 7, 7a und 7b sind zum 1. März,
11. § 99 Absatz 6 sind zum Zeitpunkt des Abschlusses der Gefährdungseinschätzung zu erteilen.

§ 102 Auskunftspflicht

(1) Für die Erhebungen besteht Auskunftspflicht. Die Angaben zu § 100 Nummer 3 sind freiwillig.

(2) Auskunftspflichtig sind

1. die örtlichen Träger der Jugendhilfe für die Erhebungen nach § 99 Absatz 1 bis 10, nach Absatz 8 nur, soweit eigene Maßnahmen durchgeführt werden,
2. die überörtlichen Träger der Jugendhilfe für die Erhebungen nach § 99 Absatz 3 und 7 und 8 bis 10, nach Absatz 8 nur, soweit eigene Maßnahmen durchgeführt werden,
3. die obersten Landesjugendbehörden für die Erhebungen nach § 99 Absatz 7 und 8 bis 10,
4. die fachlich zuständige oberste Bundesbehörde für die Erhebung nach § 99 Absatz 10,
5. die kreisangehörigen Gemeinden und die Gemeindeverbände, soweit sie Aufgaben der Jugendhilfe wahrnehmen, für die Erhebungen nach § 99 Absatz 7 bis 10,
6. die Träger der freien Jugendhilfe für Erhebungen nach § 99 Absatz 1, soweit sie eine Beratung nach § 28 oder § 41 betreffen, und nach § 99 Absatz 2, 3, 7, 8 und 9,
7. die Leiter der Einrichtungen, Behörden und Geschäftsstellen in der Jugendhilfe für die Erhebungen nach § 99 Absatz 7 und 9.

(3) Zur Durchführung der Erhebungen nach § 99 Absatz 1, 2, 3, 7, 8 und 9 übermitteln die Träger der öffentlichen Jugendhilfe den statistischen Ämtern der Länder auf Anforderung die erforderlichen Anschriften der übrigen Auskunftspflichtigen.

§ 103 Übermittlung

(1) An die fachlich zuständigen obersten Bundes- oder Landesbehörden dürfen für die Verwendung gegenüber den gesetzgebenden Körperschaften und für Zwecke der Planung, jedoch nicht für die Regelung von Einzelfällen, vom Statistischen Bundesamt und den statistischen Ämtern der Länder Tabellen mit statistischen Ergebnissen übermittelt werden, auch soweit Tabellenfelder nur einen einzigen Fall ausweisen. Tabellen, deren Tabellenfelder nur einen einzigen Fall ausweisen, dürfen nur dann übermittelt werden, wenn sie nicht differenzierter als auf Regierungsbezirksebene, im Fall der Stadtstaaten auf Bezirksebene, aufbereitet sind.

(2) Für ausschließlich statistische Zwecke dürfen den zur Durchführung statistischer Aufgaben zuständigen Stellen der Gemeinden und Gemeindeverbände für ihren Zuständigkeitsbereich Einzelangaben aus der Erhebung nach § 99 mit Ausnahme der Hilfsmerkmale übermittelt werden, soweit die Voraussetzungen nach § 16 Absatz 5 des Bundesstatistikgesetzes gegeben sind.

(3) Die Ergebnisse der Kinder- und Jugendhilfestatistiken gemäß den §§ 98 und 99 dürfen auf der Ebene der einzelnen Gemeinde oder des einzelnen Jugendamtsbezirkes veröffentlicht werden.

ZEHNTES KAPITEL
Straf- und Bußgeldvorschriften

§ 104 Bußgeldvorschriften

(1) Ordnungswidrig handelt, wer

1. ohne Erlaubnis nach § 43 Absatz 1 oder § 44 Absatz 1 Satz 1 ein Kind oder einen Jugendlichen betreut oder ihm Unterkunft gewährt,
2. entgegen § 45 Absatz 1 Satz 1, auch in Verbindung mit § 48 a Absatz 1, ohne Erlaubnis eine Einrichtung oder eine sonstige Wohnform betreibt oder
3. entgegen § 47 eine Anzeige nicht, nicht richtig, nicht vollständig oder nicht rechtzeitig erstattet oder eine Meldung nicht, nicht richtig, nicht vollständig oder nicht rechtzeitig macht oder
4. entgegen § 97a Absatz 4 vorsätzlich oder fahrlässig als Arbeitgeber eine Auskunft nicht, nicht richtig oder nicht vollständig erteilt.

(2) Die Ordnungswidrigkeiten nach Absatz 1 Nummer 1, 3 und 4 können mit einer Geldbuße bis zu fünfhundert Euro, die Ordnungswidrigkeit nach Absatz 1 Nummer 2 kann mit einer Geldbuße bis zu fünfzehntausend Euro geahndet werden.

§ 105 Strafvorschriften

Mit Freiheitsstrafe bis zu einem Jahr oder mit Geldstrafe wird bestraft, wer

1. eine in § 104 Absatz 1 Nummer 1 oder 2 bezeichnete Handlung begeht und dadurch leichtfertig ein Kind oder einen Jugendlichen in seiner körperlichen, geistigen oder sittlichen Entwicklung schwer gefährdet oder
2. eine in § 104 Absatz 1 Nummer 1 oder 2 bezeichnete vorsätzliche Handlung beharrlich wiederholt.

Erstes Gesetz zur Ausführung des Kinder- und Jugendhilfegesetzes – AG-KJHG – in Nordrhein-Westfalen

vom 12. Dezember 1990 (GV. NRW. S. 664),
zuletzt geändert durch Gesetz vom 17. Juni 2014 (GV. NRW. S. 335)

Inhaltsübersicht

Der Landtag hat das folgende Gesetz beschlossen, das hiermit verkündet wird:

ERSTER ABSCHNITT
Jugendamt

§ 1 Träger der öffentlichen Jugendhilfe

Träger der öffentlichen Jugendhilfe sind die örtlichen und überörtlichen Träger.

§ 1a Örtlicher Träger der öffentlichen Jugendhilfe

(1) Örtliche Träger der öffentlichen Jugendhilfe sind die Kreise und die kreisfreien Städte.[Fn. 1]

(2) Die Aufgaben des örtlichen Trägers der öffentlichen Jugendhilfe werden durch das Jugendamt wahrgenommen.

(3) Kreisangehörige Gemeinden, die nicht örtliche Träger der öffentlichen Jugendhilfe sind, können für den örtlichen Bereich Aufgaben der Jugendhilfe wahrnehmen. Die Planung und Durchführung dieser Aufgaben ist in den wesentlichen Punkten mit dem örtlichen Träger der öffentlichen Jugendhilfe abzustimmen. Die Gesamtverantwortung des örtlichen Trägers der öffentlichen Jugendhilfe bleibt unberührt. Für die Zusammenarbeit mit den Trägern der freien Jugendhilfe gelten die §§ 4, 74, 76 und 77 Achtes Buch Sozialgesetzbuch – Kinder- und Jugendhilfe – entsprechend.

§ 2 Zulassung von Jugendämtern in kreisangehörigen Gemeinden

Die oberste Landesjugendbehörde bestimmt auf Antrag Große und Mittlere kreisangehörige Städte durch Rechtsverordnung zu örtlichen Trägern der öffentlichen Jugendhilfe. Gemeinden, die als Mittlere bzw. Große kreisangehörige Stadt in Sinne von § 4 Abs. 8 Satz 3 der Gemeindeordnung gelten, sind nicht antragsbefugt. Erreicht die Einwohnerzahl für die Zuständigkeit eines Kreises als örtlicher Träger der öffentlichen Jugendhilfe nach Bestimmung kreisangehöriger Gemeinden zu örtlichen Trägern der öffentlichen Jugendhilfe nicht mehr den Einwohnerschwellenwert einer mittleren kreisangehörigen Stadt, kann der Kreis mit einem anderen Träger der öffentlichen Jugendhilfe, dessen Gebiet an das Gebiet der verbleibenden Gemeinde, die nicht örtlicher Träger der öffentlichen Jugendhilfe ist, angrenzt, im Einvernehmen mit der verbleibenden Gemeinde vereinbaren, dass dieser die Aufgaben nach dem SGB VIII anstelle des Kreises auch für diese Gemeinde sicherstellt.

Das Gesetz über die kommunale Gemeinschaftsarbeit in der Fassung der Bekanntmachung vom 1.Oktober 1979 (GV. NRW. S.621), in der jeweils geltenden Fassung findet entsprechende Anwendung.

§ 3 Geltung des kommunalen Rechts

(1) Für das Jugendamt gelten, soweit das Achte Buch des Sozialgesetzbuchs – Kinderund Jugendhilfe – (SGB VIII) und dieses Gesetz nichts anderes bestimmen, die Gemeindeordnung für das Land Nordrhein-Westfalen (GO) in der Fassung der Bekanntmachung vom 14. Juli 1994 (GV.NRW. S.666) in der jeweils geltenden Fassung oder die Kreisordnung für das Land Nordrhein-Westfalen (KrO) in der Fassung der Bekanntmachung vom 14. Juli 1994 (GV. NRW. S. 646) in der jeweils geltenden Fassung.

(2) Für das Jugendamt ist eine Satzung zu erlassen.

---

1. Gemäß Urteil des Verfassungsgerichtshofs für das Land Nordrhein-Westfalen vom 12.Oktober 2010 ist § 1a Abs. 1 AG-KJHG mit Art. 78 Abs. 3 der Landesverfassung NRW insoweit unvereinbar, als dabei nicht gleichzeitig Bestimmungen über die Deckung der Kosten getroffen worden sind (vgl. auch *Kennzahl 31.11a*)

§ 4 Stimmberechtigte Mitglieder des Jugendhilfeausschusses

(1) Dem Jugendhilfeausschuss gehören höchstens 15 stimmberechtigte Mitglieder einschließlich der Vorsitzenden/des Vorsitzenden an.

(2) Die stimmberechtigten Mitglieder werden für die Dauer der Wahlzeit der Vertretungskörperschaft von dieser gewählt. Sie üben ihre Tätigkeit nach Ablauf der Wahlzeit bis zum Zusammentreten des neu gewählten Jugendhilfeausschusses aus. Scheidet ein Mitglied vor Ablauf der Wartezeit aus, so ist ein Ersatzmitglied für den Rest der Wahlzeit auf Vorschlag derjenigen Stelle, die das ausgeschiedene Mitglied vorgeschlagen hatte, zu wählen. Zum stimmberechtigten Mitglied des Jugendhilfeausschusses kann nur gewählt werden, wer der Vertretungskörperschaft angehören kann. Bei der Wahl sind Frauen angemessen zu berücksichtigen. Ziel ist es, ein paritätisches Geschlechterverhältnis anzustreben.

(3) Für jedes stimmberechtigte Mitglied ist eine persönliche Stellvertreterin/ein persönlicher Stellvertreter zu wählen. Absatz 2 gilt entsprechend.

(4) Die im Bereich des öffentlichen Trägers wirkenden und anerkannten Träger der freien Jugendhilfe haben mindestens die doppelte Anzahl der insgesamt auf sie entfallenden Mitglieder und deren Stellvertreter(innen) vorzuschlagen. Ziel ist es, ein paritätisches Geschlechterverhältnis anzustreben. Die Vertretungskörperschaft wählt aus den Vorgeschlagenen die Mitglieder. Wird kein Vorschlag eingereicht, wählt die Vertretungskörperschaft Personen aus dem Kreise des § 71 Abs.1 Nr.2 SGB VIII. Vorschläge der anerkannten Träger der freien Jugendhilfe, insbesondere der Wohlfahrtsverbände und der Jugendverbände sind entsprechend der Bedeutung ihrer Arbeit für die Jugendhilfe im Bezirk des Jugendamtes angemessen zu berücksichtigen.

(5) Die/Der Vorsitzende des Jugendhilfeausschusses und deren Stellvertretung werden von den stimmberechtigten Mitgliedern des Ausschusses aus den Mitgliedern, die der Vertretungskörperschaft angehören, gewählt.

§ 5 Beratende Mitglieder des Jugendhilfeausschusses

(1) Als beratende Mitglieder gehören dem Jugendhilfeausschuss an:

1. die Hauptverwaltungsbeamtin/der Hauptverwaltungsbeamte oder eine von ihr/ihm bestellte Vertretung;
2. die Leiterin/der Leiter des Jugendamtes oder deren Vertretung;
3. eine Richterin/ein Richter des Vormundschaftsgerichtes oder des Familiengerichtes oder eine Jugendrichterin/ein Jugendrichter, die/der von der zuständigen Präsidentin/ dem zuständigen Präsidenten des Landgerichts bestellt wird;
4. eine Vertreterin/ein Vertreter der Arbeitsverwaltung, die/der von der Direktorin/dem Direktor des zuständigen Arbeitsamtes bestellt wird;
5. eine Vertreterin/ein Vertreter der Schulen, die/der von der zuständigen örtlichen Stelle bestellt wird;
6. eine Vertreterin/ein Vertreter der Polizei, die/der von der zuständigen örtlichen Stelle bestellt wird;
7. je eine Vertretung der katholischen und der evangelischen Kirche sowie der jüdischen Kultusgemeinde, falls Gemeinden dieses Bekenntnisses im Bezirk des Jugendamtes bestehen; sie werden von der zuständigen Stelle der Religionsgemeinschaft bestellt.
8. eine Vertreterin oder ein Vertreter des Integrationsrates oder Integrationsausschusses, die oder der durch den Integrationsrat oder Integrationsausschuss wird,
9. eine Vertreterin oder ein Vertreter aus dem Jugendamtselternbeirat gewählt wird.

(2) Für jedes beratende Mitglied des Jugendhilfeausschusses nach Absatz 1 Nummern 3 bis 9 ist eine Stellvertreterin oder ein Stellvertreter zu bestellen.

(3) Durch die Satzung kann bestimmt werden, dass weitere sachkundige Frauen und Männer dem Jugendhilfeausschuss als beratende Mitglieder angehören. Auf eine angemessene Beteiligung von Frauen ist zu achten.

§ 6 Unterausschüsse

In der Satzung kann bestimmt werden, dass bei Bedarf für einzelne Aufgaben der Jugendhilfe aus Mitgliedern und stellvertretenden Mitgliedern des Jugendhilfeausschusses beratende Unterausschüsse gebildet werden können.

§ 7 Widerspruchs- und Beanstandungsrecht

(1) Ist die/der Vorsitzende der Vertretungskörperschaft oder die/der Vorsitzende des Jugendhilfeausschusses der Auffassung, dass ein Beschluss des Jugendhilfeausschusses das Wohl der Gemeinde oder des Kreises gefährdet, so kann sie/er dem Beschluss spätestens am fünften Tag nach der Beschlussfassung unter schriftlicher Begründung widersprechen. Der Widerspruch hat aufschiebende Wirkung. Über die Angelegenheit ist in einer neuen Sitzung des Jugendhilfeausschusses, die frühestens am dritten Tage und spätestens zwei Wochen nach dem Widerspruch stattzufinden hat erneut zu beschließen. Verbleibt der Jugendhilfeausschuss bei seinem Beschluss, so hat die Vertretungskörperschaft über die Angelegenheit zu beschließen.

(2) Verletzt ein Beschluss des Jugendhilfeausschusses das geltende Recht, so hat die Hauptverwaltungsbeamtin/der Hauptverwaltungsbeamte den Beschluss zu beanstanden. Die Beanstandung hat aufschiebende Wirkung. Sie ist schriftlich in Form einer begründeten Darlegung dem Ausschuss mitzuteilen. Verbleibt der Jugendhilfeausschuss bei seinem Beschluss, so hat die Vertretungskörperschaft über die Angelegenheit zu beschließen.

ZWEITER ABSCHNITT
Landesjugendamt

§ 8 Überörtlicher Träger der öffentlichen Jugendhilfe

Überörtliche Träger der öffentlichen Jugendhilfe sind die Landschaftsverbände.

§ 9 Geltung der Landschaftsverbandsordnung

(1) Für das Landesjugendamt gilt, soweit das Achte Buch des Sozialgesetzbuchs – Kinder und Jugendhilfe – und dieses Gesetz nichts anderes bestimmen, die Landschaftsverbandsordnung für das Land Nordrhein-Westfalen (LVerbO) in der Fassung der Bekanntmachung vom 14. Juli 1994 (GV. NRW S. 657) in der jeweils geltenden Fassung.

(2) Für das Landesjugendamt ist eine Satzung zu erlassen.

§ 10 Zuständigkeit des Landesjugendhilfeausschusses

(1) Der Landesjugendhilfeausschuss befasst sich mit allen dem überörtlichen Träger der öffentlichen Jugendhilfe obliegenden Aufgaben. Er hat Beschlussrecht im Rahmen der von der Landschaftsversammlung für das Landesjugendamt erlassenen Satzung, der von ihr bereitgestellten Mittel und der von ihr gefassten Beschlüsse zu diesen Aufgaben. Der Landesjugendhilfeausschuss soll in Fragen der Jugendhilfe vor jeder Beschlussfassung der Landschaftsversammlung gehört werden und hat das Recht, Anträge an sie zu stellen.

(2) Die Sitzungen des Landesjugendhilfeausschusses sind öffentlich, soweit nicht das Wohl der Allgemeinheit, berechtigte Interessen einzelner Personen oder schutzbedürftiger Gruppen entgegenstehen.

§ 11 Stimmberechtigte Mitglieder des Landesjugendhilfeausschusses

(1) Dem Landesjugendhilfeausschuss gehören 20 stimmberechtigte Mitglieder einschließlich der/des Vorsitzenden an.

(2) Für die Vorschläge der Träger der freien Jugendhilfe gilt § 4 Abs.4 Sätze 1 und 2. Vorschläge der Wohlfahrtsverbände und der Jugendverbände sind entsprechend der Bedeutung ihrer Arbeit für die Jugendhilfe im Bezirk des Landschaftsverbandes angemessen zu berück-

sichtigen. Die Mitglieder werden von der obersten Landesjugendbehörde für die Wahlzeit der Landschaftsversammlung ernannt. Vor der Ernennung ist dem Landschaftsausschuss Gelegenheit zur Stellungnahme zu geben.

(3) Als weitere stimmberechtigte Mitglieder sollen dem Landesjugendhilfeausschuss Mitglieder der Landschaftsversammlung, Mitglieder von Jugendhilfeausschüssen im Bezirk des Landschaftsverbandes und andere Frauen und Männer, die in der Jugendhilfe erfahren oder tätig sind, angehören. Sie werden für die Dauer der Wahlzeit der Landschaftsversammlung von dieser gewählt. Bei der Wahl sind Frauen angemessen zu berücksichtigen.

(4) Auf die Ernennung oder Wahl der stimmberechtigten Mitglieder des Landesjugendhilfeausschusses finden die §§ 12 und 13 des Kommunalwahlgesetzes in der Fassung der Bekanntmachung vom 8. Januar 1979 (GV. NRW. S. 2), zuletzt geändert durch Gesetz vom 27. März 1984 (GV. NRW. S. 210), entsprechende Anwendung. Sie üben ihre Tätigkeit nach Ablauf der Wahlzeit bis zum Zusammentreten des neu gebildeten Landesjugendhilfeausschusses weiter aus. Scheidet ein Mitglied vor Ablauf der Wahlzeit aus, so ist ein Ersatzmitglied für den Rest der Wahlzeit auf Vorschlag derjenigen Stelle, die das ausgeschiedene Mitglied vorgeschlagen hatte zu ernennen oder zu wählen.

(5) Für jedes stimmberechtigte Mitglied ist eine persönliche Stellvertreterin/ein persönlicher Stellvertreter zu wählen. Die Absätze 2 bis 4 gelten entsprechend.

(6) Die/Der Vorsitzende des Landesjugendhilfeausschusses und deren Stellvertretung werden von den stimmberechtigten Mitgliedern des Ausschusses aus den dem Ausschuss angehörenden Mitgliedern der Landschaftsversammlung gewählt. Die/Der Vorsitzende muss dem Landschaftsausschuss angehören.

§ 12 Beratende Mitglieder des Landesjugendhilfeausschusses

(1) Als beratende Mitglieder gehören dem Landesjugendhilfeausschuss an:

1. die Direktorin/der Direktor des Landschaftsverbandes oder eine von ihr/ ihm bestellte Vertretung;
2. die Leiterin/der Leiter des Landesjugendamtes oder deren Stellvertretung;
3. eine Vertreterin/ein Vertreter der Gesundheitsverwaltung, die/der von der obersten Landesgesundheitsbehörde bestellt wird;
4. eine Richterin/ein Richter oder eine Beamtin/ein Beamter der Justizverwaltung, die/ der von der obersten Landesjustizbehörde bestellt wird;
5. eine Vertreterin/ein Vertreter der Schulverwaltung, die/der von der obersten Landesschulbehörde bestellt wird;
6. eine Vertreterin/ein Vertreter der Arbeitsverwaltung, die/der von der Präsidentin/dem Präsidenten des Landesarbeitsamtes bestellt wird;
7. je eine Vertretung der katholischen und evangelischen Kirche und der jüdischen Kulturgemeinde; sie werden von der zuständigen Stelle der Religionsgemeinschaften bestellt.
8. eine Vertreterin oder ein Vertreter des Landesintegrationsrats, die oder der durch dieses Gremium gewählt wird.

(2) Für jedes beratende Mitglied des Landesjugendhilfeausschusses nach Absatz 1 Nummern 3 bis 8 ist eine Stellvertreterin oder ein Stellvertreter zu bestellen.

(3) Durch die Satzung kann bestimmt werden, dass weitere sachkundige Frauen und Männer dem Landesjugendhilfeausschuss angehören. Auf eine angemessene Beteiligung von Frauen ist zu achten.

§ 13 Verfahren des Landesjugendhilfeausschusses in Fällen äußerster Dringlichkeit

In Fällen äußerster Dringlichkeit, in denen ein Beschluss des Landesjugendhilfeausschusses nicht mehr rechtzeitig herbeigeführt werden kann, kann die Direktorin/der Direktor des Landschaftsverbandes Anordnungen ohne einen solchen Beschluss im Einverständnis mit der/dem Vorsitzenden dieses Ausschusses treffen. Der Landesjugendhilfeausschuss ist unverzüglich zu unterrichten. Er kann die Anordnungen aufheben, soweit nicht bereits Rechte Dritter entstanden sind.

§ 14 Unterausschüsse

Für die Bildung von Unterausschüssen des Landesjugendhilfeausschusses gilt § 6 entsprechend.

§ 15 Pflichtaufgaben der Landesjugendämter

(1) Die Landesjugendämter führen die Aufgabe nach § 85 Abs. 2 Nr. 6 SGB VIII als Pflichtaufgabe zur Erfüllung nach Weisung aus. Die Aufsicht führt die oberste Landesjugendbehörde.

(2) Die Aufsichtsbehörde kann Weisungen erteilen, um die gesetzmäßige Ausführung der Aufgabe nach Absatz 1 zu sichern.

(3) Zur zweckmäßigen Ausführung dieser Aufgabe kann die Aufsichtsbehörde

a) allgemeine Weisungen erteilen,
b) besondere Weisungen erteilen, wenn die ordnungsgemäße Erfüllung der Aufgabe nichtgesichert erscheint oder überörtliche Interessen gefährdet sein können. Daneben sind besondere Weisungen zulässig um das Wohl von Kindern und Jugendlichen zu gewährleisten.

§ 15a Kostenerstattung bei Gewährung von Jugendhilfe nach der Einreise

Die nach § 89 d SGB VIII dem Land obliegenden Aufgaben werden den Landschaftsverbänden übertragen. Das Land stellt ihnen die zur Erfüllung dieser Aufgaben aufzuwendenden Mittel für Jugendhilfe zur Verfügung.

DRITTER ABSCHNITT
Schutz von Kindern und Jugendlichen in Familienpflege und in Einrichtungen

§ 16 Erteilung der Pflegeerlaubnis

(1) Die Pflegeerlaubnis nach § 44 SGB VIII ist schriftlich oder zur Niederschrift beim Jugendamt zu beantragen. Sie bedarf der Schriftform und gilt nur für die in ihr genannten Kinder und Jugendlichen.

(2) Die Pflegeerlaubnis soll in der Regel Eheleuten oder eingetragenen Lebenspartnerinnen bzw. Lebenspartnern, sie kann auch allein stehenden Personen erteilt werden. Der Altersunterschied zwischen den Pflegepersonen und dem Kind oder Jugendlichen soll dem Eltern-Kind-Verhältnis entsprechen.

(3) Die Pflegeerlaubnis soll in der Regel nicht für mehr als drei Kinder oder Jugendliche in einer Pflegestelle erteilt werden. Die Erteilung der Pflegeerlaubnis für mehr als fünf Kinder oder Jugendliche in einer Pflegestelle ist nicht zulässig. Sollen sechs oder mehr Minderjährige angenommen werden, so findet § 45 SGB VIII Anwendung. Im Ausnahmefall kann das Landesjugendamt auch dann, wenn weniger als sechs Minderjährige aufgenommen werden, die Notwendigkeit der Anwendung des § 45 SGB VIII feststellen.

§ 17 Versagungsgründe

Die Pflegeerlaubnis ist insbesondere zu versagen, wenn

a) die Pflegeperson nicht über ausreichende erzieherische Fähigkeiten verfügt,
b) die Pflegeperson nicht die Gewähr dafür bietet, dass die religiöse Erziehung des ihranvertrauten Kindes oder Jugendlichen im Einklang mit der von den Personensorgeberechtigten bestimmten Grundrichtung der Erziehung durchgeführt wird,
c) die Pflegeperson oder die in ihrer Wohnung lebenden Personen nicht die Gewähr dafür bieten, dass das sittliche Wohl des Kindes oder Jugendlichen nicht gefährdet ist,

d) die wirtschaftlichen Verhältnisse der Pflegepersonen und ihre Haushaltsführung nichtgeordnet sind,
e) die Pflegeperson oder die in ihrer Wohnung lebenden Personen nicht frei von ansteckenden, das Wohl des Kindes gefährdenden Krankheiten sind oder
f) nicht ausreichender Wohnraum für das Kind oder den Jugendlichen und die in derWohnung lebenden Personen vorhanden ist.

§ 18 Rücknahme der Pflegeerlaubnis

Die Pflegeerlaubnis ist zurückzunehmen, wenn sich nachträglich herausstellt, dass bei ihrer Erteilung einer der Versagungsgründe des § 17 vorgelegen hat oder nunmehr vorliegt oder in sonstiger Weise das Wohl des Kindes gefährdet und die Pflegeperson nicht bereit oder in der Lage ist, Abhilfe zu schaffen.

§ 19 Aufsicht

(1) Die Pflegeperson hat den Beamtinnen/den Beamten und Angestellten sowie den Beauftragten des Jugendamtes Auskunft über die Pflegestelle und das Kind zu erteilen. Den Beamtinnen/Beamten und Angestellten sowie den Beauftragten des Jugendamtes ist der Zutritt zu dem Kind und den Räumen, die zu seinem Aufenthalt dienen, zu gestatten. Das Grundrecht der Unverletzlichkeit der Wohnung (Artikel 13 Abs. 1 des Grundgesetzes) wird insoweit eingeschränkt.

(2) Die in Absatz 1 Satz 2 genannten Personen haben ihren Dienstausweis oder einen vom Jugendamt ausgestellten Ausweis bei sich zu führen und auf Verlangen vorzuzeigen.

§ 20 Anzeigepflicht

Ist einem Ehepaar die Pflegeerlaubnis erteilt, so ist dem Jugendamt unverzüglich mitzuteilen, wenn ein Ehegatte stirbt oder von einem Ehegatten Klage auf Scheidung, Aufhebung oder Nichtigerklärung der Ehe erhoben wird. Die Verpflichtung zur Mitteilung obliegt im Falle des Todes dem überlebenden Ehegatten, in allen übrigen Fällen beiden Ehegatten. Die Vorschriften finden auf eingetragene Lebenspartnerinnen und Lebenspartner entsprechende Anwendung.

§ 21 Erlaubnis und Untersagung des Betriebs einer Einrichtung

(1) Zu den erlaubnispflichtigen Einrichtungen gehören auch Schülerheime.

(2) Das Landesjugendamt hat das nach § 87 a Abs. 3 SGB VIII zuständige Jugendamt sowie einen zentralen Träger der freien Jugendhilfe, wenn diesem der Träger der Einrichtung angehört bei der Prüfung der Voraussetzungen für die Erteilung einer Erlaubnis zu beteiligen.

(3) Erlangt ein Jugendamt Kenntnis davon, dass eine in seinem Bezirk gelegene Einrichtung ohne Erlaubnis Kinder und Jugendliche aufnimmt oder dass Tatsachen vorliegen, die die Eignung der Einrichtung zur Aufnahme von Kindern und Jugendlichen ausschließen, hat es bei Gefahr im Verzug unverzüglich die notwendigen Maßnahmen zu treffen und dem Landesjugendamt sowie dem zuständigen zentralen Träger der freien Jugendhilfe hiervon Mitteilung zu machen.

(4) Wird eine Einrichtung im Sinne des § 45 SGB VIII ohne die erforderliche Erlaubnis betrieben, so kann das zuständige Landesjugendamt den weiteren Betrieb untersagen.

(5) Vereinbarungen im Sinne des § 45 Abs. 2 Satz 4 SGB VIII für die Einrichtungen von Trägerzusammenschlüssen sind zwischen den Zentralstellen der Trägerzusammenschlüsse und der obersten Landesjugendbehörde abzuschließen.

§ 22 Sicherstellung des Schulunterrichts bei Gewährung von Hilfe zur Erziehung in einer Einrichtung

Wenn schulpflichtige Kinder oder Jugendliche, denen Hilfe zur Erziehung in einer Einrichtung gewährt wird, aus erzieherischen Gründen weder einer öffentlichen Schule zugewiesen noch in eine genehmigte Ersatzschule aufgenommen werden können, hat das Jugendamt im Benehmen mit der zuständigen Schulaufsichtsbehörde dafür zu sorgen, dass diesen Kindern und Jugendlichen der erforderliche Schulunterricht anderweitig zuteil wird oder sie eine besondere pädagogische Förderung erhalten, die die Wiedereingliederung in die Schule möglich macht.

§ 23 Aufsicht über Einrichtungen der Landschaftsverbände

Die Aufsicht über Einrichtungen der Landschaftsverbände im Sinne des § 45 Abs. 1 SGB VIII führen die Landesjugendämter.

VIERTER ABSCHNITT
Bericht der Landesregierung

§ 24 Kinder- und Jugendbericht

(1) Die Landesregierung legt dem Landtag in jeder Legislaturperiode einen Kinder- und Jugendbericht vor. Dieser soll eine Darstellung der wichtigsten Entwicklungstendenzen der Jugendhilfe im Lande unter Berücksichtigung allgemeiner Rahmenbedingungen sowie eine Zusammenfassung der landespolitischen Maßnahmen und Leistungen für Kinder und Jugendliche im Berichtszeitraum enthalten. Er soll darüber hinaus einen Überblick über die kinder- und jugendpolitischen Zielvorstellungen der Landesregierung geben.

(2) Die Landesregierung soll hierzu Expertisen und Gutachten einholen und soll diese veröffentlichen.

FÜNFTER ABSCHNITT
Anerkennung als Träger der freien Jugendhilfe

§ 25 Öffentliche Anerkennung

(1) Zuständig für die öffentliche Anerkennung der Träger der freien Jugendhilfe nach § 75 SGB VIII sind

1. das Jugendamt nach Beschlussfassung des Jugendhilfeausschusses, wenn der Träger der freien Jugendhilfe seinen Sitz im Bezirk des Jugendamtes hat und dort vorwiegend tätig ist,
2. das Landesjugendamt nach Beschlussfassung des Landesjugendhilfeausschusses, wenn der Träger der freien Jugendhilfe seinen Sitz im Bezirk des Landesjugendamtes hat und vorwiegend dort in mehreren Jugendamtsbezirken tätig ist. Gehören diese zu demselben Kreis, ist anstelle des Landesjugendamtes das Jugendamt dieses Kreises zuständig,
3. die oberste Landesjugendbehörde, wenn der Träger der freien Jugendhilfe in beiden Landesjugendamtsbezirken gleichermaßen tätig ist sowie in allen übrigen Fällen.

(2) Die auf Landesebene zusammengeschlossenen Verbände der freien Wohlfahrtspflege sind anerkannte Träger der freien Jugendhilfe.

(3) Die öffentliche Anerkennung gilt nur für die Organisationsstufe eines Trägers der freien Jugendhilfe, für die sie erteilt ist. Die öffentliche Anerkennung durch die oberste Landesjugendbehörde kann auf Antrag auf die dem Träger der freien Jugendhilfe gegenwärtig und zukünftig angehörenden regionalen und sonstigen Untergliederungen (Orts-, Kreis- und Bezirksverbände, landesweite Teilorganisationen) ausgedehnt werden, wenn die Untergliederungen an dem Träger der freien Jugendhilfe ausgerichtete einheitliche Organisationsformen, Satzungsregelungen und Betätigungsbereiche aufweisen.

(4) Die öffentliche Anerkennung kann widerrufen oder zurückgenommen werden, wenn die Voraussetzungen für die Anerkennung nicht vorgelegen haben oder nicht mehr vorliegen.

SECHSTER ABSCHNITT
Amtspflegschaft und Amtsvormundschaft

§ 26 Führung der Amtspflegschaft und der Amtsvormundschaft

Über § 56 Abs.2 Satz 2 SGB VIII hinaus ist auch im Falle des § 1822 Nr.5 des Bürgerlichen Gesetzbuches eine Genehmigung des Vormundschaftsgerichts nicht erforderlich. Das Gleiche gilt im Falle des § 1822 Nr. 12 BGB, soweit der Vermögenswert 2 500 Euro nicht übersteigt.

SIEBTER ABSCHNITT
Frühförderung

§ 27 Maßnahmen der Frühförderung für Kinder

Maßnahmen der Frühförderung für Kinder, die noch nicht eingeschult sind, sind unabhängig von der Art der Behinderung vorrangig von den Trägern der Sozialhilfe nach den Bestimmungen des Sozialgesetzbuches Zwölftes Buch (SGB XII) zu gewähren.

ACHTER ABSCHNITT
Durchführungs- und Schlussvorschriften

§ 28 Durchführungsvorschriften

(1) Soweit dieses Gesetz keine Regelung enthält, gelten für seine Durchführung sowie für den Vollzug des Landesjugendplanes und der sonstigen Fördermaßnahmen der Jugendhilfe die Vorschriften des Sozialgesetzbuchs – Verwaltungsverfahren – (SGB X) entsprechend.

(2) Die oberste Landesjugendbehörde erlässt die zur Durchführung des Sozialgesetzbuchs – Achtes Buch – und dieses Gesetzes erforderlichen Verwaltungsvorschriften.

§ 29

(weggefallen)

§ 30 Inkrafttreten

Dieses Gesetz tritt am 1. Januar 1991 in Kraft. Gleichzeitig treten außer Kraft:

1. das Gesetz zur Ausführung des Gesetzes für Jugendwohlfahrt – AG-JWG – in der Fassung vom 1.Juli 1965 (GV. NRW. S.248), zuletzt geändert durch Gesetz vom 18.Dezember 1984 (GV. NRW. S. 806),
2. die Bekanntmachung vom 16. März 1925 betreffend Regelung der Befugnisse aus § 28 des Reichsgesetzes für Jugendwohlfahrt (Pr.GS.NRW. S.54).

Die Landesregierung Nordrhein-Westfalen

Übereinkommen über die Rechte des Kindes (UN-Kinderkonvention)

vom 20. November 1989
am 26. Januar 1990
von der Bundesrepublik Deutschland unterzeichnet
(Zustimmung von Bundestag und Bundesrat durch
Gesetz vom 17. Februar 1992 – BGBl. II S. 121)
am 6. März 1992
Hinterlegung der Ratifikationsurkunde
beim Generalsekretär der Vereinten Nationen
am 5. April 1992
für Deutschland in Kraft getreten
(Bekanntmachung vom 10. Juli 1992 – BGBl. II S. 990)

Inhaltsübersicht

Präambel

Die Vertragsstaaten dieses Übereinkommens –

in der Erwägung, dass nach den in der Charta der Vereinten Nationen verkündeten Grundsätzen die Anerkennung der allen Mitgliedern der menschlichen Gesellschaft innewohnenden Würde und der Gleichheit und Unveräußerlichkeit ihrer Rechte die Grundlage von Freiheit, Gerechtigkeit und Frieden in der Welt bildet,

eingedenk dessen, dass die Völker der Vereinten Nationen in der Charta ihren Glauben an die Grundrechte und an Würde und Wert des Menschen bekräftigt und beschlossen haben, den sozialen Fortschritt und bessere Lebensbedingungen in größerer Freiheit zu fördern,

in der Erkenntnis, dass die Vereinten Nationen in der Allgemeinen Erklärung der Menschenrechte und in den Internationalen Menschenrechtspakten verkündet haben und übereingekommen sind, dass jeder Mensch Anspruch hat auf alle darin verkündeten Rechte und Freiheiten ohne Unterscheidung, etwa nach

der Rasse, der Hautfarbe, dem Geschlecht, der Sprache, der Religion, der politischen oder sonstigen Anschauung, der nationalen oder sozialen Herkunft, dem Vermögen, der Geburt oder dem sonstigen Status,

unter Hinweis darauf, dass die Vereinten Nationen in der Allgemeinen Erklärung der Menschenrechte verkündet haben, dass Kinder Anspruch auf besondere Fürsorge und Unterstützung haben,

überzeugt, dass der Familie als Grundeinheit der Gesellschaft und natürlicher Umgebung für das Wachsen und Gedeihen aller ihrer Mitglieder, insbesondere der Kinder, der erforderliche Schutz und Beistand gewährt werden sollte, damit sie ihre Aufgaben innerhalb der Gemeinschaft voll erfüllen kann,

in der Erkenntnis, dass das Kind zur vollen und harmonischen Entfaltung seiner Persönlichkeit in einer Familie und umgeben von Glück, Liebe und Verständnis aufwachsen soll,

in der Erwägung, dass das Kind umfassend auf ein individuelles Leben in der Gesellschaft vorbereitet und im

Geist der in der Charta der Vereinten Nationen verkündeten Ideale und insbesondere im Geist des Friedens, der Würde, der Toleranz, der Freiheit, der Gleichheit und der Solidarität erzogen werden sollte,

eingedenk dessen, dass die Notwendigkeit, dem Kind besonderen Schutz zu gewähren, in der Genfer Erklärung von 1924 über die Rechte des Kindes und in der von der Generalversammlung am 20. November 1959 angenommenen Erklärung der Rechte des Kindes ausgesprochen und in der Allgemeinen Erklärung der Menschenrechte, im Internationalen Pakt über bürgerliche und politische Rechte (insbesondere in den Artikeln 23 und 24), im Internationalen Pakt über wirtschaftliche, soziale und kulturelle Rechte (insbesondere in Artikel 10) sowie in den Satzungen und den in Betracht kommenden Dokumenten der Sonderorganisationen und anderen internationalen Organisationen, die sich mit dem Wohl des Kindes befassen, anerkannt worden ist,

eingedenk dessen, dass, wie in der Erklärung der Rechte des Kindes ausgeführt ist, „das Kind wegen seiner mangelnden körperlichen und geistigen Reife besonderen Schutzes und besonderer Fürsorge, insbesondere eines angemessenen rechtlichen Schutzes vor und nach der Geburt, bedarf",

unter Hinweis auf die Bestimmungen der Erklärung über die sozialen und rechtlichen Grundsätze für den Schutz und das Wohl von Kindern unter besonderer Berücksichtigung der Aufnahme in eine Pflegefamilie und der Adoption auf nationaler und internationaler Ebene, der Regeln der Vereinten Nationen über die Mindestnormen für die Jugendgerichtsbarkeit (Beijing-Regeln) und der Erklärung über den Schutz von Frauen und Kindern im Ausnahmezustand und bei bewaffneten Konflikten,

in der Erkenntnis, dass es in allen Ländern der Welt Kinder gibt, die in außerordentlich schwierigen Verhältnissen leben, und dass diese Kinder der besonderen Berücksichtigung bedürfen,

unter gebührender Beachtung der Bedeutung der Traditionen und kulturellen Werte jedes Volkes für den Schutz und die harmonische Entwicklung des Kindes,

in Anerkennung der Bedeutung der internationalen Zusammenarbeit für die Verbesserung der Lebensbedingungen der Kinder in allen Ländern, insbesondere den Entwicklungsländern – haben Folgendes vereinbart:

TEIL I

Artikel 1 [Geltung für das Kind; Begriffsbestimmung][Fn. 1]

Im Sinne dieses Übereinkommens ist ein Kind jeder Mensch, der das achtzehnte Lebensjahr noch nicht vollendet hat, soweit die Volljährigkeit nach dem auf das Kind anzuwendenden Recht nicht früher eintritt.

Artikel 2 [Achtung der Kindesrechte; Diskriminierungsverbot]

(1) Die Vertragsstaaten achten die in diesem Übereinkommen festgelegten Rechte und gewährleisten sie jedem ihrer Hoheitsgewalt unterstehenden Kind ohne jede Diskriminierung unabhängig von der Rasse, der Hautfarbe, dem Geschlecht, der Sprache, der Religion, der politischen und sonstigen Anschauung, der nationalen, ethnischen oder sozialen Herkunft, des Vermögens, einer Behinderung, der Geburt oder des sonstigen Status des Kindes, seiner Eltern oder seines Vormunds.

(2) Die Vertragsstaaten treffen alle geeigneten Maßnahmen, um sicherzustellen, dass das Kind vor allem Formen der Diskriminierung oder Bestrafung wegen des Status, der Tätigkeiten, der Meinungsäußerungen oder der Weltanschauung seiner Eltern, seines Vormunds oder seiner Familienangehörigen geschützt wird.

Artikel 3 [Wohl des Kindes]

(1) Bei allen Maßnahmen, die Kinder betreffen, gleichviel ob sie von öffentlichen oder privaten Einrichtungen der sozialen Fürsorge, Gerichten, Verwaltungsbehörden oder Gesetzgebungsorganen getroffen werden, ist das Wohl des Kindes ein Gesichtspunkt, der vorrangig zu berücksichtigen ist.

(2) Die Vertragsstaaten verpflichten sich, dem Kind unter Berücksichtigung der Rechte und Pflichten seiner Eltern, seines Vormunds oder anderer für das Kind gesetzlich verantwortlicher Personen den Schutz und die Fürsorge zu gewährleisten, die zu seinem Wohlergehen notwendig sind; zu diesem Zweck treffen sie alle geeigneten Gesetzgebungs- und Verwaltungsmaßnahmen.

(3) Die Vertragsstaaten stellen sicher, dass die für die Fürsorge für das Kind oder dessen Schutz verantwortlichen Institutionen, Dienste und Einrichtungen den von den zuständigen Behörden festgelegten Normen entsprechen, insbesondere im Bereich der Sicherheit und der Gesundheit sowie hinsichtlich der Zahl und der fachlichen Eignung des Personals und des Bestehens einer ausreichenden Aufsicht.

Artikel 4 [Verwirklichung der Kinderrechte]

Die Vertragsstaaten treffen alle geeigneten Gesetzgebungs-, Verwaltungs- und sonstigen Maßnahmen zur Verwirklichung der in diesem Übereinkommen anerkannten Rechte. Hinsichtlich der wirtschaftlichen, sozialen und kulturellen Rechte treffen die Vertragsstaaten derartige Maßnahmen unter Ausschöpfung ihrer verfügbaren Mittel und erforderlichenfalls im Rahmen der internationalen Zusammenarbeit.

---

1. Artikelüberschriften von der Redaktion hinzugefügt; gehören nicht zum amtlichen Dokument.

Artikel 5 [Respektierung des Elternrechts]

Die Vertragsstaaten achten die Aufgaben, Rechte und Pflichten der Eltern oder gegebenenfalls, soweit nach Ortsbrauch vorgesehen, der Mitglieder der weiteren Familie oder der Gemeinschaft, des Vormunds oder anderer für das Kind gesetzlich verantwortlicher Personen, das Kind bei der Ausübung der in diesem Übereinkommen anerkannten Rechte in einer seiner Entwicklung entsprechenden Weise angemessen zu leiten und zu führen.

Artikel 6 [Recht auf Leben]

(1) Die Vertragsstaaten erkennen an, dass jedes Kind ein angeborenes Recht auf Leben hat.

(2) Die Vertragsstaaten gewährleisten in größtmöglichem Umfang das Überleben und die Entwicklung des Kindes.

Artikel 7 [Geburtsregister, Name, Staatszugehörigkeit]

(1) Das Kind ist unverzüglich nach seiner Geburt in ein Register einzutragen und hat das Recht auf einen Namen von Geburt an, das Recht, eine Staatsangehörigkeit zu erwerben, und soweit möglich, das Recht, seine Eltern zu kennen und von ihnen betreut zu werden.

(2) Die Vertragsstaaten stellen die Verwirklichung dieser Rechte im Einklang mit ihrem innerstaatlichen Recht und mit ihren Verpflichtungen aufgrund der einschlägigen internationalen Übereinkünfte in diesem Bereich sicher, insbesondere für den Fall, dass das Kind sonst staatenlos wäre.

Artikel 8 [Identität]

(1) Die Vertragsstaaten verpflichten sich, das Recht des Kindes zu achten, seine Identität, einschließlich seiner Staatsangehörigkeit, seines Namens und seiner gesetzlich anerkannten Familienbeziehungen, ohne rechtswidrige Eingriffe zu behalten.

(2) Werden einem Kind widerrechtlich einige oder alle Bestandteile seiner Identität genommen, so gewähren die Vertragsstaaten ihm angemessenen Beistand und Schutz mit dem Ziel, seine Identität so schnell wie möglich wiederherzustellen.

Artikel 9 [Trennung von den Eltern; persönlicher Umgang]

(1) Die Vertragsstaaten stellen sicher, dass ein Kind nicht gegen den Willen seiner Eltern von diesen getrennt wird, es sei denn, dass die zuständigen Behörden in einer gerichtlich nachprüfbaren Entscheidung nach den anzuwendenden Rechtsvorschriften und Verfahren bestimmen, dass diese Trennung zum Wohl des Kindes notwendig ist. Eine solche Entscheidung kann im Einzelfall notwendig werden, wie etwa wenn das Kind durch die Eltern misshandelt oder vernachlässigt wird, oder wenn bei getrennt lebenden Eltern eine Entscheidung über den Aufenthaltsort des Kindes zu treffen ist.

(2) In Verfahren nach Absatz 1 ist allen Beteiligten Gelegenheit zu geben, am Verfahren teilzunehmen und ihre Meinung zu äußern.

(3) Die Vertragsstaaten achten das Recht des Kindes, das von einem oder beiden Elternteilen getrennt ist, regelmäßig persönliche Beziehungen und unmittelbare Kontakte zu beiden Elternteilen zu pflegen, soweit dies nicht dem Wohl des Kindes widerspricht.

(4) Ist die Trennung Folge einer von einem Vertragsstaat eingeleiteten Maßnahme, wie etwa einer Freiheitsentziehung, Freiheitsstrafe, Landesverweisung oder Abschiebung oder des Todes eines oder beider Elternteile oder des Kindes (auch eines Todes, der aus irgendeinem Grund eintritt, während der Betreffende sich in staatlichem Gewahrsam befindet), so erteilt der Vertragsstaat auf Antrag den Eltern, dem Kind oder gegebenenfalls einem anderen Familienangehörigen die wesentlichen Auskünfte über den Verbleib des oder der abwesenden Familienangehörigen, sofern dies nicht dem Wohl des Kindes abträglich wäre. Die Vertragsstaaten stellen ferner sicher, dass allein die Stellung eines solches Antrags keine nachteiligen Folgen für den oder die Betroffenen hat.

Artikel 10 [Familienzusammenführung; grenzüberschreitende Kontakte]

(1) Entsprechend der Verpflichtung der Vertragsstaaten nach Artikel 9 Absatz 1 werden von einem Kind oder seinen Eltern zwecks Familienzusammenführung gestellte Anträge auf Einreise in einen Vertragsstaat oder Ausreise aus einem Vertragsstaat von den Vertragsstaaten wohlwollend, human und beschleunigt bearbeitet. Die Vertragsstaaten stellen ferner sicher, dass die Stellung eines solchen Antrages keine nachteiligen Folgen für die Antragsteller und deren Familienangehörige hat.

(2) Ein Kind, dessen Eltern ihren Aufenthalt in verschiedenen Staaten haben, hat das Recht, regelmäßige persönliche Beziehungen und unmittelbaren Kontakt zu beiden Elternteilen zu pflegen, soweit nicht außergewöhnliche Umstände vorliegen. Zu diesem Zweck achten die Vertragsstaaten entsprechend ihrer Verpflichtung nach Artikel 9 Absatz 1 das Recht des Kindes und seiner Eltern, aus jedem Land einschließlich ihres eigenen auszureisen und in ihr eigenes Land einzureisen. Das Recht auf Ausreise aus einem Land unterliegt nur den gesetzlich vorgesehenen Beschränkungen, die zum Schutz der nationalen Sicherheit, der öffentlichen Ordnung (ordre public), der Volksgesundheit, der öffentlichen Sittlichkeit oder der Rechte und Freiheiten anderer notwendig und mit den anderen in diesem Übereinkommen anerkannten Rechten vereinbar sind.

Artikel 11 [Rechtswidrige Verbringung von Kindern ins Ausland]

(1) Die Vertragsstaaten treffen Maßnahmen, um das rechtswidrige Verbringen von Kindern ins Ausland und ihre rechtswidrige Nichtrückgabe zu bekämpfen.

(2) Zu diesem Zweck fördern die Vertragsstaaten den Abschluss zwei- oder mehrseitiger Übereinkünfte oder den Beitritt zu bestehenden Übereinkünften.

Artikel 12 [Berücksichtigung des Kindeswillens]

(1) Die Vertragsstaaten sichern dem Kind, das fähig ist, sich eine eigene Meinung zu bilden, das Recht zu, diese Meinung in allen das Kind berührenden Angelegenheiten frei zu äußern, und berücksichtigen die Meinung des Kindes angemessen und entsprechend seinem Alter und seiner Reife.

(2) Zu diesem Zweck wird dem Kind insbesondere Gelegenheit gegeben, in allen das Kind berührenden Gerichts- oder Verwaltungsverfahren entweder unmittelbar oder durch einen Vertreter oder eine geeignete Stelle im Einklang mit den innerstaatlichen Verfahrensvorschriften gehört zu werden.

Artikel 13 [Meinungs- und Informationsfreiheit]

(1) Das Kind hat das Recht auf freie Meinungsäußerung; dieses Recht schließt die Freiheit ein, ungeachtet der Staatsgrenzen Informationen und Gedankengut jeder Art in Wort, Schrift oder Druck, durch Kunstwerke oder andere vom Kind gewählte Mittel sich zu beschaffen, zu empfangen und weiterzugeben.

(2) Die Ausübung dieses Rechts kann bestimmten, gesetzlich vorgesehenen Einschränkungen unterworfen werden, die erforderlich sind

a) für die Achtung der Rechte oder des Rufes anderer oder
b) für den Schutz der nationalen Sicherheit, der öffentlichen Ordnung (ordre public), der Volksgesundheit oder der öffentlichen Sittlichkeit.

Artikel 14 [Gedanken-, Gewissens- und Religionsfreiheit]

(1) Die Vertragsstaaten achten das Recht des Kindes auf Gedanken-, Gewissens- und Religionsfreiheit.

(2) Die Vertragsstaaten achten die Rechte und Pflichten der Eltern und gegebenenfalls des Vormunds, das Kind bei der Ausübung dieses Rechts in einer seiner Entwicklung entsprechenden Weise zu leiten.

(3) Die Freiheit, seine Religion oder Weltanschauung zu bekunden, darf nur den gesetzlich vorgesehenen Einschränkungen unterworfen werden, die zum Schutz der öffentlichen Sicherheit, Ordnung, Gesundheit oder Sittlichkeit oder der Grundrechte und -freiheiten anderer erforderlich sind.

Artikel 15 [Vereinigungs- und Versammlungsfreiheit]

(1) Die Vertragsstaaten erkennen das Recht des Kindes an, sich frei mit anderen zusammenzuschließen und sich friedlich zu versammeln.

(2) Die Ausübung dieses Rechts darf keinen anderen als den gesetzlich vorgesehenen Einschränkungen unterworfen werden, die in einer demokratischen Gesellschaft im Interesse der nationalen oder der öffentlichen Sicherheit, der öffentlichen Ordnung (ordre public), zum Schutz der Volksgesundheit oder der öffentlichen Sinnlichkeit oder zum Schutz der Rechte und Freiheiten anderer notwendig sind.

Artikel 16 [Schutz der Privatsphäre und Ehre]

(1) Kein Kind darf willkürlichen oder rechtswidrigen Eingriffen in sein Privatleben, seine Familie, seine Wohnung oder seinen Schriftverkehr oder rechtswidrigen Beeinträchtigungen seiner Ehre und seines Rufes ausgesetzt werden.

(2) Das Kind hat Anspruch auf rechtlichen Schutz gegen solche Eingriffe oder Beeinträchtigungen.

Artikel 17 [Zugang zu den Medien; Kinder- und Jugendschutz]

Die Vertragsstaaten erkennen die wichtige Rolle der Massenmedien an und stellen sicher, dass das Kind Zugang hat zu Informationen und Material aus einer Vielfalt nationaler und internationaler Quellen, insbesondere derjenigen, welche die Förderung seines sozialen, seelischen und sittlichen Wohlergehens sowie seiner körperlichen und geistigen Gesundheit zum Ziel haben. Zu diesem Zweck werden die Vertragsstaaten

1. die Massenmedien ermutigen, Informationen und Material zu verbreiten, die für das Kind von sozialem und kulturellem Nutzen sind und dem Geist des Artikels 29 entsprechen;
2. die internationale Zusammenarbeit bei der Herstellung, beim Austausch und bei der Verbreitung dieser Informationen und dieses Materials aus einer Vielfalt nationaler und internationaler kultureller Quellen fördern;
3. die Herstellung und Verbreitung von Kinderbüchern fördern;
4. die Massenmedien ermutigen, den sprachlichen Bedürfnissen eines Kindes, das einer Minderheit angehört oder Ureinwohner ist, besonders Rechnung zu tragen;
5. die Erarbeitung geeigneter Richtlinien zum Schutz des Kindes vor Informationen und Material, die sein Wohlergehen beeinträchtigen, fördern, wobei die Artikel 13 und 18 zu berücksichtigen sind.

Artikel 18 [Verantwortung für das Kindeswohl]

(1) Die Vertragsstaaten bemühen sich nach besten Kräften, die Anerkennung des Grundsatzes sicherzustellen, dass beide Elternteile gemeinsam für die Erziehung und Entwicklung des Kindes verantwortlich sind. Für die Erziehung und Entwicklung des Kindes sind in erster Linie die Eltern oder gegebenenfalls der Vormund verantwortlich. Dabei ist das Wohl des Kindes ihr Grundanliegen.

(2) Zur Gewährleistung und Förderung der in diesem Übereinkommen festgelegten Rechte unterstützen die Vertragsstaaten die Eltern und den Vormund in angemessener

Weise bei der Erfüllung ihrer Aufgabe, das Kind zu erziehen, und sorgen für den Ausbau von Institutionen, Einrichtungen und Diensten für die Betreuung von Kindern.

(3) Die Vertragsstaaten treffen alle geeigneten Maßnahmen, um sicherzustellen, dass Kinder berufstätiger Eltern das Recht haben, die für sie in Betracht kommenden Kinderbetreuungsdienste und -einrichtungen zu nutzen.

Artikel 19 [Schutz vor Gewaltanwendung, Misshandlung, Verwahrlosung]

(1) Die Vertragsstaaten treffen alle geeigneten Gesetzgebungs-, Verwaltungs-, Sozialund Bildungsmaßnahmen, um das Kind vor jeder Form körperlicher oder geistiger Gewaltanwendung, Schadenszufügung oder Misshandlung, vor Verwahrlosung oder Vernachlässigung, vor schlechter Behandlung oder Ausbeutung einschließlich des sexuellen Missbrauchs zu schützen, solange es sich in der Obhut der Eltern oder eines Elternteils, eines Vormunds oder anderen gesetzlichen Vertreters oder einer anderen Person befindet, die das Kind betreut.

(2) Diese Schutzmaßnahmen sollen je nach den Gegebenheiten wirksame Verfahren zur Aufstellung von Sozialprogrammen enthalten, die dem Kind und denen, die es betreuen, die erforderliche Unterstützung gewähren und andere Formen der Vorbeugung vorsehen sowie Maßnahmen zur Aufdeckung, Meldung, Weiterverweisung, Untersuchung, Behandlung und Nachbetreuung in den in Absatz 1 beschriebenen Fällen schlechter Behandlung von Kindern und gegebenenfalls für das Einschreiten der Gerichte.

Artikel 20 [Von der Familie getrennt lebende Kinder; Pflegefamilie; Adoption]

(1) Ein Kind das vorübergehend oder dauernd aus seiner familiären Umgebung herausgelöst wird oder dem der Verbleib in dieser Umgebung im eigenen Interesse nicht gestattet werden kann, hat Anspruch auf den besonderen Schutz und Beistand des Staates.

(2) Die Vertragsstaaten stellen nach Maßgabe ihres innerstaatlichen Rechts andere Formen der Betreuung eines solchen Kindes sicher.

(3) Als andere Form der Betreuung kommt unter anderem die Aufnahme in eine Pflegefamilie, die Kafala nach islamischem Recht, die Adoption oder, falls erforderlich, die Unterbringung in einer geeigneten Kinderbetreuungseinrichtung in Betracht. Bei der Wahl zwischen diesen Lösungen sind die erwünschte Kontinuität der Erziehung des Kindes sowie die ethnische, religiöse, kulturelle und sprachliche Herkunft des Kindes gebührend zu berücksichtigen.

Artikel 21 [Adoption]

Die Vertragsstaaten, die das System der Adoption anerkennen oder zulassen, gewährleisten, dass dem Wohl des Kindes bei der Adoption die höchste Bedeutung zugemessen wird; die Vertragsstaaten

a) stellen sicher, dass die Adoption eines Kindes nur durch die zuständigen Behördenbewilligt wird, die nach den anzuwendenden Rechtsvorschriften und Verfahren und auf der Grundlage aller verlässlichen einschlägigen Informationen entscheiden, dass die Adoption angesichts des Status des Kindes in Bezug auf Eltern, Verwandte und einen Vormund zulässig ist und dass, soweit dies erforderlich ist, die betroffenen Personen in Kenntnis der Sachlage und auf der Grundlage einer gegebenenfalls erforderlichen Beratung der Adoption zugestimmt haben;
b) erkennen an, dass die internationale Adoption als andere Form der Betreuung angesehen werden kann, wenn das Kind nicht in seinem Heimatland in einer Pflege- oder Adoptionsfamilie untergebracht oder wenn es dort nicht in geeigneter Weise betreut werden kann;
c) stellen sicher, dass das Kind im Fall einer internationalen Adoption in den Genuss der für nationale Adoption geltenden Schutzvorschriften und Normen kommt;
d) treffen alle geeigneten Maßnahmen, um sicherzustellen, dass bei internationaler Adoption für die Beteiligten keine unstatthaften Vermögensvorteile entstehen;
e) fördern die Ziele dieses Artikels gegebenenfalls durch den Abschluss zwei- oder mehrseitiger Übereinkünfte und bemühen sich in diesem Rahmen sicherzustellen, dass die Unterbringung des Kindes in einem anderen Land durch die zuständigen Behörden oder Stellen durchgeführt wird.

Artikel 22 [Flüchtlingskinder]

(1) Die Vertragsstaaten treffen geeignete Maßnahmen, um sicherzustellen, dass ein Kind, das die Rechtsstellung eines Flüchtlings begehrt oder nach Maßgabe der anzuwendenden Regeln und Verfahren des Völkerrechts oder des innerstaatlichen Rechts als Flüchtling angesehen wird, angemessenen Schutz und humanitäre Hilfe bei der Wahrnehmung der Rechte erhält, die in diesem Übereinkommen oder in anderen internationalen Übereinkünften über Menschenrechte oder über humanitäre Fragen, denen die genannten Staaten als Vertragsparteien angehören, festgelegt sind, und zwar unabhängig davon, ob es sich in Begleitung seiner Eltern oder einer anderen Person befindet oder nicht.

(2) Zu diesem Zweck wirken die Vertragsstaaten in der ihnen angemessen erscheinenden Weise bei allen Bemühungen mit, welche die Vereinten Nationen und andere zuständige zwischenstaatliche oder nichtstaatliche Organisationen, die mit den Vereinten Nationen zusammenarbeiten, unternehmen, um ein solches Kind zu schützen, um ihm zu helfen und um die Eltern oder andere Familienangehörige eines Flüchtlingskindes ausfindig zu machen mit dem Ziel, die für eine Familienzusammenführung notwendigen Informationen zu erlangen. Können die Eltern oder andere Familienangehörige nicht ausfindig gemacht werden, so ist dem Kind im Einklang mit den in diesem Übereinkommen enthaltenen Grundsätzen derselbe Schutz zu gewährleisten wie jedem anderen Kind, das aus irgendeinem Grund dauernd oder vorübergehend aus seiner familiären Umgebung herausgelöst ist.

Artikel 23 [Förderung behinderter Kinder]

(1) Die Vertragsstaaten erkennen an, dass ein geistig oder körperlich behindertes Kind ein erfülltes und menschenwürdiges Leben unter Bedingungen führen soll, welche die Würde des Kindes wahren, seine Selbständigkeit fördern und seine aktive Teilnahme am Leben der Gemeinschaft erleichtern.

(2) Die Vertragsstaaten erkennen das Recht des behinderten Kindes auf besondere Betreuung an und treten dafür ein und stellen sicher, dass dem behinderten Kind und den für seine Betreuung Verantwortlichen im Rahmen der verfügbaren Mittel auf Antrag die Unterstützung zuteil wird, die dem Zustand des Kindes sowie den Lebensumständen der Eltern oder anderer Personen, die das Kind betreuen, angemessen ist.

(3) In Anerkennung der besonderen Bedürfnisse eines behinderten Kindes ist die nach Absatz 2 gewährte Unterstützung soweit irgend möglich und unter Berücksichtigung der finanziellen Mittel der Eltern oder anderer Personen, die das Kind betreuen, unentgeltlich zu leisten und so zu gestalten, dass sichergestellt ist, dass Erziehung, Ausbildung, Gesundheitsdienste, Rehabilitationsdienste, Vorbereitung auf das Berufsleben und Erholungsmöglichkeiten dem behinderten Kind tatsächlich in einer Weise zugänglich sind, die der möglichst vollständigen sozialen Integration und individuellen Entfaltung des Kindes einschließlich seiner kulturellen und geistigen Entwicklung förderlich ist.

(4) Die Vertragsstaaten fördern im Geist der internationalen Zusammenarbeit den Austausch sachdienlicher Informationen im Bereich der Gesundheitsvorsorge und der medizinischen, psychologischen und funktionellen Behandlung behinderter Kinder einschließlich der Verbreitung von Informationen über Methoden der Rehabilitation, der Erziehung und der Berufsausbildung und des Zugangs zu solchen Informationen, um es den Vertragsstaaten zu ermöglichen, in diesen Bereichen ihre Fähigkeiten und ihr Fachwissen zu verbessern und weitere Erfahrungen zu sammeln. Dabei sind die Bedürfnisse der Entwicklungsländer besonders zu berücksichtigen.

Artikel 24 [Gesundheitsvorsorge]

(1) Die Vertragsstaaten erkennen das Recht des Kindes auf das erreichbare Höchstmaß an Gesundheit an sowie auf Inanspruchnahme von Einrichtungen zur Behandlung von Krankheiten und zur Wiederherstellung der Gesundheit. Die Vertragsstaaten bemühen sich, sicherzustellen, dass keinem Kind das Recht auf Zugang zu derartigen Gesundheitsdiensten vorenthalten wird.

(2) Die Vertragsstaaten bemühen sich, die volle Verwirklichung dieses Rechts sicherzustellen, und treffen insbesondere geeignete Maßnahmen, um

a) die Säuglings- und Kindersterblichkeit zu verringern;
b) sicherzustellen, dass alle Kinder die notwendige ärztliche Hilfe und Gesundheitsfürsorge erhalten, wobei besonderer Nachdruck auf den Ausbau der gesundheitlichen Grundversorgung gelegt wird;
c) Krankheiten sowie Unter- und Fehlernährung auch im Rahmen der gesundheitlichen Grundversorgung zu bekämpfen, unter anderem durch den Einsatz leicht zugänglicher Technik und durch die Bereitstellung ausreichender vollwertiger Nahrungsmittel und sauberen Trinkwassers, wobei die Gefahren und Risiken der Umweltverschmutzung zu berücksichtigen sind;
d) eine angemessene Gesundheitsfürsorge für Mütter vor und nach der Entbindungsicherzustellen;
e) sicherzustellen, dass allen Teilen der Gesellschaft, insbesondere Eltern und Kindern,- Grundkenntnisse über die Gesundheit und Ernährung des Kindes, die Vorteile des Stillens, die Hygiene und die Sauberhaltung der Umwelt sowie die Unfallverhütung vermittelt werden, dass sie Zugang zu der entsprechenden Schulung haben und dass sie bei der Anwendung dieser Grundkenntnisse Unterstützung erhalten;
f) die Gesundheitsvorsorge, die Elternberatung sowie die Aufklärung und die Dienste auf dem Gebiet der Familienplanung auszubauen.

(3) Die Vertragsstaaten treffen alle wirksamen und geeigneten Maßnahmen, um überlieferte Bräuche, die für die Gesundheit der Kinder schädlich sind, abzuschaffen.

(4) Die Vertragsstaaten verpflichten sich, die internationale Zusammenarbeit zu unterstützen und zu fördern, um fortschreitend die volle Verwirklichung des in diesem Artikel anerkannten Rechts zu erreichen. Dabei sind die Bedürfnisse der Entwicklungsländer besonders zu berücksichtigen.

Artikel 25 [Unterbringung]

Die Vertragsstaaten erkennen an, dass ein Kind, das von den zuständigen Behörden wegen einer körperlichen oder geistigen Erkrankung zur Betreuung, zum Schutz der Gesundheit oder zur Behandlung untergebracht worden ist, das Recht hat auf eine regelmäßige Überprüfung der dem Kind gewährten Behandlung sowie aller anderen Umstände, die für seine Unterbringung von Belang sind.

Artikel 26 [Soziale Sicherheit]

(1) Die Vertragsstaaten erkennen das Recht jedes Kindes auf Leistungen der sozialen Sicherheit einschließlich der Sozialversicherung an und treffen die erforderlichen Maßnahmen, um die volle Verwirklichung dieses Rechts in Übereinstimmung mit dem innerstaatlichen Recht sicherzustellen.

(2) Die Leistungen sollen gegebenenfalls unter Berücksichtigung der wirtschaftlichen Verhältnisse und der sonstigen Umstände des Kindes und der Unterhaltspflichtigen sowie anderer für die Beantragung von Leistungen durch das Kind oder im Namen des Kindes maßgeblicher Gesichtspunkte gewährt werden.

Artikel 27 [Angemessene Lebensbedingungen; Unterhalt]

(1) Die Vertragsstaaten erkennen das Recht jedes Kindes auf einen seiner körperlichen, geistigen, seelischen, sittlichen und sozialen Entwicklung angemessenen Lebensstandard an.

(2) Es ist in erster Linie Aufgabe der Eltern oder anderer für das Kind verantwortlicher Personen, im Rahmen ihrer Fähigkeiten und finanziellen Möglichkeiten die für die Entwicklung des Kindes notwendigen Lebensbedingungen sicherzustellen.

(3) Die Vertragsstaaten treffen gemäß ihren innerstaatlichen Verhältnissen und im Rahmen ihrer Mittel geeignete Maßnahmen, um den Eltern und anderen für das Kind verantwortlichen Personen bei der Verwirklichung dieses Rechts zu helfen und sehen bei Bedürftigkeit materielle Hilfs- und Unterstützungsprogramme insbesondere im Hinblick auf Ernährung, Bekleidung und Wohnung vor.

(4) Die Vertragsstaaten treffen alle geeigneten Maßnahmen, um die Geltendmachung von Unterhaltsansprüchen des Kindes gegenüber den Eltern oder anderen finanziell für das Kind verantwortlichen Personen sowohl innerhalb des Vertragsstaats als auch im Ausland sicherzustellen. Insbesondere fördern die Vertragsstaaten, wenn die für das Kind finanziell verantwortliche Person in einem anderen Staat lebt als das Kind, den Beitritt zu internationalen Übereinkünften oder den Abschluss solcher Übereinkünfte sowie andere geeignete Regelungen.

Artikel 28 [Recht auf Bildung; Schule; Berufsausbildung]

(1) Die Vertragsstaaten erkennen das Recht des Kindes auf Bildung an; um die Verwirklichung dieses Rechts auf der Grundlage der Chancengleichheit fortschreitend zu erreichen, werden sie insbesondere

a) den Besuch der Grundschule für alle zur Pflicht und unentgeltlich machen;
b) die Entwicklung verschiedener Formen der weiterführenden Schulen allgemeinbildender und berufsbildender Art fördern, sie allen Kindern verfügbar und zugänglich machen und geeignete Maßnahmen wie die Einführung der Unentgeltlichkeit und die Bereitstellung finanzieller Unterstützung bei Bedürftigkeit treffen;
c) allen entsprechend ihren Fähigkeiten den Zugang zu den Hochschulen mit allen geeigneten Mitteln ermöglichen;
d) Bildungs- und Berufsberatung allen Kindern verfügbar und zugänglich machen;
e) Maßnahmen treffen, die den regelmäßigen Schulbesuch fördern und den Anteil derjenigen, welche die Schule vorzeitig verlassen, verringern.

(2) Die Vertragsstaaten treffen alle geeigneten Maßnahmen, um sicherzustellen, dass die Disziplin in der Schule in einer Weise gewahrt wird, die der Menschenwürde des Kindes entspricht und im Einklang mit diesem Übereinkommen steht.

(3) Die Vertragsstaaten fördern die internationale Zusammenarbeit im Bildungswesen, insbesondere um zur Beseitigung von Unwissenheit und Analphabetentum in der Welt beizutragen und den Zugang zu wissenschaftlichen und technischen Kenntnissen und modernen Unterrichtsmethoden zu erleichtern. Dabei sind die Bedürfnisse der Entwicklungsländer besonders zu berücksichtigen.

Artikel 29 [Bildungsziele; Bildungseinrichtungen]

(1) Die Vertragsstaaten stimmen darin überein, dass die Bildung des Kindes darauf gerichtet sein muss,

a) die Persönlichkeit, die Begabung und die geistigen und körperlichen Fähigkeiten des Kindes voll zur Entfaltung zu bringen;
b) dem Kind Achtung vor den Menschenrechten und Grundfreiheiten und den in der Charta der Vereinten Nationen verankerten Grundsätzen zu vermitteln;
c) dem Kind Achtung vor seinen Eltern, seiner kulturellen Identität, seiner Sprache und seinen kulturellen Werten, den nationalen Werten des Landes, in dem es lebt, und gegebenenfalls des Landes, aus dem es stammt, sowie vor anderen Kulturen als der eigenen zu vermitteln;
d) das Kind auf verantwortungsbewusstes Leben in einer freien Gesellschaft im Geist der Verständigung, des Friedens, der Toleranz, der Gleichberechtigung der Geschlechter und der Freundschaft zwischen allen Völkern und ethnischen, nationalen und religiösen Gruppen sowie zu Ureinwohnern vorzubereiten;
e) dem Kind Achtung vor der natürlichen Umwelt zu vermitteln.

(2) Dieser Artikel und Artikel 28 dürfen nicht so ausgelegt werden, dass sie die Freiheit natürlicher oder juristischer Personen beeinträchtigen, Bildungseinrichtungen zu gründen und zu führen, sofern die in Absatz festgelegten Grundsätze beachtet werden und die in solchen Einrichtungen vermittelte Bildung den von dem Staat gegebenenfalls festgelegten Mindestnormen entspricht.

Artikel 30 [Minderheitenschutz]

In Staaten, in denen es ethnische, religiöse oder sprachliche Minderheiten oder Ureinwohner gibt, darf einem Kind, das einer solchen Minderheit angehört oder Ureinwohner ist, nicht das Recht vorenthalten werden, in Gemeinschaft mit anderen Angehörigen seiner Gruppe seine eigene Kultur zu pflegen, sich zu seiner eigenen Religion zu bekennen und sie auszuüben oder seine eigene Sprache zu verwenden.

Artikel 31 [Beteiligung an Freizeit, kulturellem und künstlerischem Leben; staatliche Förderung]

(1) Die Vertragsstaaten erkennen das Recht des Kindes auf Ruhe und Frieden an, auf Spiel und altersgemäße aktive Erholung sowie auf freie Teilnahme am kulturellen und künstlerischen Leben.

(2) Die Vertragsstaaten achten und fördern das Recht des Kindes auf volle Beteiligung am kulturellen und künstlerischen Leben und fördern die Bereitstellung geeigneter und gleicher Möglichkeiten für die kulturelle und künstlerische Betätigung sowie für aktive Erholung und Freizeitbeschäftigung.

Artikel 32 [Schutz vor wirtschaftlicher Ausbeutung]

(1) Die Vertragsstaaten erkennen das Recht des Kindes an, vor wirtschaftlicher Ausbeutung geschützt und nicht zu einer Arbeit herangezogen zu werden, die Gefahren mit sich bringt, die Erziehung des Kindes behindern oder die Gesundheit des Kindes oder seine körperliche, geistige, seelische, sittliche oder soziale Entwicklung schädigen könnte.

(2) Die Vertragsstaaten treffen Gesetzgebungs-, Verwaltungs-, Sozial- und Bildungsmaßnahmen, um die Durchführung dieses Artikels sicherzustellen. Zu diesem Zweck und unter Berücksichtigung der einschlägigen Bestimmungen anderer internationaler Übereinkünfte werden die Vertragsstaaten insbesondere

a) ein oder mehrere Mindestalter für die Zulassung zur Arbeit festlegen;
b) eine angemessene Regelung der Arbeitszeit und der Arbeitsbedingungen vorsehen;
c) angemessene Strafen oder andere Sanktionen zur wirksamen Durchsetzung dieses Artikels vorsehen.

Artikel 33 [Schutz vor Suchtstoffen]

Die Vertragsstaaten treffen alle geeigneten Maßnahmen einschließlich Gesetzgebungs-, Verwaltungs-, Sozial- und Bildungsmaßnahmen, um Kinder vor dem unerlaubten Gebrauch von Suchtstoffen und psychotropen Stoffen im Sinne der diesbezüglichen internationalen Übereinkünfte zu schützen und den Einsatz von Kindern bei der unerlaubten Herstellung dieser Stoffe und beim unerlaubten Verkehr mit diesen Stoffen zu verhindern.

Artikel 34 [Schutz vor sexuellem Missbrauch]

(1) Die Vertragsstaaten verpflichten sich, das Kind vor allen Formen sexueller Ausbeutung und sexuellen Missbrauchs zu schützen. Zu diesem Zweck treffen die Vertragsstaaten insbesondere alle geeigneten innerstaatlichen, zweiseitigen und mehrseitigen Maßnahmen, um zu verhindern, dass Kinder:

a) zur Beteiligung an rechtswidrigen sexuellen Handlungen verleitet oder gezwungenwerden;
b) für die Prostitution oder andere rechtswidrige sexuelle Praktiken ausgebeutet werden;
c) für pornographische Darbietungen und Darstellungen ausgebeutet werden.

Artikel 35 [Maßnahmen gegen Entführung und Kinderhandel]

Die Vertragsstaaten treffen alle geeigneten innerstaatlichen, zweiseitigen und mehrseitigen Maßnahmen, um die Einführung und den Verkauf von Kindern sowie den Handel mit Kindern zu irgendeinem Zweck und in irgendeiner Form zu verhindern.

Artikel 36 [Schutz vor sonstiger Ausbeutung]

Die Vertragsstaaten schützen das Kind vor allen sonstigen Formen der Ausbeutung, die das Wohl des Kindes in irgendeiner Weise beeinträchtigen.

Artikel 37 [Verbot der Folter, der Todesstrafe, lebenslanger Freiheitsstrafe, Rechtsbeistandschaft]

Die Vertragsstaaten stellen sicher,

a) dass kein Kind der Folter oder einer anderen grausamen, unmenschlichen oder erniedrigenden Behandlung oder Strafe unterworfen wird. Für Straftaten, die von Personen vor Vollendung des achtzehnten Lebensjahres begangen worden sind, darf weder die Todesstrafe noch lebenslange Freiheitsstrafe ohne die Möglichkeit vorzeitiger Entlassung verhängt werden; dass keinem Kind die Freiheit rechtswidrig oder willkürlich entzogen wird. Festnahme, Freiheitsentziehung oder Freiheitsstrafe darf bei einem Kind im Einklang mit dem Gesetz nur als letztes Mittel und für die kürzeste angemessene Zeit angewendet werden;

b) dass jedes Kind, dem die Freiheit entzogen ist, menschlich und mit Achtung vor derdem Menschen innewohnenden Würde und unter Berücksichtigung der Bedürfnisse von Personen seines Alters behandelt wird. Insbesondere ist jedes Kind, dem die Freiheit entzogen ist, von Erwachsenen zu trennen, sofern nicht ein anderes Vorgehen als dem Wohl des Kindes dienlich erachtet wird; jedes Kind hat das Recht, mit seiner Familie durch Briefwechsel und Besuche in Verbindung zu bleiben, sofern nicht außergewöhnliche Umstände vorliegen;

c) dass jedes Kind, dem die Freiheit entzogen ist, das Recht auf umgehenden Zugang zu einem rechtskundigen oder anderen geeigneten Beistand und das Recht hat, die Rechtmäßigkeit der Freiheitsentziehung bei einem Gericht oder einer anderen zuständigen, unabhängigen und unparteiischen Behörde anzufechten, sowie das Recht auf alsbaldige Entscheidung in einem solchen Verfahren.

Artikel 38 [Schutz bei bewaffneten Konflikten; Einziehung zu den Streitkräften]

(1) Die Vertragsstaaten verpflichten sich, die für sie verbindlichen Regeln des in bewaffneten Konflikten anwendbaren humanitären Völkerrechts, die für das Kind Bedeutung haben, zu beachten und für deren Beachtung zu sorgen.

(2) Die Vertragsstaaten treffen alle durchführbaren Maßnahmen, um sicherzustellen, dass Personen, die das fünfzehnte Lebensjahr noch nicht vollendet haben, nicht unmittelbar an Feindseligkeiten teilnehmen.

(3) Die Vertragsstaaten nehmen davon Abstand, Personen, die das fünfzehnte Lebensjahr noch nicht vollendet haben, zu ihren Streitkräften einzuziehen. Werden Personen zu den Streitkräften eingezogen, die zwar das fünfzehnte, nicht aber das achtzehnte Lebensjahr vollendet haben, so bemühen sich die Vertragsstaaten, vorrangig die jeweils ältesten einzuziehen.

(4) Im Einklang mit ihren Verpflichtungen nach dem humanitären Völkerrecht, die Zivilbevölkerung in bewaffneten Konflikten zu schützen, treffen die Vertragsstaaten alle durchführbaren Maßnahmen, um sicherzustellen, dass von einem bewaffneten Konflikt betroffene Kinder geschützt und betreut werden.

Artikel 39 [Genesung und Wiedereingliederung geschädigter Kinder]

Die Vertragsstaaten treffen alle geeigneten Maßnahmen, um die physische und psychische Genesung und die soziale Wiedereingliederung eines Kindes zu fördern, das Opfer irgendeiner Form von Vernachlässigung, Ausbeutung oder Misshandlung, Folter oder einer anderen Form grausamer, unmenschlicher oder erniedrigender Behandlung oder Strafe oder aber bewaffneter Konflikte geworden ist. Die Genesung und Wiedereingliederung müssen in einer Umgebung stattfinden, die der Gesundheit, der Selbstachtung und der Würde des Kindes förderlich ist.

Artikel 40 [Behandlung des Kindes in Strafrecht und Strafverfahren]

(1) Die Vertragsstaaten erkennen das Recht jedes Kindes an, das der Verletzung der Strafgesetze verdächtigt, beschuldigt oder überführt wird, in einer Weise behandelt zu werden, die das Gefühl des Kindes für die eigene Würde und den eigenen Wert fördert, seine Achtung vor den Menschenrechten und Grundfreiheiten anderer stärkt und das Alter des Kindes sowie die Notwendigkeit berücksichtigt, seine soziale Wiedereingliederung sowie die Übernahme einer konstruktiven Rolle in der Gesellschaft durch das Kind zu fördern

(2) Zu diesem Zweck stellen die Vertragsstaaten unter Berücksichtigung der einschlägigen Bestimmungen internationaler Übereinkünfte insbesondere sicher,

a) dass kein Kind wegen Handlungen oder Unterlassungen, die zur Zeit ihrer Begehung nach innerstaatlichem Recht oder Völkerrecht nicht verboten waren, der Verletzung der Strafgesetze verdächtigt, beschuldigt oder überführt wird;
b) dass jedes Kind, das einer Verletzung der Strafgesetze verdächtigt oder beschuldigtwird, Anspruch auf folgende Mindestgarantien hat:
   i) bis zum gesetzlichen Nachweis der Schuld als unschuldig zu gelten,
   ii) unverzüglich und unmittelbar über die gegen das Kind erhobenen Beschuldigungen unterrichtet zu werden; gegebenenfalls durch seine Eltern oder seinen Vormund, und einen rechtskundigen oder anderen Beistand zur Vorbereitung und Wahrnehmung seiner Verteidigung zu erhalten.
   iii) seine Sache unverzüglich durch eine zuständige Behörde oder ein zuständiges Gericht, die unabhängig und unparteiisch sind, in einem fairen Verfahren entsprechend dem Gesetz entscheiden zu lassen, und zwar in Anwesenheit eines rechtskundigen oder anderen geeigneten Beistands sowie – sofern dies nicht insbesondere in Anbetracht des Alters oder der Lage des Kindes als seinem Wohl widersprechend angesehen wird – in Anwesenheit seiner Eltern oder seines Vormunds,
   iv) nicht gezwungen zu werden, als Zeuge auszusagen oder sich schuldig zu bekennen,sowie die Belastungszeugen zu befragen oder befragen zu lassen und das Erscheinen und die Vernehmung der Entlastungszeugen unter gleichen Bedingungen zu erwirken,
   v) wenn es einer Verletzung der Strafgesetze überführt ist, diese Entscheidung und alle als Folge davon verhängten Maßnahmen durch eine zuständige übergeordnete Behörde oder ein zuständiges Gericht, die unabhängig und unparteiisch sind, entsprechend dem Gesetz nachprüfen zu lassen,
   vi) die unentgeltliche Hinzuziehung eines Dolmetschers zu verlangen, wenn das Kinddie Verhandlungssprache nicht versteht oder spricht,
   vii) sein Privatleben in allen Verfahrensabschnitten voll geachtet zu sehen.

(3) Die Vertragsstaaten bemühen sich, den Erlass von Gesetzen sowie die Schaffung von Verfahren, Behörden und Einrichtungen zu fördern, die besonders für Kinder, die einer Verletzung der Strafgesetze verdächtigt, beschuldigt oder überführt werden, gelten oder zuständig sind; insbesondere

a) legen sie ein Mindestalter fest, das ein Kind erreicht haben muss, um als strafmündigangesehen zu werden,

b) treffen sie, soweit dies angemessen und wünschenswert ist Maßnahmen, um den Fallohne ein gerichtliches Verfahren zu regeln, wobei jedoch die Menschenrechte und die Rechtsgarantien uneingeschränkt beachtet werden müssen.

(4) Um sicherzustellen, dass Kinder in einer Weise behandelt werden, die ihrem Wohl dienlich ist und ihren Umständen sowie der Straftat entspricht, muss eine Vielzahl von Vorkehrungen zur Verfügung stehen, wie Anordnungen über Betreuung, Anleitung und Aufsicht, wie Beratung, Entlassung auf Bewährung, Aufnahme in eine Pflegefamilie, Bildungs- und Berufsbildungsprogramme und andere Alternativen zur Heimerziehung.

Artikel 41 [Weitergehende inländische Bestimmungen]

Dieses Übereinkommen lässt zur Verwirklichung der Rechte des Kindes besser geeignete Bestimmungen unberührt, die enthalten sind

a) im Recht eines Vertragsstaates oder
b) in dem für diesen Staat geltenden Völkerrecht.

TEIL II

Artikel 42 [Verpflichtung zur Bekanntmachung]

Die Vertragsstaaten verpflichten sich, die Grundsätze und Bestimmungen dieses Übereinkommens durch geeignete und wirksame Maßnahmen bei Erwachsenen und auch bei Kindern allgemein bekannt zu machen.

Artikel 43 [Einsetzung eines Ausschusses für die Rechte des Kindes]

(1) Zur Prüfung der Fortschritte, welche die Vertragsstaaten bei der Erfüllung der in diesem Übereinkommen eingegangenen Verpflichtungen gemacht haben, wird ein Ausschuss für die Rechte des Kindes eingesetzt, der die nachstehend festgelegten Aufgaben wahrnimmt.

(2) Der Ausschuss besteht aus zehn Sachverständigen von hohem sittlichen Ansehen und anerkannter Sachkenntnis auf dem von diesem Übereinkommen erfassten Gebiet. Die Mitglieder des Ausschusses werden von den Vertragsstaaten unter ihren Staatsangehörigen ausgewählt und sind in persönlicher Eigenschaft tätig, wobei auf eine gerechte geographische Verteilung zu achten ist sowie die hauptsächlichen Rechtssysteme zu berücksichtigen sind.

(3) Die Mitglieder des Ausschusses werden in geheimer Wahl aus einer Liste von Personen gewählt, die von den Vertragsstaaten vorgeschlagen worden sind. Jeder Vertragsstaat kann einen seiner eigenen Staatsangehörigen vorschlagen.

(4) Die Wahl des Ausschusses findet zum ersten Mal spätestens sechs Monate nach Inkrafttreten dieses Übereinkommens und danach alle zwei Jahre statt. Spätestens vier Monate vor jeder Wahl fordert der Generalsekretär der Vereinten Nationen die Vertragsstaaten schriftlich auf, ihre Vorschläge innerhalb von zwei Monaten einzureichen. Der Generalsekretär fertigt sodann eine alphabetische Liste aller auf diese Weise vorgeschlagenen Personen an unter Angabe der Vertragsstaaten, die sie vorgeschlagen haben, und übermittelt sie den Vertragsstaaten.

(5) Die Wahlen finden auf vom Generalsekretär am Sitz der Vereinten Nationen einberufenen Tagungen der Vertragsstaaten statt. Auf diesen Tagungen, die beschlussfähig sind, wenn zwei Drittel der Vertragsstaaten vertreten sind, gelten die Kandidaten als in den Ausschuss gewählt, welche die höchste Stimmenzahl und die absolute Stimmenmehrheit der anwesenden und abstimmenden Vertreter der Vertragsstaaten auf sich vereinigen.

(6) Die Ausschussmitglieder werden für vier Jahre gewählt. Auf erneuten Vorschlag können sie wiedergewählt werden. Die Amtszeit von fünf der bei der ersten Wahl gewählten Mitglieder läuft nach zwei Jahren ab; unmittelbar nach der ersten Wahl werden die Namen dieser fünf Mitglieder vom Vorsitzenden der Tagung durch das Los bestimmt.

(7) Wenn ein Ausschussmitglied stirbt oder zurücktritt oder erklärt, dass es aus anderen Gründen die Aufgaben des Ausschusses nicht mehr wahrnehmen kann, ernennt der Vertragsstaat, der das Mitglied vorgeschlagen hat, für die verbleibende Amtszeit mit Zustimmung des Ausschusses einen anderen unter seinen Staatsangehörigen ausgewählten Sachverständigen.

(8) Der Ausschuss gibt sich eine Geschäftsordnung.

(9) Der Ausschuss wählt seinen Vorstand für zwei Jahre.

(10) Die Tagungen des Ausschusses finden in der Regel am Sitz der Vereinten Nationen oder an einem anderen vom Ausschuss bestimmten Ort statt. Der Ausschuss tritt in der Regel einmal jährlich zusammen. Die Dauer der Ausschusstagungen wird auf einer Tagung der Vertragsstaaten mit Zustimmung der Generalversammlung festgelegt und wenn nötig geändert.

(11) Der Generalsekretär der Vereinten Nationen stellt dem Ausschuss das Personal und die Einrichtungen zur Verfügung, die dieser zur wirksamen Wahrnehmung seiner Aufgaben nach diesem Übereinkommen benötigt.

(12) Die Mitglieder des nach diesem Übereinkommen eingesetzten Ausschusses erhalten mit Zustimmung der Generalversammlung Bezüge aus Mitteln der Vereinten Nationen zu den von der Generalversammlung zu beschließenden Bedingungen.

Artikel 44 [Beitrittspflicht]

(1) Die Vertragsstaaten verpflichten sich, dem Ausschuss über den Generalsekretär der Vereinten Nationen Berichte über die Maßnahmen, die sie zur Verwirklichung der in diesem Übereinkommen anerkannten Rechte getroffen haben, und über die dabei erzielten Fortschritte vorzulegen, und zwar

a) innerhalb von zwei Jahren nach Inkrafttreten des Übereinkommens für den betreffenden Vertragsstaat,
b) danach alle fünf Jahre.

(2) In den nach diesem Artikel erstatteten Berichten ist auf etwa bestehende Umstände und Schwierigkeiten hinzuweisen, welche die Vertragsstaaten daran hindern, die in diesem Übereinkommen vorgesehenen Verpflichtungen voll zu erfüllen. Die Berichte müssen auch ausreichende Angaben enthalten, die dem Ausschuss ein umfassendes Bild von der Durchführung des Übereinkommens in dem betreffenden Land vermitteln.

(3) Ein Vertragsstaat, der dem Ausschuss einen ersten umfassenden Bericht vorgelegt hat, braucht in seinen nach Absatz 1 Buchstabe b vorgelegten späteren Berichten die früher mitgeteilten grundlegenden Angaben nicht zu wiederholen.

(4) Der Ausschuss kann die Vertragsstaaten um weitere Angaben über die Durchführung des Übereinkommens ersuchen.

(5) Der Ausschuss legt der Generalversammlung über den Wirtschafts- und Sozialrat alle zwei Jahre einen Tätigkeitsbericht vor.

(6) Die Vertragsstaaten sorgen für eine weite Verbreitung ihrer Berichte im eigenen Land

Artikel 45 [Mitwirkung anderer Organe der Vereinten Nationen]

Um die wirksame Durchführung dieses Übereinkommens und die internationale Zusammenarbeit auf dem von dem Übereinkommen erfassten Gebiet zu fördern,

a) haben die Sonderorganisationen, das Kinderhilfswerk der Vereinten Nationen undandere Organe der Vereinten Nationen das Recht, bei der Erörterung der Durchführung derjenigen Bestimmungen des Übereinkommens vertreten zu sein, die in ihren Aufgabenbereich fallen. Der Ausschuss kann, wenn er dies für angebracht hält, die Sonderorganisationen, das Kinderhilfswerk der Vereinten Nationen und andere zuständige Stellen einladen, sachkundige Stellungnahmen zur Durchführung des Übereinkommens auf Gebiete abzugeben, die in ihren jeweiligen Aufgabenbereich fallen. Der Ausschuss kann die Sonderorganisationen, das Kinderhilfswerk der Vereinten Nationen und andere Organe der Vereinten Nationen einladen, ihm Berichte über die Durchführung des Übereinkommens auf Gebieten vorzulegen, die in ihren Tätigkeitsbereich fallen;

b) übermittelt der Ausschuss, wenn er dies für angebracht hält, den Sonderorganisationen,-dem Kinderhilfswerk der Vereinten Nationen und anderen zuständigen Stellen Berichte der Vertragsstaaten, die ein Ersuchen um fachliche Beratung oder Unterstützung oder einen Hinweis enthalten, dass ein diesbezügliches Bedürfnis besteht; etwaige Bemerkungen und Vorschläge des Ausschusses zu diesen Ersuchen oder Hinweisen werden beigefügt;

c) kann der Ausschuss der Generalversammlung empfehlen, den Generalsekretär zu ersuchen, für den Ausschuss Untersuchungen über Fragen im Zusammenhang mit den Rechten des Kindes durchzuführen;

d) kann der Ausschuss aufgrund der Angaben, die er nach den Artikeln 44 und 45 erhalten hat, Vorschläge und allgemeine Empfehlungen unterbreiten. Diese Vorschläge und allgemeinen Empfehlungen werden den betroffenen Vertragsstaaten übermittelt und der Generalversammlung zusammen mit etwaigen Bemerkungen der Vertragsstaaten vorgelegt.

TEIL III

Artikel 46 [Unterzeichnung]

Dieses Übereinkommen liegt für alle Staaten zur Unterzeichnung auf.

Artikel 47 [Ratifikation]

Dieses Übereinkommen bedarf der Ratifikation. Die Ratifikationsurkunden werden beim Generalsekretär der Vereinten Nationen hinterlegt.

Artikel 48 [Beitritt]

Dieses Übereinkommen steht allen Staaten zum Beitritt offen. Die Beitrittsurkunden werden beim Generalsekretär der Vereinten Nationen hinterlegt.

Artikel 49 [Inkrafttreten]

(1) Dieses Übereinkommen tritt am dreißigsten Tag nach Hinterlegung der zwanzigsten Ratifikations- oder Beitrittsurkunde beim Generalsekretär der Vereinten Nationen in Kraft.

(2) Für jeden Staat, der nach Hinterlegung der zwanzigsten Ratifikatians- oder Beitrittsurkunde dieses Übereinkommen ratifiziert oder ihm beitritt, tritt es am dreißigsten Tag nach Hinterlegung seiner eigenen Ratifikations- oder Beitrittsurkunde in Kraft.

Artikel 50 [Änderungen]

(1) Jeder Vertragsstaat kann eine Änderung vorschlagen und sie beim Generalsekretär der Vereinten Nationen einreichen. Der Generalsekretär übermittelt sodann den Änderungsvorschlag den Vertragsstaaten mit der Aufforderung, ihm mitzuteilen, ob sie eine Konferenz der Vertragsstaaten zur Beratung und Abstimmung über den Vorschlag befürworten. Befürwortet innerhalb von vier Monaten nach dem Datum der Übermittlung wenigstens ein Drittel der Vertragsstaaten eine solche Konferenz, so beruft der Generalsekretär die Konferenz unter der Schirmherrschaft der Vereinten Nationen ein. Jede Änderung, die von der Mehrheit der auf der Konferenz anwesenden und abstimmenden Vertragsstaaten angenommen wird, wird der Generalversammlung zur Billigung vorgelegt.

(2) Eine nach Absatz angenommene Änderung tritt in Kraft, wenn sie von der Generalversammlung der Vereinten Nationen gebilligt und von einer Zweidrittelmehrheit der Vertragsstaaten angenommen worden ist.

(3) Tritt eine Änderung in Kraft, so ist sie für die Vertragsstaaten, die sie angenommen haben, verbindlich, während für die anderen Vertragsstaaten weiterhin die Bestimmungen dieses Übereinkommens und alle früher von ihnen angenommenen Änderungen gelten.

Artikel 51 [Vorbehalte]

(1) Der Generalsekretär der Vereinten Nationen nimmt den Wortlaut von Vorbehalten, die ein Staat bei der Ratifikation oder beim Beitritt anbringt, entgegen und leitet ihn allen Staaten zu.

(2) Vorbehalten, die mit Ziel und Zweck dieses Übereinkommens unvereinbar sind, sind nicht zulässig.

(3) Vorbehalte können jederzeit durch eine an den Generalsekretär der Vereinten Nationen gerichtete diesbezügliche Notifikation zurückgenommen werden; dieser setzt alle Staaten davon in Kenntnis. Die Notifikation wird mit dem Tag ihres Eingangs beim Generalsekretär wirksam.

Artikel 52 [Kündigung]

Ein Vertragsstaat kann dieses Übereinkommen durch eine an den Generalsekretär der Vereinten Nationen gerichtete schriftliche Notifikation kündigen. Die Kündigung wird ein Jahr nach Eingang der Notifikation beim Generalsekretär wirksam.

Artikel 53 [Verwahrung]

Der Generalsekretär der Vereinten Nationen wird zum Verwahrer dieses Übereinkommens bestimmt.

Artikel 54 [Urschrift, verbindlicher Wortlaut]

Die Urschrift dieses Übereinkommens, dessen arabischer, chinesischer, englischer, französischer, russischer und spanischer Wortlaut gleichermaßen verbindlich ist, wird beim Generalsekretär der Vereinten Nationen hinterlegt.

Zu Urkund dessen haben die Unterzeichneten, von ihren Regierungen hierzu gehörig befugten Bevollmächtigten dieses Übereinkommen unterschrieben.

Agenda 21 von Rio de Janeiro

– Auszug –

KAPITEL 25
Kinder und Jugendliche und nachhaltige Entwicklung

Einführung

25.1 Annähernd 30 Prozent der Weltbevölkerung sind Jugendliche. Die Einbeziehung der heutigen Jugend in umwelt- und entwicklungspolitische Entscheidungsprozesse und ihre Beteiligung an der Umsetzung von Programmen ist mitentscheidend für den langfristigen Erfolg der Agenda 21.

Programmbereiche

A. Förderung der Rolle der Jugend und ihre aktive Einbeziehung in den Umweltschutz und in die Förderung der wirtschaftlichen und sozialen Entwicklung

Handlungsgrundlage

25.2 Es ist zwingend erforderlich, dass Jugendliche aus allen Teilen der Welt auf allen für sie relevanten Ebenen aktiv an den Entscheidungsprozessen beteiligt werden, weil dies ihr heutiges Leben beeinflusst und Auswirkungen auf ihre Zukunft hat. Zusätzlich zu ihrem intellektuellen Beitrag und ihrer Fähigkeit, unterstützende Kräfte zu mobilisieren, bringen sie einzigartige Ansichten ein, die in Betracht gezogen werden müssen.

25.3 Aus dem Kreis der internationalen Staatengemeinschaft sind zahlreiche Maßnahmen und Empfehlungen vorgeschlagen worden, die sicherstellen sollen, dass der Jugend eine sichere und gesunde Zukunft einschließlich einer lebenswerten Umwelt, eines verbesserten Lebensstandards und Zugangsmöglichkeiten zu Bildung und Beschäftigung geboten wird. Diese Probleme müssen in der Entwicklungsplanung berücksichtigt werden.

Ziele

25.4 Jedes Land soll in Absprache mit seiner Jugend und deren Organisationen einen Prozess in Gang bringen, der den Dialog zwischen der Jugend und der Regierung auf allen Ebenen fördert, und Mechanismen einsetzen, die der Jugend den Zugriff auf Informationen ermöglichen und ihr Gelegenheit geben, ihre Ansichten zu Regierungsentscheidungen – einschließlich der Umsetzung der Agenda 21 – darzulegen.

25.5 Bis zum Jahre 2000 soll jedes Land durch Erhöhung der jährlichen Teilnahme- und Zugangsquoten sicherstellen, dass mehr als 50 Prozent der Jugendlichen – in einem ausgewogenen Verhältnis von Mädchen und Jungen – geeignete höhere Schulen besuchen oder an gleichwertigen Erziehungs- oder Ausbildungsprogrammen teilnehmen bzw. Zugang dazu haben.

25.6 Jedes Land soll Schritte unternehmen, um das gegenwärtige Niveau der Jugendarbeitslosigkeit zu senken, insbesondere dort, wo diese im Vergleich zur Gesamtarbeitslosenquote unverhältnismäßig hoch ist.

25.7 Jedes Land und die Vereinten Nationen sollen die Förderung und Schaffung von Mechanismen unterstützen, um Vertreter der Jugend an allen Abläufen innerhalb der Vereinten Nationen zu beteiligen, damit sie auf diese Einfluss nehmen können.

25.8 Jedes Land soll gegen Menschenrechtsverletzungen an jungen Menschen, insbesondere an jungen Frauen und Mädchen, angehen und allen Jugendlichen den erforderlichen Rechtsschutz gewähren, die erforderlichen Fertigkeiten vermitteln, entsprechende Möglichkeiten bieten und die erforderliche Unterstützung zukommen lassen, damit sie ihre persönlichen, wirtschaftlichen und sozialen Ambitionen und Fähigkeiten verwirklichen können.

Maßnahmen

25.9 Entsprechend den von ihnen verwendeten Strategien sollen die Regierungen Maßnahmen ergreifen,

a) um bis 1993 Verfahrensmechanismen zu schaffen, welche die Konsultierung und eventuelle Mitwirkung von Jugendlichen beiderlei Geschlechts an Entscheidungsprozessen in Sachen Umwelt ermöglichen, indem Jugendliche auf lokaler, nationaler und regionaler Ebene einbezogen werden;
b) um den Dialog mit Jugendorganisationen im Zusammenhang mit der Abfassung und Bewertung von Umweltplänen und -programmen oder Entwicklungsfragen zu fördern;
c) um die Einbindung von Empfehlungen internationaler, regionaler und lokaler Jugendkonferenzen und anderer Foren, die den Jugendlichen Perspektiven für die soziale und wirtschaftliche Entwicklung und für die Bewirtschaftung der Ressourcen bieten, in die einschlägige Politik zu erwägen;
d) um allen Jugendlichen Zugang zu sämtlichen Bildungsmöglichkeiten zu gewähren und,wo dies angemessen erscheint, alternative Lernstrukturen bereitzustellen. Dabei ist sicherzustellen, dass das Bildungsangebot den wirtschaftlichen und sozialen Bedürfnissen der Jugendlichen entspricht und in allen Lehrplänen Konzepte zur Schärfung des Umweltbewusstseins und für eine nachhaltige Entwicklung enthalten sind. Weiter soll die Berufsausbildung ausgeweitet werden, wobei innovative Methoden zur Erweiterung der praktischen Fertigkeiten wie etwa Umwelterkundungen („environmental scouting") eingesetzt werden sollen;
e) um in Zusammenarbeit mit den zuständigen Ministerien und Organisationen einschließlich Jugendvertretern Strategien zur Schaffung alternativer Beschäftigungsmöglichkeiten zu entwickeln und umzusetzen und die erforderlichen Ausbildungsmöglichkeiten für junge Männer und Frauen bereitzustellen;
f) um Projektgruppen einzurichten, denen Jugendliche und nichtstaatliche Jugendorganisationen angehören und die speziell auf die jugendliche Bevölkerung zugeschnittene Bildungsprogramme und Programme zur Bewusstseinsschärfung zu wichtigen die Jugend betreffenden Themen entwickeln sollen. Diese Projektgruppen sollen sich formaler und nonformaler Bildungsmöglichkeiten bedienen, um eine möglichst große Resonanz zu erzielen. Nationale und lokale Medien, nichtstaatliche Organisationen, Unternehmen und andere Organisationen sollen diese Projektgruppen unterstützen;
g) um Unterstützung für Programme, Projekte, Netzwerke, staatliche Organisationen undnichtstaatliche Jugendorganisationen zu gewähren, damit diese die Programme im Hinblick auf ihre Projektanforderungen überprüfen können. Dann soll die Jugend zugleich zur Beteiligung an der Projektvorauswahl, Projektgestaltung, Projektdurchführung und an der Nachbetreuung ermutigt werden;
h) um gemäß den 1968, 1977, 1985 und 1989 verabschiedeten einschlägigen Resolutionender Generalversammlung in ihre Delegationen bei internationalen Konferenzen auch Jugendvertreter einzubeziehen.

25.10 Die Vereinten Nationen und internationale Organisationen, die Jugendprogramme veranstalten, sollen Schritte einleiten,

a) um ihre Jugendprogramme zu überprüfen und Überlegungen anzustellen, wie die Koordinierung zwischen ihnen verbessert werden kann;
b) um die Transfer einschlägiger Informationen an Regierungen, Jugendorganisationenund andere nichtstaatliche Organisationen über die gegenwärtig von Jugendlichen vertretenen Standpunkte und ihre Aktivitäten zu verbessern und die Umsetzung der Agenda 21 zu überwachen und zu bewerten;
c) um den Treuhandfonds der Vereinten Nationen für das Internationale Jahr der Jugend zu unterstützen und mit Jugendvertretern bei der Verwaltung dieses Fonds zusammenzuarbeiten, wobei der Schwerpunkt auf den Bedürfnissen der Jugendlichen aus Entwicklungsländern liegen soll.

Instrumente zur Umsetzung

Finanzierung und Kostenabschätzung

25.11 Die durchschnittlichen jährlichen Gesamtkosten (1993-2000) für die Durchführung der im vorliegenden Programmbereich genannten Aktivitäten werden vom Sekretariat der UNCED auf etwa 1,5 Millionen Dollar veranschlagt, in Form an Zuschüssen oder in Form konzessionärer Kredite von der internationalen Staatengemeinschaft. Es handelt sich dabei nur um überschlägige, von den betroffenen Regierungen noch nicht überprüfte Schätzungen der Größenordnung. Die tatsächlichen Kosten und die Finanzierungsbedingungen – auch etwaige nichtkonzessionäre – hängen unter anderem von den konkreten Umsetzungsstrategien und -programmen ab, die von den Regierungen beschlossen werden.

B. Kinder und nachhaltige Entwicklung

Handlungsgrundlage

25.12 Die Kinder erben nicht nur die Verantwortung für die Erde, sondern sie stellen in vielen Entwicklungsländern auch fast die Hälfte der Bevölkerung. Außerdem sind Kinder sowohl in den Entwicklungsländern als auch in den Industrieländern überaus anfällig für die Auswirkungen der Umweltverschlechterung. Darüber hinaus sind sie auch sehr bewusste Verfechter des Umweltgedankens. Die besonderen Interessen der Kinder müssen bei dem partizipativen Entscheidungsfindungsverfahren zu Umwelt- und Entwicklungsfragen voll berücksichtigt werden, damit die künftige Nachhaltigkeit aller zur Verbesserung der Umweltsituation ergriffenen Maßnahmen sichergestellt ist.

Ziele

25.13 Im Einklang mit der von ihnen verfolgten Politik sollen die Regierungen der einzelnen Länder Maßnahmen ergreifen,

a) um das Überleben, den Schutz und die Entwicklung der Kinder gemäß den vom Weltkindergipfel (A/45/625, Anlage) 1990 gebilligten Zielen sicherzustellen;
b) um sicherzustellen, dass die Interessen der Kinder im Rahmen des partizipativen Prozesses für eine nachhaltige Entwicklung und Verbesserung der Umweltbedingungen voll und ganz berücksichtigt werden.

Maßnahmen

25.14 Die Regierungen sollen konkrete Schritte unternehmen,

a) um Programme für Kinder durchzuführen, deren Zweck die Verwirklichung der kinderspezifischen Ziele der neunziger Jahre im Bereich Umwelt und Entwicklung ist, insbesondere was Gesundheit, Ernährung, Erziehung, Alphabetisierung und Armutsbekämpfung betrifft;
b) um das Übereinkommen über die Rechte der Kinder (Resolution 44/25 der Generalversammlung vom 20. November 1989, Anhang) zum frühestmöglichen Zeitpunkt zu ratifizieren und es anschließend in die Praxis umzusetzen, indem sie sich der grundlegenden Bedürfnisse der Jugendlichen und Kinder annehmen;
c) um auf die grundlegenden Bedürfnisse der Gemeinschaften ausgerichtete primäre Umweltschutzaktivitäten zu fördern, um die Umwelt für Kinder auf häuslicher und kommunaler Ebene verbessern zu helfen und um insbesondere in den Entwicklungsländern die Partizipation und die Stärkung der Rolle der einheimischen Bevölkerung einschließlich der Frauen, der Jugendlichen, der Kinder und der eingeborenen Bevölkerungsgruppen mit Blick auf das Ziel einer integrierten Bewirtschaftung der Ressourcen durch die Gemeinschaft zu unterstützen;
d) um die Bildungschancen von Kindern und Jugendlichen, einschließlich der Erziehungzur Verantwortung für Umwelt und Entwicklung, unter besonderer Beachtung der Erziehung von Mädchen zu vergrößern;

e) um Gemeinschaften über Schulen und lokale Gesundheitszentren zu mobilisieren,damit Kinder und ihre Eltern wirksame Kristallisationspunkte zur Sensibilisierung dieser Gemeinschaften für Umweltfragen werden;
f) um Verfahrensmechanismen zur Einbeziehung der Bedürfnisse von Kindern in alle relevanten umwelt- und entwicklungspolitischen Konzepte und Strategien auf lokaler, regionaler und nationaler Ebene zu schaffen; darin eingeschlossen sind auch solche, die sich auf die Verteilung der natürlichen Ressourcen und den Anspruch auf diese Ressourcen, den Bedarf an Wohnraum und Freizeiteinrichtungen und auf die Bekämpfung der Umweltverschmutzung und der Umweltgifte im ländlichen und städtischen Raum beziehen.

25.15 Internationale und regionale Organisationen sollen auf den angesprochenen Gebieten zusammenarbeiten und sie koordinieren. Das Kinderhilfswerk der Vereinten Nationen (UNICEF) soll die Zusammenarbeit mit anderen Organisationen der Vereinten Nationen, den Regierungen und nichtstaatlichen Organisationen bei der Entwicklung von kinderspezifischen Programmen und von Programmen zur Mobilisierung von Kindern für die obengenannten Aktivitäten fortführen.

Instrumente zur Umsetzung

(a) Finanzierung und Kostenabschätzung

25.16 Der Finanzbedarf für die meisten dieser Maßnahmen ist in den Kostenanschlägen anderer Programme berücksichtigt worden.

(b) Entwicklung der menschlichen Ressourcen und Stärkung der personellen undinstitutionellen Kapazitäten

25.17 Diese Maßnahmen sollen den Stärkung der personellen und institutionellen Kapazitäten und Ausbildungsmaßnahmen erleichtern, die bereits in anderen Kapiteln der Agenda 21 enthalten sind.

Notizen

Notizen

Notizen

Notizen

Notizen

Ergänzung zu SGB VIII

Durch Gesetz vom 29.08.2013 (BGBl. I S. 3464) ist das SGB VIII nochmals geändert worden. Dieses Gesetz ist bedauerlicherweise in Kennzahl 31.10 noch nicht berücksichtigt, was wir zu entschuldigen bitten. Im Folgenden ist das Änderungsgesetz abgedruckt.

Die Änderung des SGB VIII vom 29.08.2013 (BGBl. I S. 3464) steht unter der Überschrift »Kinder- und Jugendhilfeverwaltungsvereinfachungsgesetz«.

Es werden hier u.a.
- die örtliche Zuständigkeit für Leistungen (§ 86),
- die Kostenerstattung (§ 89a),
- die Kostenbeteiligung (§§ 92-94) und
- die Kinder- und Jugendhilfestatistik (§§ 98-102)

ergänzt oder weiterentwickelt. Im Wesentlichen beziehen sich die Änderungen auf Regelungen zur Kostenbeteiligung und zur Kinder- und Jugendhilfestatistik und betreffen damit den Verwaltungsbereich.

Gesetz zur Verwaltungsvereinfachung in der Kinder- und Jugendhilfe (Kinder- und Jugendhilfeverwaltungsvereinfachungsgesetz – KJVVG)

vom 29.08.2013 (BGBl. I S. 3464)

Artikel 1 Änderung des Achten Buches Sozialgesetzbuch

Das Achte Buch Sozialgesetzbuch – Kinder- und Jugendhilfe – in der Fassung der Bekanntmachung vom 11. September 2012 (BGBl. I S. 2022), das zuletzt durch Artikel 3 des Gesetzes vom 3. Mai 2013 (BGBl. I S. 1108) geändert worden ist, wird wie folgt geändert:

1. In der Inhaltsübersicht wird in der Angabe zum Zweiten Abschnitt des Achten Kapitels nach dem Wort »Leistungen« das Wort »und« durch das Wort »sowie« ersetzt.
2. In § 18 Absatz 3 Satz 2 werden das Wort »und« durch ein Komma ersetzt und nach der Angabe »1685« die Angabe »und 1686a« eingefügt.
3. In § 39 Absatz 2 Satz 4 wird nach der Angabe »§ 35a Absatz 2« die Angabe »Satz 2« gestrichen.
4. Dem § 83 Absatz 1 wird folgender Satz angefügt:

   »Hierzu gehören auch die überregionalen Tätigkeiten der Jugendorganisationen der politischen Parteien auf dem Gebiet der Jugendarbeit.«
5. In § 86 Absatz 5 Satz 2 werden nach dem Wort »Solange« die Wörter »in diesen Fällen« eingefügt.
6. In § 87c Absatz 6 Satz 2 werden die Wörter »§ 155a Absatz 3 Satz 2« durch die Wörter »§ 155a Absatz 3 Satz 3« ersetzt.
7. In § 89a Absatz 2 werden nach dem Wort »bleibt« die Wörter »oder wird« eingefügt.
8. In § 92 Absatz 4 Satz 2 werden nach den Wörtern »schwanger ist oder« die Wörter »der junge Mensch oder die nach § 19 leistungsberechtigte Person« eingefügt.
9. § 93 wird wie folgt geändert:
   a) In Absatz 1 Satz 4 werden dem Wort »Leistungen« die Wörter »Kindergeld und« vorangestellt.
   b) Absatz 3 wird wie folgt geändert:
      aa) Satz 2 wird Satz 4.
      bb) Die bisherigen Sätze 3 und 4 werden die Sätze 2 und 3.
   c) Folgender Absatz 4 wird angefügt:

      »(4) Maßgeblich ist das durchschnittliche Monatseinkommen, das die kostenbeitragspflichtige Person in dem Kalenderjahr erzielt hat, welches dem jeweiligen Ka-

Art.-Nr. 06721999

lenderjahr der Leistung oder Maßnahme vorangeht. Auf Antrag der kostenbeitragspflichtigen Person wird dieses Einkommen nachträglich durch das durchschnittliche Monatseinkommen ersetzt, welches die Person in dem jeweiligen Kalenderjahr der Leistung oder Maßnahme erzielt hat. Der Antrag kann innerhalb eines Jahres nach Ablauf dieses Kalenderjahres gestellt werden. Macht die kostenbeitragspflichtige Person glaubhaft, dass die Heranziehung zu den Kosten aus dem Einkommen nach Satz 1 in einem bestimmten Zeitraum eine besondere Härte für sie ergäbe, wird vorläufig von den glaubhaft gemachten, dem Zeitraum entsprechenden Monatseinkommen ausgegangen; endgültig ist in diesem Fall das nach Ablauf des Kalenderjahres zu ermittelnde durchschnittliche Monatseinkommen dieses Jahres maßgeblich.«

10. § 94 wird wie folgt geändert:
   a) Absatz 3 wird wie folgt geändert:
      aa) In Satz 1 werden nach dem Wort »dieser« die Wörter »unabhängig von einer Heranziehung nach Absatz 1 Satz 1 und 2 und nach Maßgabe des Absatzes 1 Satz 3 und 4« eingefügt und das Wort »mindestens« gestrichen.
      bb) In Satz 2 werden nach dem Wort »Kostenbeitrag« die Wörter »nach Satz 1« eingefügt.
   b) Dem Absatz 6 wird folgender Satz 2 angefügt:
      »Es kann ein geringerer Kostenbeitrag erhoben oder gänzlich von der Erhebung des Kostenbeitrags abgesehen werden, wenn das Einkommen aus einer Tätigkeit stammt, die dem Zweck der Leistung dient. Dies gilt insbesondere, wenn es sich um eine Tätigkeit im sozialen oder kulturellen Bereich handelt, bei der nicht die Erwerbstätigkeit, sondern das soziale oder kulturelle Engagement im Vordergrund stehen.«
11. § 98 Absatz 1 Nummer 10 wird wie folgt gefasst:
   »10. Angebote der Jugendarbeit nach § 11 sowie Fortbildungsmaßnahmen für ehrenamtliche Mitarbeiter anerkannter Träger der Jugendhilfe nach § 74 Absatz 6,«
12. § 99 wird wie folgt geändert:
   a) Absatz 2 wird wie folgt geändert:
      aa) In Nummer 1 werden die Wörter », Art der Maßnahme« gestrichen.
      bb) In Nummer 2 wird das Wort »Staatsangehörigkeit« durch das Wort »Migrationshintergrund« ersetzt.
   b) Absatz 3 Nummer 1 wird wie folgt geändert:
      aa) Buchstabe a wird wie folgt gefasst:
         »a) nach nationaler Adoption und internationaler Adoption nach § 2a des Adoptionsvermittlungsgesetzes,«.
      bb) Der bisherige Buchstabe a wird Buchstabe b und die Wörter »Geburtsmonat und« werden gestrichen.
      cc) Der bisherige Buchstabe b wird Buchstabe c.
      dd) Nach Buchstabe c wird folgender Buchstabe d eingefügt:
         »d) zusätzlich bei der internationalen Adoption (§ 2a des Adoptionsvermittlungsgesetzes) nach Staatsangehörigkeit vor Ausspruch der Adoption und nach Herkunftsland,«.
      ee) Der bisherige Buchstabe c wird Buchstabe e.
   c) In Absatz 6 Nummer 1 werden die Wörter »der Art des Trägers, bei dem der Fall bekannt geworden ist,« gestrichen.
   d) In Absatz 6a werden die Wörter », eine Sorgeerklärung ersetzt worden ist« gestrichen.
   e) Absatz 7 wird wie folgt geändert:
      aa) In Nummer 1 Buchstabe b wird das Wort »verfügbaren« durch das Wort »genehmigten« ersetzt.